财经与管理应用文写作实务

主　　编　易理中

副 主 编　陈　芳　肖腊梅　欧阳惠平　何小红

参编人员　宾　敏　朱　烨　达小川　　周小红　曹植杨

湖南人民出版社

本作品中文简体版权由湖南人民出版社所有。
未经许可,不得翻印。

图书在版编目(CIP)数据

财经与管理应用文写作实务 / 易理中主编. —长沙:湖南人民出版社,2016.8

ISBN 978-7-5561-0509-0

I.①财⋯ Ⅱ.①易⋯ Ⅲ.①经济学—应用文—写作—高等职业教育—教材②管理学—应用文—写作—高等职业教育—教材 Ⅳ.①H193.6

中国版本图书馆CIP数据核字(2016)第202756号

CAIJING YU GUANLI YINGYONGWEN XIEZUO SHIWU
财经与管理应用文写作实务

主　　编　易理中
责任编辑　肖贵飞　杨丁丁　唐艳
编辑部电话　0731-82683328　82683306
装帧设计　罗志义

出版发行　湖南人民出版社［http://www.hnppp.com］
地　　址　长沙市营盘东路3号
邮　　编　410005

印　　刷　湖南省汇昌印刷有限公司
版　　次　2016年8月第1版
　　　　　2016年8月第1次印刷
开　　本　787 mm × 1092 mm　　1/16
印　　张　17
字　　数　305千字
书　　号　ISBN 978-7-5561-0509-0
定　　价　38.00元

营销电话:0731-82683348　　(如发现印装质量问题请与出版社调换)

前　言

我国《国民经济和社会发展第十三个五年规划纲要》指出：要把提升人的发展能力放在突出重要位置，着力增强人民科学文化和健康素质；要推进教育现代化，推进职业教育产教融合，促进学生德智体美全面发展，注重培养各类高素质创新型人才。新形势下，积极引领和主动适应经济发展新常态，进一步加强和创新职业教育工作，十分必要。因此，编写好的职业教育教材，对于推动现代职业教育教学改革发展非常重要。

为此，我们根据高等职业教育人才培养的相关规定和要求，借鉴和吸收国内外职业教育先进理念和技术方法，编写了这本《财经与管理应用文写作实务》教材。本书共分基础篇和专业篇两大部分，包括应用文写作基础、公务文书、日常事务文书、财经应用文、商贸应用文、旅游酒店应用文和建筑应用文七大模块，采用情景式、任务驱动式教学。在实际使用时，针对不同的专业需要可以合理取舍，内容详简可灵活掌握，力求够用、管用、实用，增强科学性和可操作性。

本书由易理中院长任主编，负责策划、统筹、审稿、总纂，还负责部分章节的具体撰写；陈芳、肖腊梅、欧阳惠平、何小红任副主编。参加本书编写的同志为：易理中、陈芳、宾敏、朱烨、达小川、周小红、曹植杨。本书在编写过程中得到了郴州职业技术学院副院长鲁玉桃教授、院长助理曾良骥研究员、科研设备处处长廖广莉教授、学院学报主编聂国秋副教授的大力支持，他们提出了许多很好的专业意见，为本书增色不少。同时得到了郴州职业技术学院基础课部、教务处，湘潭技师学院公共课部、教务处及有关人员的鼎力相助，得到了深圳阳光酒店易燕主任、荣江华经理的无私支持，在此表示衷心的感谢！本书还参阅了大量的著作和案例，对这些著作和案例的作者我们表示深深的谢意！

由于我们的水平有限，本书缺点在所难免，恳请得到广大读者的批评指正，以便再版时修订完善。

编　者

2016 年 7 月

目 录

一 基础篇

模块一 应用文基础知识综述
- 任务一 应用文概述 …………………………………………………… 002
- 任务二 应用文写作基本原理 ………………………………………… 006
- 任务三 应用文的文字表达 …………………………………………… 012
- 识别训练 ………………………………………………………………… 017

模块二 公务文书

项目一 公文的识别能力训练 ………………………………………… 018
- 任务一 公文基础知识 ………………………………………………… 018
- 任务二 指挥性公文 …………………………………………………… 028
- 任务三 知照性公文 …………………………………………………… 035
- 任务四 报告性公文 …………………………………………………… 041
- 任务五 记录性公文 …………………………………………………… 044
- 任务六 事务性公文 …………………………………………………… 048
- 识别训练 ………………………………………………………………… 052

项目二 公文写作能力训练 …………………………………………… 052
- 任务一 通知 …………………………………………………………… 052
- 任务二 函 ……………………………………………………………… 057
- 任务三 报告 …………………………………………………………… 060
- 任务四 请示 …………………………………………………………… 064
- 任务五 电话记录 ……………………………………………………… 066
- 任务六 调查报告 ……………………………………………………… 068
- 任务七 述职报告 ……………………………………………………… 073

模块三 日常事务文书

项目一 日常事务文书识别能力训练 ········ 078
- 任务一 日常事务文书基础知识 ········ 078
- 任务二 证明信 ········ 079
- 任务三 授权书 ········ 081
- 任务四 开幕词 ········ 082
- 任务五 闭幕词 ········ 084
- 任务六 会议主持词 ········ 087
- 任务七 欢送词 ········ 089
- 任务八 启事 ········ 091
- 任务九 请柬 ········ 092
- 任务十 邀请函 ········ 093
- 任务十一 聘书 ········ 094
- 任务十二 感谢信 ········ 096
- 任务十三 介绍信 ········ 097
- 任务十四 推荐信 ········ 099
- 识别训练 ········ 100

项目二 日常事务文书写作能力训练 ········ 101
- 任务一 规章制度 ········ 101
- 任务二 申请书 ········ 106
- 任务三 委托书 ········ 108
- 任务四 建议书 ········ 110

二 专业篇

模块四 财经应用文

项目一 财经应用文的识别能力训练 ········ 116
- 任务一 财经应用文基础知识 ········ 116
- 任务二 会计主管岗位职责 ········ 117
- 任务三 财务总监岗位职责 ········ 118
- 任务四 借款合同 ········ 120

    任务五　银行借款担保函 …… 122
    任务六　银行资信证明 …… 124
    任务七　财务情况分析报告 …… 125
    任务八　财务收支计划 …… 127
    任务九　年度财务预算 …… 130
    任务十　年度财务决算 …… 135
    任务十一　财务情况分析说明书 …… 139
    识别训练 …… 143
  项目二　财经应用文的写作能力训练 …… 144
    任务一　会计人员岗位责任制 …… 144
    任务二　借款申请报告 …… 147
    任务三　经济合同管理制度 …… 150

模块五　商贸应用文

  项目一　商贸应用文的识别能力训练 …… 153
    任务一　商贸应用文基础知识 …… 153
    任务二　商业广告 …… 154
    任务三　购销合同 …… 156
    任务四　商品检验报告 …… 158
    任务五　报关单 …… 160
    任务六　产品产地证明书 …… 162
    识别训练 …… 164
  项目二　商贸应用文的写作能力训练 …… 164
    任务一　产品说明书 …… 164
    任务二　营销策划书 …… 168
    任务三　招标书 …… 176
    任务四　投标书 …… 179

模块六　旅游酒店应用文

  项目一　旅游酒店应用文识别能力训练 …… 185
    任务一　旅游酒店应用文基础知识 …… 185

任务二　旅游广告文案策划书 ………………………………………………… 186
　　任务三　旅游专题活动策划书 ………………………………………………… 189
　　任务四　旅游消息 ……………………………………………………………… 193
　　任务五　旅游通讯 ……………………………………………………………… 196
　　任务六　旅游评论 ……………………………………………………………… 199
　　任务七　酒店长包房协议 ……………………………………………………… 202
　　识别训练 ………………………………………………………………………… 206
　项目二　旅游酒店应用文的写作能力训练 ………………………………………… 207
　　任务一　导游欢迎词 …………………………………………………………… 207
　　任务二　导游讲解词 …………………………………………………………… 209
　　任务三　导游欢送词 …………………………………………………………… 212
　　任务四　酒店备忘录 …………………………………………………………… 215
　　任务五　酒店经理早会、周会纪要 …………………………………………… 220
　　任务六　酒店运作制度 ………………………………………………………… 231

模块七　建筑应用文
　项目一　建筑应用文的识别能力训练 ……………………………………………… 234
　　任务一　建筑应用文基础知识 ………………………………………………… 234
　　任务二　建筑安装工程招投标文书 …………………………………………… 235
　　任务三　建筑安装工程施工合同 ……………………………………………… 239
　　任务四　报审表 ………………………………………………………………… 242
　　任务五　报验单 ………………………………………………………………… 243
　　任务六　记录文件 ……………………………………………………………… 245
　　任务七　技术交底文件 ………………………………………………………… 250
　　识别训练 ………………………………………………………………………… 253
　项目二　建筑应用文的写作能力训练 ……………………………………………… 254
　　任务一　施工日志 ……………………………………………………………… 254
　　任务二　工作通知单和工作联系单 …………………………………………… 257
　　任务三　工程变更单 …………………………………………………………… 260

主要参考书目 ……………………………………………………………………… 263

一　基础篇

模块一　应用文基础知识综述

任务一　应用文概述

一、应用文的历史沿革和含义

我国的应用文源远流长，已有数千年的历史。它萌芽于先秦时期的殷商和战国，发展于秦汉和南北朝，成熟于唐、宋，直到明、清，应用文文体才呈现出相对稳定的状态。

殷商时期出现了我国最早的应用文，即甲骨文。我国殷商王朝首都遗址所在地——河南安阳出土的"甲骨卜辞"是我国最古老的应用文的物证，距今已有3500多年的历史。所谓"甲骨"，是"卜用甲骨"的简称。这些殷商时期的"卜用甲骨"主要是用来记载占卦内容的，内容又多与殷代王室有关。当时，殷代王室对于统治者的日常活动和遇到的重大事情，都要进行占卜，按照占卜的结果执行。然后把占卜的时间、事件和结果等刻在龟甲、牛骨和其他兽骨上，这就是所谓的"甲骨卜辞"，它们都可以被视为早期公务文书的雏形。甲骨文之后，商朝还出现了一种金文，是刻或铸在青铜器上的铭文，也称之为"钟鼎文"。金文的内容多属于与祭祀、征伐、契约等有关的记事，也是应用文的一种。

我国现存最早最完整的以应用文为主的文章总集，是由孔子编纂的《尚书》，它收录了虞、夏、商、周四个朝代的28篇文献，并把这些文体分为典（重要史实或专题史实的记载）、谟（记君臣谋略的）、训（臣开导君主的话）、诰（勉励的文告）、誓（君主训诫士众的誓词）、命（君主的命令）。可以说，其中绝大部分文章应该属于当时官府处理国家大事的公务文书，因此它也是我国最早的一部体例比较完备的公文总集。相较之前的甲骨文虽有了一些进步和发展，但从整体上看，还属于应用文体的初创阶段。

秦汉应用文的发展得益于秦始皇推行的"书同文"政策，它为公务应用文的统一创造了条件。李斯等人制定了公文格式，对公文写作制定了一系列规定，如产生了"避讳"制度、"抬头"制度、"用印"制度等；第一次规定了下行文与上行文的体式，皇帝要用"制""诏"等公文号令天下，训诫臣子，而臣子要用"章""表"等公文向皇帝奏事。

到魏晋南北朝时期，应用文有了更大发展。曹丕的《典论·论文》将所有文体分为8类，其中6类是应用文，即：奏、议、书、论、铭、诔；刘勰的《文心雕龙》更是对各类应用文体的定义、演变、特征、写法等作了系统而精要的阐述。

应用文成熟于唐宋时期，整体上来说，应用文的体式、制作和收文、发文制度都已经完善。无论是官府公文还是社会上通用的书、启、序、跋之类，都有较为严格的体式要求，不得任意改动。对于公文，更是形成了一整套文书工作制度，如一事一文制度以及公文的折叠、批制、誊写、引黄、帖黄制度等。

明清时期是应用文的稳定发展时期。其间有两件事对应用文的发展有重要意义。一件是清代文艺理论家刘熙载在《艺概·文概》中提出："辞命体，推之即可为一切应用之文。应用文有上行、有平行、有下行。重其辞乃所以重其实也。"学术界一般都认为"应用文"的名称出自于此。刘熙载强调了应用文的实用性特点，提出将应用文分为"上行""平行""下行"三类，主要还是指公文。另一件是，五四时期，陈独秀提出"文之大别有二，一曰应用之文，一曰文学之文"，开启了"文学"作品与"应用文"两类文体比较研究之先河。

1911年辛亥革命后，南京临时政府颁布公文形式条例，废除了几千年封建王朝沿用的公文体式，第一次要求公文写作用白话，使用新式标点符号。

1921年中国共产党成立后，从组建自己的工作机关起，就有了自己的公文。第一批公文就是中共第一次全国代表大会所产生的决议、纲领和宣言。

新中国成立以后，应用文这一概念被广泛使用，学界对其含义也逐渐有了比较一致的看法。

根据应用文的形成和发展来看，应用文的含义可以有广义与狭义之分。广义的应用文，是指文学文体之外的一切文章，包括个人往来书信，钱、物借还等日常事务文书。而狭义的应用文，就是专指国家机关、团体、企事业单位和人民群众在处理事务、沟通关系时所使用的具有一定格式的文章。

二、应用文的特点和分类

（一）应用文的特点

有研究者认为，"应用性""体制性""说明性"是应用文的基本特点。也有人认为，当代应用文的主要特征是"综合性""实用性""科学性""社会性""时效性"。也有人认为，对现代应用文性质的确定和分析可分为两个层面——本质属性和非本质属性，而应用文的本质属性只有实用性，其他都是非本质属性。学术界比较一致的看法是应用文具有实用性和固定的格式。我们认为，应用文顾名思义就是应用的文章，它的特点主要有：

1. 实用性。应用文是人们为了处理事情、解决问题、传达信息、沟通关系而写作的，目的性极强，并不是简单的有感而发。在应用文中，你要办理什么事情、解决什么问题、沟通什么感情都要直截了当地表达出来，以便收文方准确理解，及时办理。

2. 规范性。应用文写作有着一般公认的格式要求与语言要求，要写得格式正确、规范得体。其中，党政机关公文的格式最规范严格，它的处理必须按照有关法律规定来执行，具有强制性，有特定的书面格式，每个文种在标题、前言、正文、结尾、落款上都有规定。语言和内容也要符合特殊的规定，甚至用纸、尺寸、排版上都有具体的要求。

3. 真实性。应用文写作的本质要求是真实、客观、实事求是地反映问题。应用文要求其所依据的材料可信、准确，排斥虚构和杜撰。应用文的材料如果不真实，就可能引发严重后果。如公文中涉及党和国家的路线、方针、政策和法律法规，是机关、单位、个人行为的指导方针和原则，如果不真实就有可能祸国殃民。再如经济类应用文中的合同，涉及的钱物必须准确、清晰，不然就会产生经济纠纷，造成经济损失。

4. 时效性。应用文是为了处理事情、解决问题、传达信息、沟通关系而写的，所以具有很强的时效性。如公文就有紧急公文，根据紧急程度分为"特急"和"加急"，如果不能及时写作或传递应用文，就会错过解决问题、处理事务的最佳时机，给工作、生活、学习带来不利影响。再说当今社会生活节奏加快，竞争激烈，如果没有时间观念、办事拖拖沓沓，不但延误时机，还可能错失良机，给工作带来损失。

（二）应用文的分类

目前，学术界对应用文的分类有着不同的意见。有人认为，应用文可依据应用场合、时效、对象划分为机关应用文、科技应用文、财经应用文、司法应用文、日常应用文（专用书信、各种条据之类）。我们综合考虑应用文的特征、适用范围，更倾向于将应用文分为公务文书、事务文书、日常应用文书和专业文书四大类。考虑到教学需要，本书将其分为六大部分：公务文书即党政机关公文、日常事务文书、财经应用文、商贸应用文、旅游酒店应用文、建筑应用文。

1. 公务文书。根据中共中央办公厅、国务院办公厅2014年4月发布实施的《党政机关公文处理工作条例》，公文种类为15种，即决议、决定、命令（令）、公报、公告、通告、意见、通知、通报、报告、请示、批复、议案、函、纪要。

2. 日常事务文书。日常事务文书包括日常应用文和事务文书。日常应用文是指大众化的应用文，如介绍信、证明信、感谢信等。事务文书是指党政机关、企事业单位、社会团体在处理事务、沟通关系时经常使用的文书，如计划、总结、调查报告、规章制度等。

3. 财经应用文。财经应用文是指在财政经济活动中经常使用的一种专业性应用文书，如财务情况说明及分析、财务年度预决算、岗位职责、借款申请报告等。

4. 商贸应用文。商贸应用文是指在商业贸易活动中经常使用的一种专业性应用文书，如商业广告、产品说明书、购销合同、招标书、投标书、营销策划书、市场调查报告等。

5. 旅游酒店应用文。旅游酒店应用文是指旅行社、宾馆酒店在开展业务活动中经常使用的一种专业性应用文书，如导游词、导游策划书、旅游合同、酒店长包房协议等。

6. 建筑应用文。建筑应用文是指在建筑安装经济活动中经常使用的一种专业性应用文书，如技术交底文件、施工日志、监理日志、三方联测记录、工程变更单等。

任务二　应用文写作基本原理

一、主题

（一）主题的概念

主题就是一篇应用文所表达的中心思想或基本观点。主题是文章的核心和灵魂，在文章中起统率作用。应用文写作与文学写作一样，都要解决主题的确立问题。主题确立了，下笔才有方向，起草才有遵循。应用文的主题随文种的不同而不同：如果是以传达政策、指令或事项为主的指挥性和法规性文件，则表现为应用文的写作目的，或者是对某项方针、政策、办法的具体说明，或者是对于某个人的问题、某个事件作的结论，或者是对于某个问题的处理意见等。如果是以汇报工作、总结经验或反映情况为主的汇报性、总结性的文件，则表现为对某项工作成绩、缺点的看法，或者是对某项工作或问题的评价。应用文的主题，通常是在前言内用一段文字予以说明，较长的公文则专门辟出章节进行阐述，有的则贯穿全文之中须归纳才行，也有的只体现在意见和办法之中，不作专门文字说明。

（二）主题的确立

主题的确立，除了要符合党的路线、方针、政策和有关的国家法律、法规要求外，主要来源于以下三个方面：

1. 工作实践。我们在具体工作过程中，必然遇到一些实际问题，需要立即回答、处理、解决；或者要求制定政策，布置执行；或者要求反映情况，提供参考；或者要求进行洽商，研究办法等。这些实际工作情况都是主题确立的直接因由。这就要求我们注意工作进程和不同发展阶段的特点，深入调查研究，注意掌握全面工作情况，在占有大量材料的基础上，通过去粗取精、去伪存真、由表及里的分析研究，从中总结出带有普遍性、规律性的经验和教训，从而根据不同时期党和国家的政策、法律和现实需要，提出解决问题的办法和措施。

2. 有关文件。党和国家的有关文件是主题确立的直接依据。尤其公文写作具有鲜明的政治性，它直接体现党和国家的路线、方针、政策、法律、法规以及有关领导的指示精神。因此，主题的确立往往是直接依据中央和上级的精神，按照党的政策和国家的法律规定来考虑的。有时，甚至要在文稿中直接具体地写上根据中央或上级的哪个文件，本着什么精神，按照什么规定，要解决的是什么问题。所以，认真地学习、深刻地领会、全面地掌握中央和上级文件精神，对于公文主题的确立是十分必要的。当然，写作时要把中央和上级的精神与当地实际情况相结合，防止照搬照抄。

3. 领导意图。本级领导的意图是主题确立的具体要求。尤其党政机关所撰写的公文，其作者是法定的某一机关、团体，或者是法定的某一级组织的领导人。一篇公文从产生到生效，领导者要始终负起责任来。因此，领导的意图是要担负政治责任的意图，是吃透了上级精神和了解基层情况，并使二者紧密结合的意图。拟稿者在接受公文起草任务以后，领会领导意图，这对公文主题的确立，是极为重要的。

（三）主题的要求

主题要求：正确、鲜明、新颖、集中。

1. 主题正确。也就是说应用文的主题既要符合马列主义、毛泽东思想、中国特色社会主义理论，与党和国家的路线、方针、政策和法律、法规相一致，绝不能偏离，更不能违背，又要符合中华民族的传统美德和社会道德要求。这就要求作者必须加强政治学习，努力提高自己的马克思主义理论水平和政治水平，力求运用科学的立场、观点、方法去认识事物，实事求是。

2. 主题鲜明。一篇应用文的基本精神或观点要表达得清楚明白，赞成什么，反对什么，要解决什么问题，达到什么目的等，都必须一清二楚。那种模棱两可、含糊其辞的提法，是应用文主题之大忌。要使主题鲜明，作者必须具备准确的判断能力、实事求是的胆识和较高的文字功夫。对某人某事，是表扬还是批评，对某种做法，是总结经验予以推广，还是从中吸取教训迅速制止，都要准确加以判断，表明态度。

3. 主题新颖。应用文的主题要在正确的基础上有所创新，有自己独到的见解。新颖的主题表现为：针对在实践中发现的新问题、新情况、新特点，提出新方法、新途径、新对策；在贯彻党和国家的方针、政策和宏观调控措施时，结合具体工作从不同角度加以阐述，使之有赏心悦目之感。当然，追求主题新颖不等于猎奇，更不能胡编乱造，脱离客观实际。

4. 主题集中。一篇应用只能有一个中心，而且还要求这个中心不能零乱和分散。为了做到主题集中，作者不能在一篇应用文中表达太多的意思而面面俱到，不能塞进与主题无关的材料而节外生枝。这就需要作者有较强的概括和综合能力，能够在错综复杂的事物中分析内在的必然联系，找出其重点和特点。

二、材料

（一）材料的概念

应用文写作的材料，是指作者用来表现主题的事实和依据。如果说，主题是应用文的灵魂，那么，材料就是应用文的血肉。材料是应用文的写作基础。例如，写一份工作简报或通报，往往要运用一定的具体事实、基本情况等材料来说明情况或经验、教训，或用生动的事实，表彰和宣传先进个人的先进事迹；或就单位及工作人员的错误事实和缺点，指出其应当吸取的教训，以教育下属单位和有关人员。

（二）材料的分类

材料按照不同的分类方法，有不同的类别。

1. 按内容分，有理性材料和事实材料。前者是指实践中总结出来并经过实践检验的理论观念、思想材料。这部分材料包括党和国家的方针、政策和法律法规，革命领袖的著作、论述，科学的原理、公理、定理，揭示事物内在规律的警句、格言等；后者指客观事实，主要是指本地区、本部门、本机关、本团体中的人、事、物的实际情况。

2. 按来源分，有直接材料和间接材料。前者是第一手材料，包括作者平时耳闻目睹、耳闻手记所获得的实际材料。由于它是通过自己的观察得到的切身感受，因而最新鲜、最实在、最有活力。后者是第二手材料，是他人制作的文字资料。比如听取有关单位介绍，查阅简报、记录、总结、报表、账册、人民来信以及其他书面材料等。这类材料真实、具体、广泛、客观，也是很有价值的。

3. 按时间分，有现实材料和历史材料。应用文写作的任务，在于解决现实生活中提出的各种问题，因此，搜集和掌握现实生活中实际情况的材料，包括理论与实践，自然是我们考虑的着眼点。但是，对任何一个事物，仅仅看到它的现在还是不够的，还要看到它的过去和将来，也就是不能割断事物的历史，不能忽略其历史材料。所以，应用文的写作，既要首先着眼于现实材料，又要尽可能多地了解有关的历史材料，做到知古、知今、知中、知外，眼观六路，耳听八方，从而洞察和了解事物的纵的方面和横的方面。

4. 按范围分，有具体材料和概括材料。具体材料就是典型材料，即点上的、微观的材料；概括材料就是面上材料。具体材料和概括材料的有机结合，对于加强应用文写作的针对性和指导性，有着积极的意义。如在汇报性、论说性的公文中，"点面结合"尤其要注意。没有"点"上的材料，公文写出后，就往往说不清问题。没有

"面"上的材料就不能给人以宏观的、全局的概念，同样会影响公文的社会效果。因此，掌握这两方面的材料，是应用文写作的一个必备条件。

5. 按性质分，有正面材料和反面材料。这两种材料都是指那些能从正面或反面反映事物本质的材料。有比较才有鉴别，有鉴别才能定取舍。掌握正面材料和反面材料，对于写好应用文同样是不可缺少的。正面材料可以成为解决实际问题的正确意见的事实根据；反面材料既可以是一篇公文所要克服的某种错误的倾向，又可以是一篇公文所要解决某个问题应注意防止的偏差。

总之，要从各方面占有材料，材料越多越好。材料多了，选择就有余地；材料多了，分析、认识问题才可能达到相应的深度和广度。

（三）材料的选择

材料的选择就是运用科学的方法，对已有材料进行分析鉴别，决定取舍。一般来说，选材要做到以下几点：

1. 选材要围绕主题。材料是为表现主题服务的，主题确定以后，就要围绕主题来选择材料。在围绕主题选材上易犯的毛病：一是材料分散，脱离主题；二是材料堆砌，主题不明；三是各自为政，形成多中心的局面。解决这些问题，关键是要围绕主题选材。与主题关系密切、关联度高的材料，要多用笔墨加以突出；与主题关系不大的材料，要尽量删减；与主题无关的材料，即使生动，也要坚决割舍。如公文中引用的典型事例、概括性情况、统计数据和有关政策依据，都应围绕主题取舍，以使主题表现得更突出、更鲜明。

2. 选材要真实。真实、准确是应用文的生命，只有建立在真实、准确材料基础上的应用文，才能具有权威性和说服力。因此，选材必须对材料进行核实、鉴别，力求准确无误。如果道听途说，似是而非，想当然，图省事，那就会造成应用文的失实。对于材料真实与否的问题，绝不可等闲视之。

3. 选材要客观。所谓客观，就是在选材时，切忌带有主观随意性，不能以偏概全。

4. 选材要典型。所谓典型的材料，是指那些深刻地提示了事物的本质，又具有代表性和说服力的材料。这样的材料，才能反映事物的本质，才最有说服力。

三、结构

（一）结构的概念

结构就是对文章内容的组织和安排，亦叫谋篇布局。如果把文章主题喻为灵魂，把材料比作文章的血肉，那么，结构就是文章的骨架。安排好结构，是应用文写作中的一个关键环节。

应用文结构的内容，也和一般文章一样，包括应用文的开头和结尾，层次和段落，过渡和照应。既要讲究结构安排，又要做到言之有序，从而使整篇行文组成一个严密的有机整体。

（二）结构的内容

应用文的结构，主要是指正文的表现形式。正文是应用文的核心，不同的文种，在正文结构上略有不同。但从总体上来讲，一般由开头、主体、结尾三个部分构成，按照提出问题、分析问题、解决问题的思路来谋篇布局。

1. 开头部分。开头是应用文结构的重要组成部分，是对全篇内容的高度概括和主题思想的集中反映。它既要囊括应用文的全部内容和主要观点，又要概括得简明扼要、精练明确。一般而言，应用文开头总的要求是开门见山、起句立意、简洁凝练、富于概括力。常用的开头方式主要有：

（1）根据式。这种开头方式，常在行政公文中使用。简要说明行文的依据，或根据政策法规，或根据上级的指示、决定，或根据有关来文等行文。根据式开头，言之有据，行文严谨有力，增强了行政公文的权威性和针对性。通常使用"根据""遵照""按照"等介词作为开端用语。例如，《××公司关于实行全面预算管理的决定》一文的开头："根据我省经济工作会议精神和我公司试点的经验，公司董事会决定……"

（2）目的式。开宗明义，直叙行文目的，干净利落，简洁明了。通常以"为了""为"等介词作开端用语。

（3）原因式。即在开头讲明写作的缘由，以揭示主体写作的必然性、合理性和重要性。一般用"由于""鉴于"等介词标引。

（4）引文式。即开头先引用文件或领导讲话中的某些句子作为引言或点明主题。如行政公文《××省审计厅关于印发全省审计工作会议纪要的通知》的开头："现将《全省审计工作会议纪要》印发给你们，望结合本地区、本部门的实际情况，认真研究贯彻执行。"

（5）综合式。通常是上述方式中几种方式的综合运用。在应用文开头，既有根据部分，又直叙行文目的，或阐述行文原委，等等。在行政公文中，这种开头易引起受文单位的重视，在下行文中使用较多。

2. 主体部分。主体部分是正文的核心内容。写作时总的要求是紧扣主题，语不离宗，直言不曲，观点明确，段落清楚，层次分明。主体部分常用的结构方式分为三种：

（1）纵向组合结构。这种结构的思路是纵向展开的。一为直叙式。通常按时间先后为序，或以事件发生、发展过程为序。这种结构比较简单，事情的来龙去脉很清楚。常用于内容单一、叙事性强的文种。采用这种结构方式，要按照时间或事件的发展顺序，恰当地纵向分为几个阶段，使正文层次分明、内容清楚，并注意突出重点，切忌平均用力、平铺直叙。二为递进式。这是按叙事、论理、结论，即提出问题、分析问题、解决问题的思路安排结构。这种结构形式，摆情况要翔实简明；作分析要有理有据，观点鲜明；下结论要明确具体，解决问题的办法措施要切实可行，也可按照事理的逻辑层次，由浅入深层层推进。常用于论理性较强的文种。

（2）横向组织结构。这种结构方式的思路是横向铺排的。一为简单列举式。即围绕主题，把选取的材料逐条逐项并列排出。法规、规章类文种及政策性文件等，常采用这种结构。采取这种结构，有时作者往往在总则或第一条提出文章的主题和写作目的，虽然从内容上看是统率全文的，但从结构上看它是与各章各条并列的。二为总分并列式。这种结构通常按照总分思路展开，并列的各部分按逻辑关系分类安排，分别围绕主题阐述一个问题，或者说明事物的一个侧面。这种结构中心突出，层次分明，条理清楚。采取横向结构，要力戒开中药铺似的简单罗列现象，而要分析各部分材料间的必然逻辑联系，注意同一层次并列各项的分类要采用同一标准，并根据表达的需要确定分类的层级多少。

（3）纵横交叉结构。这种结构常用于内容丰富、容量较大、篇幅较长的公文。采取这种交叉表述的结构形式，不应杂乱无章，而应有主有从。

3. 结尾部分。从内容上讲，结尾是对全文的总结。总的来说，公文的结尾要求简明概括，首尾呼应，意尽言止。通常采用的结尾方式有：

（1）习惯用语。有些文种的结尾常用一些具有固定格式的习惯用语。如"以上报告，请审示"（呈报性报告）；"以上报告，如无不当，请批转各地、各部门执行"（呈转性报告）；"以上请示，盼批复""当否，请批示""以上如无不妥，请审核批准"（请示）；"特此函告""敬请函复"等。

（2）总结式。即在公文结尾处，对全文主题进行概括与深化，帮助读者进一步理解全文，加深其印象。多用于篇幅较长的公文以及调查报告。

（3）鼓舞式。在结尾处，提出希望，发出号召，鼓舞斗志。决议、决定、通报、会议纪要等，常用此法结尾。例如，一些决议、会议纪要的结尾段，往往是"会议希望……"或"会议号召……"。

（4）要求式。这种结尾方式，通常在全文结尾处，再次强调行文目的，深化主题，或提出具体的要求，以引起重视，利于贯彻执行。

（5）自然结束式。主体部分已对公文内容作了充分表述，意尽言止，戛然而收，不另结尾。这种结构，一般只在下行文中使用。

（三）提高结构能力的方法

公文组织结构的过程，是一个从整体到局部、从个体到总体的构思过程，不单单是写作方法的问题，它综合反映了作者的素质和修养。因此提高公文的结构能力，必须从多方面培养和训练。

1. 加强逻辑思维能力的锻炼。公文结构安排的好坏，取决于作者逻辑思维能力的强弱。写作中要特别注意避免杂乱无章的毛病。首先要做到思维有序，符合对客观事物的一般认识规律，由总到分或由分到总，由因到果或由果及因，由主到次，由正到反等。其次，思维要周密，即方方面面都要考虑到。其三，思维要连贯，不要出现空白和断层，要文脉通达。其四，数量概念要清晰，合乎逻辑，既要有绝对数概念，又要有相对数概念。在使用"一般""大多""少数""个别"用词时，一定要确切无误，符合逻辑。

2. 培养编写提纲的习惯。要树立总体观念，通盘考虑，整体安排。这样就能明晰、确定地显示出公文的结构轮廓，防止结构设计中思维变动不定的缺点。

3. 多写多改，在实践中提高。多写多练是提高结构能力的有效途径。同样，多改也是提高结构能力的重要环节，会修改了，结构能力自然也提高了。

任务三　应用文的文字表达

一、文字表达的特点

（一）准确明晰

准确明晰是应用文文字表达的首要要求。准确就是能清楚地表达出作者的观点、想法、要求和目的，正确地传达出作者想传达的信息，让读者不产生歧义；明晰就是要求表达明白，不可以模棱两可，而是指向性唯一。应用文的语言，特别是公文的语言必须用语准确、文字精练，人名、地名、数字都要准确无误，不能含糊其辞，不能虚构，不能有任何差错。尤其是在传达贯彻党的方针、政策，发布国家法律、法规，签订合同等的时候，必须斟字酌句，标点符号也必须准确无误。

但是，在任何时候、任何场合、任何语境都使用绝对精确的语言，显然也是不符合客观实际的，因此，应用文在某些场合也要适当使用模糊性语言。模糊性语言，就是指语义的范围不确定，表意上比较含糊，在运用上具有弹性的词语。应用文在某些场合不但要使用这种模糊性的语言，还要合理地利用这种模糊性。主要表现在以下几个方面：

1. 国家政策、方针，法律、法规上的使用。在党政机关公文中，涉及国家方针政策法律法规时，适当地使用模糊性语言有时是表意精确化的一种方式。如《中华人民共和国治安管理处罚法》第 43 条规定：殴打他人的，或者故意伤害他人身体的，处 5 日以上 10 日以下拘留，并处 200 元以上 500 元以下罚款；情节较轻的，处 5 日以下拘留或者 500 元以下罚款。这段文字中就使用了模糊性词语，表述犯罪行为情节轻重程度以及相应的量刑幅度，清楚地表达出了立法者的意志。相反，如果要精确到什么情节拘留几天罚款多少，将使得在实际操作中因为规定过于琐碎而难以把握。因此，司法部门在办案时，依据明确的原则规定，对犯罪的事实、情节等各种因素、要件经过综合分析，合理使用自由裁量权，就可以确定如何量刑定罚。

2. 引用时的使用。在应用文写作中，尤其是党政机关公文中，因行文对象、条件及其他原因不便说明或不需要说得明确具体时，可以用模糊性语言加以概述。如"据了解，最近一个时期以来，部分地区接连出现了一些因征地拆迁纠纷引起的集体上访事件"，究竟是哪些地区、什么纠纷、什么上访等，发文者是清楚的，但并不需要一一说明。

3. 数字上的使用。有些应用文在时间上难以做到绝对精确，因此需要使用"连日来""近几年来"等模糊性语言。如"六年多来，我部认真贯彻国务院关于……但在实施的过程中，也反映出一些不足"，这里使用的"六年多来""在……中"等表示时间的词组都是模糊性词语，但并不会使读者产生疑义。

4. 范围程度上的使用。如在写总结时，某个单位在某段时间内取得的成绩，是"很大""较大"还是"一些"，都必须再三斟酌，力求准确反映实际情况。同时，有时由于所涉及的事情还未结束，还在继续发展，其规模和影响具有不确定性，一时难以做出准确的判断，或者不能直接用精确的词语表达出来，那么，采用模糊性语言进行表述就更符合实际情况。如"有可能""基本上""一定的""适当""酌情"等。

（二）简洁朴实

所谓简洁，就是要求应用文的语言，叙事要直陈其事，明白晓畅；说明要简洁明了，不拖泥带水；议论要切中要害，言简意赅，避免冗长的句子。如一些总结性的应用文开篇喜欢使用的一些句子：一年来，在党中央、国务院的正确领导下，在各级政府的高度重视下，在上级领导的直接帮助下，在本部门各级党委和全体员工们的共同努力下，取得了很大成绩。这些句子都是些不着边际的大话、空话、套话，没有任何实际内容，在应用文写作中并不可取。应用文语言必须简洁，才能使我们的学习、生活、工作更方便、高效、务实。

我们也常使用一些方法来使语言简洁明了：

1. 使用单音节词。如为、应、兹、望、系等。

2. 使用缩略词。如通常单位都有各自使用的规范化简称，恰当地使用缩略词，可以以简驭繁。如"发改委""和谐社会""可持续发展"等。

3. 使用短句。长句一般成分结构复杂，使用很多限制语、修饰语，看得眼花，读得费劲。因此，应用文应尽量使用短句；如果使用了长句，也可以化长为短，使句子简洁明快。

朴实，则是应用文不同于其他文章文字表达的基本风格，这是由应用文的特点和作用决定的。语言要干净利落，不花哨，避免过多地使用形容词和比拟、夸张、描写等手法。

但是，应用文也不都是一味地要求简洁朴实，如解说词、演讲稿、讲话稿，就需要语言生动一些，以加强文章的感染力。如解说词，是说给群众听的，说起来要上口，听起来要顺耳，所以要用形象的文学语言，描绘所解说的事物和形象，感情要充沛，还可综合使用记叙、描写、说明、议论、抒情等多种表达方式。

(三) 规范得体

所谓规范，就是要求应用文的文字表达既要恰到好处地表达出作者的意思，又要契合使用场合，做到严肃端庄。不使用晦涩难懂的词语和不规范的话语、方言或简称，那样不仅会使读者费解，影响到应用文传递信息的功能，而且也影响公文制发机关的尊严与文件的权威性。为达到这个要求，在行文中应注意以下几点：

1. 使用专门用语。应用文要使用通行的、约定俗成的各种专门用语。人们在长期的应用文写作实践中，积累、形成了一套应用文的专门用语，成了应用文语体的一种标志。这里所说的专门用语，特指应用文常用的带有"程式性"的一般公认的词汇与短语，其中还有不少带有文言文特征，或者是现代汉语中继续使用的文言词汇。使用这些词汇与短语，可以使应用行文更加规范典雅，增强庄重性。常见的应用文专门用语如下：

（1）开头用语：表达目的、依据、原因等。如为了、为、根据、遵照、按照、由于、鉴于、因为、目前、兹、兹有、收悉、惊悉、现……如下等。

（2）结尾用语：表达敬意谢意以及规范化结语等，如此致敬礼、此复、特此报告、特此公布、自……起施行、请批复、请查收等。

（3）全文用语：可以用在开头或结尾，也可用在文章主体中。如：

称谓词：本、我、贵、你、该。

追叙词：经、业经、并经等。

承转词：为此、据此、对此、有鉴于此、综上所述、总之等。

祈请词：请、敬请、烦请、恳请、希、即希、敬希、希望、望、要求、当否、是否妥当、可否、是否可行等。

命令词：责成、令、特命、令其等。

告诫词：不得有误、严格办理、参照执行、以……为要、引以为戒等。

表态词：应、理应、应于、同意、准予、拟于、暂缓、可行、不可行、以……为妥、以……为宜等。

2. 使用专业术语。应用文写作涉及各个部门、各个专业中的各种问题，因此，它总是和一定数量的专业术语相关联。如在财经、商贸应用文中，经常使用预算、决算、税率、成本、资金等；在法律文书中，经常使用原告、被告、上诉、起诉、申诉等；另外，还有一些从专业术语中借用到应用文中广泛使用的词，如出台、网络、同步等。

3. 使用书面语。规范化的书面语是应用文语言的主要表达形式，也是应用文语言规范得体的最主要的标志。应用文必须使用规范化的书面语言，而不宜使用口语、方言。

所谓得体，就是指应用文语言应适应不同文体的需要，说话讲究分寸、措辞注重适度。应用文是为特定的目的服务的，要受到明确的写作目的、专门的读者对象、一定的场合等条件的制约，因此，语言使用一定要得体。说什么，不说什么，说到什么程度，用什么语气，选择什么词汇，都要综合考虑。过去曾有一段时期，在我们党和国家领导人接待外宾的通讯报道中，常常使用"接见"两个字，周恩来总理看后，指示记者改成"会见"，即双方会见。这就避免了使外宾产生我们居高临下的不愉快感觉，体现了大小国家一律平等的精神，改得非常得体。

二、文字表达的方式

表达方式，指写文章时所采用的具体表述方法和形式。常用的表达方式主要有叙述、说明、议论、抒情、描写。应用文作为一种实用性的文体，主要是为了处理实际事务，它的表达方式则主要为叙述、议论和说明。而描写和抒情除了在一些商业广告、演讲稿等少部分应用文中适当使用外，一般很少在其他应用文中使用。

（一）叙述

叙述就是把人物的经历、行为或事件的起因、经过、结果表达出来。应用文使用的叙述一般要求开门见山、直截了当、平铺直叙、抓住主要的事实，力求做到概要精练。如：×月×日，×××与洪水连续搏斗×个小时，排除两处险情，由于极度疲劳和长时间潜水承受深水压力过大，导致颅脑内血管受损破裂出血，昏倒在堤坝上，经抢救无效，光荣牺牲。

（二）议论

议论是一种评析、论理的表述方法，是以理服人，用说理的办法，以概念、判断、推理等逻辑形式，直接对客观事物进行分析、评论、证明。通常由论点、论据和论证三要素组成，要求论点明确、论据充分、论证周密。

应用文的议论一般都是直接表达自己对客观事物的观点和态度，语言简洁、明了，不掺入个人主观情感。论据通常分理论论据和事实论据，理论论据必须严格说明出处，忠于原意；事实论据则要求客观真实，所引证的事例和数据应具有典型性，经得起推敲。论证应做到清晰有力，材料必须能够证明论点，论据和论点之间具有必然推出的联系，符合推理的逻辑规则。

（三）说明

说明是用简明扼要的文字，把事物的形状、性质、特征、成因、关系、功用等解说清楚的表达方式。应用文的说明往往用简洁、准确、科学、朴实的语言，把事物的性质、形状、特征、功能等基本情况介绍清楚，让人认识、了解被说明的对象，要求言之有物、层次分明；重点突出、简洁明了；因事制宜、注意详略。如在财经类应用文写作中，介绍背景、交代文件的起因及根据、说明理由及办法、解说定义、进行注释等，都要运用说明的表达方式。恰当地运用说明的表达方式，可以增强文章的科学性、准确性和说服力。

识别训练

一、不定项选择题

1. 应用文写作不具有（　　）的取向。
   A. 为事而作　　B. 以实告人　　C. 导之以行　　D. 以情动人
2. 应用文选取材料的要求是（　　）。
   A. 真实可靠　　B. 典型精当　　C. 准确具体　　D. 形象感人
3. 应用文结构的特点是（　　）。
   A. 程式化　　　B. 条款化　　　C. 图表化　　　D. 曲折化
4. 应用文文字表达的特点是（　　）。
   A. 规范　　　　B. 庄重　　　　C. 华美　　　　D. 模棱两可
5. 主题是应用文最重要的部分，其写作要求是（　　）。
   A. 正确　　　　B. 鲜明　　　　C. 新颖　　　　D. 集中

二、判断

1. 储材要多，选材要精，这是文章材料工作最基本的要求。（　　）
2. 现代应用文一概不得使用文言词语。（　　）
3. 应用文的主旨带有强烈的感情色彩，是作者个人对客观世界和现实生活的主观感受。（　　）
4. 应用文主要不以直接办理事务为目的，而以反映社会生活为目的。（　　）
5. 应用文写作时，主要使用叙述、描写、议论和抒情四种表达方式。（　　）

模块二　公务文书

项目一　公文的识别能力训练

任务一　公文基础知识

一、公文的基本概念及分类

（一）公文的基本概念

公文，即公务文书，是指各机关、企事业单位、社会团体在各自的公务活动实践中形成的，用以表达自己的意图，代表自身权威，具有特定体式的各种正式文书。公文有广义和狭义之分。广义的公文，是指党政机关、社会团体、企事业单位为处理公务而形成的文字材料，可分为通用公文、技术文字材料和专用业务公文。狭义的公文，是指党政机关处理公务时所使用的公文。

（二）公文的分类

公文的类别是在其产生和发展过程中逐步形成的，可以从不同角度划分出不同的类别。

1. 根据公文的使用范围，可以分为通用公文和专用公文。通用公文即各级党政机关、社会团体、企事业单位目前普遍使用的文书。专用公文，仅指在一定业务范围内，按照特殊需要而专门使用的业务文书，如司法文书、财经文书、审计业务公文等等。这些文书有专指的内容，有特定的格式。

2. 根据公文的作用，可以分为指挥性公文、知照性公文、报告性公文、事务性公文等。

3. 根据公文的行文方向，可分为上行文、下行文、平行文。上行文是指下级机关向上级机关报送的公文，如请示、报告等。下行文是指上级机关向所属下级机关的行文，如命令、决定、指示、批复等。平行文是指同级机关或不同隶属机关之间的行文，如函等。通知、会议纪要有时也可作为平行文。

4. 根据对公文办理的时限要求，可分为特急公文、紧急公文、常规公文。特急公文，即事关重大又十分紧急，要求以最快速度形成和处理，不允许有丝毫拖延的文件。紧急公文，即对某项重要工作急需迅速处理的文件。常规公文，即指可以按正常速度和程序形成、运转和处理的文件。

5. 按公文的机密程度，可分为绝密公文、机密公文、秘密公文、普通公文。绝密、机密、秘密公文又称保密文件，是指内容涉及党和国家的机密，需要控制知密范围和知密对象的文件。文件的密级越高，传达、阅办、保管的要求也越严。

二、公文的特点及作用

（一）公文的特点

1. 法定的权威性。公文代表着制发机关的法定权威。领导机关发布的决定、指示、批复等，有领导权威；权力机关发布的法律、条例等，有法律权威；政府机关发布的命令、通告、指示等，有指挥权威。

2. 政策性。公文的政策性是由其所反映的内容决定的。党和国家制定的路线、方针、政策都以公文的形式直接下达，而国家各级行政机关、团体、企事业单位都负有传达、贯彻、执行的责任。因此，国家各级行政机关、团体、企事业单位制定的公文，必须与党和国家的方针政策相符合，保证各项方针政策的贯彻落实。

3. 实用性。公文是用来处理公务的文书，所以它总是根据现实需要，针对实际问题而制发，有着明确的写作目的。公文的实用性反映在公文内容上，必须有现实的针对性。实用性既是公文写作的出发点，也是它的归宿。没有实用性，公文也就失去了其赖以存在的价值。

4. 可靠性。公文涉及的事实以及所引用的材料和数据，必须真实可靠，不得有任何虚假和错漏。内容真实、准确，这是公文写作最基本的原则。一般文章写作中的虚构手法，在公文中不能使用；合理想象、添枝加叶、移花接木的方法，也同样不能使用。因此，公文写作一定要核准事实和数据，以确保材料的可靠性。

5. 规范性。公文的严格规范性是其他文章都不具备的。是否需要行文、文字如何表述、文种如何使用、格式如何安排以及处理程序等等均有严格的规范要求。

6. 严格的时限性。公文所针对的问题，总是存在于特定的时间范围之内，一旦时过境迁，公文的实用价值也会随之丧失。所以，公文的写作、传递和办理，都要求迅速及时。这种实用性决定了公文要快写、快发、快处理，以提高办事效率。

（二）公文的作用

1. 领导作用。领导机关通过公文把自己的决策意图、要求、内容，把党和国家所制定的路线、方针、政策传达给它的下层组织及广大干部、群众，以统一思想、统一行动，达到建设国家、治理国家的目的。

2. 指挥管理作用。党政机关、企事业单位、群众团体，都在特定的范围内担负着组织、指挥、管理的职责，而履行这些职责的基本工具，就是公文。在党政公文中，命令、决定、决议、指示、批复等文种，就属于指挥、管理性的下行公文。这些公文一经下发，下级机关必须执行。大到国家机器的运转，小到一个企事业单位内部工作有秩序地开展，都跟公文的指挥管理作用密切相关。离开了公文的这一作用，各方面的管理工作很可能陷入混乱状态。因此，我们应该意识到，相当多的公文的起草、定稿过程，实质上就是管理工作的实施过程。

3. 信息交流作用。公文还有一个重要的作用是交流信息。下行文中的公告、通告、公报、通知、通报，上行文中的报告、请示，还有作为平行文的函，都有交流信息的基本功能。交流信息，一方面是上情下达，一方面是下情上传，另一方面是友邻单位互通情报。有了公文作为信息流通的渠道，上下级机关都有可能做到耳聪目明，不至于闭目塞听。

4. 宣传教育作用。决议、公报、公告、通报、会议纪要等文体，还有着很明显的宣传教育作用。针对现实生活中普遍存在的某一问题或认识的偏差，公文通过摆事实、讲道理，进行启发诱导，使大家明白应该确立什么立场，应该坚持什么原则，进而知道自己应该做什么、怎样做。

5. 凭证作用。公文还有明显的凭证和依据作用。上级发布的下行文，是下级机关开展工作的依据；下级上报的公文，是上级决策的依据；一个机关自己制作的公文，是其履行职能、开展工作的真实记录和凭证。因此，许多重要的公文，都需要归档保存很长时间，以便需要时查找。

6. 备考作用。公文有一定的时限性。但过了适用时限，其作用并没有完全消失，各级党政机关、社会团体和企事业单位也经常参考它们来制订新的方针政策，或总结经验教训，以便更好地开展各项工作。

三、公文的行文关系及规则

（一）公文的行文关系

由于行文是一个机关、单位给另一个机关、单位或本机关下属组织机构的发文，这一发一收之间必然构成一对行文关系。机关部门、单位之间的相互关系，一般可分为同一系统上下级之间的相互隶属关系，上级主管业务部门与下级业务部门之间的业务指导关系，同一系统的平级机关之间以及同一机关各部门之间的平行关系，不同系统的机关、部门之间的不相隶属关系。行文关系是根据行文单位各自的隶属关系和职权范围确定的。

（二）公文的行文方向

一定的行文关系，规定和约束了公文按照一定的方向运行，通称为行文方向。行文方向是行文关系的反映。行文方向分为上行文、平行文和下行文。

1. 上行文。是下级机关向上级领导机关（包括有业务指导关系的上级机关在内）的行文。在上行文的行文关系上，应注意把握以下几点：

（1）要选准上行文种，即请示、报告和上报的意见。向上级机关报送非法定文种时，如总结、计划等，可另加"文件头"；如系简报，可直接报送。

（2）一般不能越级。

（3）不能交叉向上级党政机关行文请示报告或提出意见。

（4）受双重领导的机关，在向上级请示时，应主送一个上级机关，同时抄送另一个上级机关，不可一并主送。

2. 下行文。是上级机关对下属组织的行文。在下行文的行文关系上，应注意处理好以下几点：

（1）要选准下行文种，即决定、决议、命令（令）、指示、意见、通知、通报、会议纪要、批复等。机关常用应用文对下不可直接发出，应另加通知为主件，将下发的应用文种作为附件，一并下发。

（2）一般只发直属下级单位，也可以扩大至所属各级单位。

（3）对下属受双重领导的单位，一个上级机关向这种单位下行批复、专门性的决定和通知时（例如领导成员的任免、机构的增减、业务上的重要事项等），应当根据需要，抄送它的另一个上级机关。

（4）上级机关不可与下级机关（如市政府与市交通局）联合向基层行文，因为市交通局与市政府不是平行单位，而是市政府所属的一个部门，以市政府名义行文再加上交通局显然是多此一举。

（5）本机关的党组不能向下属部门的党组直接行文（如市政府党组对县政府党组，县政府党组对所属局、委等部门的党组），更不能向下一级行政机关行文（如市政府党组对下级的县政府），因为它们之间不存在隶属关系。以党组名义报给上级党委的请示、报告，党委可批转（转发）下属单位的党组织贯彻执行。

3. 平行文。是平行机关或不相隶属机关之间的行文。在平行文的行文关系上，应注意把握两点：

（1）要选准平行文种。

（2）平行文在写法上要做到态度谦和，多用商量的语气，不能强加于人，更不能用指示性的口吻。

（三）公文的行文方式

在具体行文中，根据组织关系和工作需要，可以采取不同的行文方式。

1. 逐级行文。

逐级行文是上行文和下行文的基本的、常用的行文方式。在上行文中，一般来说，下级机关均应直接向上一级机关请示和汇报工作，以维护和体现正常的领导和被领导关系。下级机关业务部门向上一级机关的主管业务部门的行文，也属于逐级行文。下行文，用于对所属下级传达指示、部署工作、通报情况、批复请求，以实施对下级的领导与指导。为了有利于下级结合当地实际情况贯彻上级指示精神，一般以逐级行文为宜。

2. 多级行文。

主要在下行文中使用，即上级机关向下行文时，同时向所属的几级下属机关行文，以减少发文层次，提高运转效率。

3. 越级行文。越级行文指一级机关在特殊情况下，越过自己的直属上级机关向更高一级的领导机关直至中央行文。如遇严重自然灾害、发生特大事故时，逐级行文将会贻误时机，造成损失，此时，应越级行文。又如对上级交办并指定越级上报的事项，也可以采取越级行文方式。但一般情况下，下级机关不得越级行文请求问题，也不得越级抄送文件。

4. 直达行文。直达行文指领导机关在必要时，将文件直接发至基层组织或直接传达给人民群众。这种行文，一般通过报纸、广播、电视等新闻媒介或张贴公告等方式，直接与公民见面。

（四）公文的行文规则

为了确保公文运转通畅有序，必须遵循一定的行文规则，防止行文混乱，以更好地发挥公文的法定效用。公文的行文规则主要有：

1. 按照职权范围行文。

公文代表法定作者的意志，具有法定的权威和行政约束力。公文的法定权威来自法定作者的法定职权，两者是一致的。各级机关和单位，应按照自己的职权范围行文。应当在自己职权范围内行文处理的问题不予处理，就是失职；超越自己的职权范围行文，就是越权。失职或越权，都会造成行文关系的混乱。只有坚持按职权范围行文，才能维护公文的严肃性和权威性。

按照职权范围行文，在上下级机关之间，下级机关应当向上一级机关汇报工作、请示问题。但是，属于下级机关职权范围处理的事项，上级机关不应代替行文；下级机关也不应将属于自己职权范围处理的事项，或与有关部门可以协商解决的问题向上级机关请示，以做到各司其职、各负其责。下级机关要认真贯彻上级机关的指示和决定，不得制发与上级的规定、指示精神相悖的公文，否则，上级机关有权改变或撤销，以维护政令的统一。

按照职权范围行文，在文种选用及行文内容上，不能超越权限。公文文种，各有其适用范围，某些文种的使用有一定权限的限制。比如，"命令（令）"，依据《宪法》规定，只有国家主席、国务院及所属各部委、县级以上人民政府，在法定权限内，才可以发布。不属于这一范围的机关、团体、企事业单位，就无权使用"命令（令）"这类文种。又如"公告"，它的适用范围是"向国内外宣布重要事项或者法定事项"，发布者一般是高层的领导机关。作为基层单位，它不可能具有向国内外宣布重要事项或法定事项的职能权限，也就不应使用"公告"这一文种。在行文内容上，必须在自己的职权范围内行文处理问题，不能越权行文。比如，只有省级政府才有权决定乡、镇建制，市、县就无权就此审批行文；省、直辖市和计划单列市人民代表大会及其常务委员会，可以制定、颁布地方性法规，而地方各级人民政府就无权制发；只有国务院有权行文决定省、自治区、直辖市范围内部分地区的戒严，省政府就无权下达戒严令。至于人事任免及纪律处分，更应按干部管理权限行文。

2. 按照隶属关系行文。

各级机关、团体和企事业单位，是按照民主集中制的原则，组成的一个从中央到地方的严密的组织系统和网络。每个法定的机关、单位，在这个组织系统的网络中，都占有一定的位置，都有各自特定的隶属关系。隶属关系是一种管辖关系。在同一组织系统中，上级机关、单位对下级机关、部门的逐层的领导与业务指导关系，这是隶属关系；在同一组织系统的同一层级之间是平级机关，它们之间是平行关系。同级机关之间不存在管辖与被管辖，平行关系不是隶属关系；至于不同组织系统的机关、单位，都是互不隶属的，当然不存在隶属关系。分清了隶属关系，行文就有了基础，才有可能按正确的行文方向行文。

对有隶属关系的上级行文，应使用上行文；同样，对有隶属关系的下级行文，则应使用下行文。因为上下级之间有不同的层级，所以，在上、下行文中，依据隶属关系和工作的需要，可以有逐级、多级、越级、直达等行文方式。为了维护正常的领导关系，一般应坚持逐级行文。

没有隶属关系的，不应以隶属关系的身份行文，这是行文的常规。也就是说，同级机关之间和不相隶属机关之间，它们都不存在隶属关系，都不应以隶属关系的身份使用报告、请示等上行文，或使用指示、决定、批复等下行文。一般情况下，应使用以"函"为主的平行文。例如，市政府与省农业厅，省商务厅与省发改委，县财政局与师范大学等，它们之间不存在隶属关系，公文往来应使用平行文。

3. 一般应当逐级行文。

我国在管理体制上实行集中统一、分级管理的模式，上下级之间是从属的管辖关系。上对下逐层管辖指挥，下对上逐级负责。这样，便于政令与指挥统一，防止政出多门，避免多头领导与多头指挥。与之相应，机关、单位之间的公文往来，一般应采取逐级行文，使机构正常运转、指挥灵便、管理协调。没有特殊情况，不要越级行文，以免上下脱节，打乱正常的行文秩序。

4. 一般应一文一事。

一文一事，可以使公文主旨鲜明、内容集中、篇幅简短，便于文书处理，加快公文运转，提高办事效率。一文数事，在公文承办时必然涉及多个职能部门，使文件辗转传递，影响办文时效，也不利于文书的立卷归档和查阅利用。尤其是请示，更应一文一事，以便于上级机关及时处理答复。

四、公文格式

（一）公文的一般格式

公文一般由版头、主体、版记三部分组成，包括：份号、秘密和保密期限、紧急程度、发文机关标志、发文字号、签发人、标题、主送机关、正文、附件说明、发文机关署名、成文日期、印章、附注、附件、抄送机关、印发机关和印发日期、页码等要素。

1. 版头部分。

（1）份号。是指公文印制份数的顺序号，顶格居左编排在版芯第一行。《条例》规定，涉密公文应当标注份号。

（2）秘密和保密期限。是指公文的秘密等级和保密的期限。公文内容涉及国家机密的，应根据机密程度，顶格在版心左上角第二行标明"绝密""机密""秘密"字样。

（3）紧急程度。公文内容紧急，在时间上要求紧急递送的，应根据紧急程度在正文标题左上角注明"急""紧急""特急""限时送达"字样。

（4）发文机关标志。由发文机关全称或规范化简称加"文件"二字组成，也可以只使用发文机关全称或者规范化简称。用套红大字居中印在公文首页上部，以示庄重。

（5）发文字号。包括机关代字、年份、序号。如"国发〔200×〕×号"用黑体字标注于版头下方居中或左下方，下边用一红线与正文区分。

（6）签发人。上报公文应当在发文号右侧标注"签发人"，"签发人"后面标明签发人姓名。

2. 主体部分。

（1）标题。要排列于正中，位于发文字号下方，字体比文件头的字体小些，比正文的字体大些。通常由发文机关名称、公文的事由和文种组成。

（2）主送机关。是公文的受文对象，应标注在标题之下、正文之上靠左，并顶格书写，其后用冒号。标注主送机关，要写明其全称、规范性简称或同类型机关的统称，其名称之前不能标出"主送"字样。

（3）正文。是公文的主体和核心内容。字体不能太小，字距行距要清晰。要求一文一事，文字准确、简练、逻辑清楚，标点正确。

（4）附件说明。是指公文附件的顺序号和名称。

（5）发文机关署名、成文日期、印章。成文日期一般右空四字编排，以成文日期为准，在它之上居中编排发文机关署名。印章端正居中下压发文机关署名和成文日期。印章是公文发文机关对公文生效负责的凭证，除会议纪要和有特定版头的普发性公文外，都应当加盖发文机关印章。

（6）附注。是公文印发传达范围等需要说明的事项。居左空两字加圆括号编排在成文日期下一行。

（7）附件。是附属于公文正文之后的文字材料，是公文的重要组成部分。如有附件，应在版记之前，另面编排，与公文正文一起装订。

3. 版记部分。

（1）抄送机关。是指除主送机关外需要执行或知晓公文内容的其他机关单位。在印发机关和印发日期之上一行、左右各空一字编排。

（2）印发机关和印发日期。指公文的送印机关和送印日期。印发机关左空一字，印发日期右空一字。这里的印发日期与成文日期不一样，应晚于成文日期。

（二）公文的用纸、排版与标点符号的使用

公文用纸一般采用国际标准 A4 型（210mm×297mm），左侧装订。一般上空白宽于下空白，左空白宽于右空白，这样有利于文件装订归档。

公文的标题一般用 2 号宋体字，可分一行或多行居中排布；回行时，要做到词意完整、排列对称、间距恰当。正文、主送机关、抄送机关、附件等均用 3 号仿宋体字。小标题、主题词用 3 号宋体字。

公文中的数字，除结构层次、序数和词、词组、惯用语、缩略语中的数字必须使用汉字外，其他的可以使用阿拉伯数字。按照《党政机关公文格式》国家标准（GB/T9704-2012）的规定，成文日期中的数字用阿拉伯数字将年、月、日标全，年份应标全称，月、日不编虚位（即 1 不编为 01），在同一公文中数字的使用应前后一致。公文中应采用国家法定的计量单位。

公文的标点符号，应根据国家语言文字工作委员会、国家新闻出版署 1990 年 3 月修订发布的《标点符号用法》的规定使用。

(三) 公文格式的体例展示

```
000001（份号）
机密★一年（密级和保密期限）
特急（紧急程度）

                ××××文件（发文机关标志）
              ××发〔××××〕××号（发文字号）

              ××××关于××××的通知（标题）
××××：（主送机关）
    ××××××××××××××××××××××××××××××××××
××××××××××××××××××××××××××××××××××××××××
××××××××××××××××××××××××××××××××××××××××
××××××××××××××××××××××××××。（正文）
    附件：1. ×××××××
         2. ×××××××

                          ××市人民政府（盖章）（发文机关署名）
                             ××××年××月××日（成文日期）

（××××）（附注）




抄送：×××××××××××××××
×××××（印发机关）                    ××××年××月××日印发（印发日期）
```

任务二　指挥性公文

一、决定

（一）决定的含义

《条例》规定，决定"适用于对重要事项做出决策和部署、奖惩有关单位和人员、变更或者撤销下级机关不适当的决定事项"。决定是一种指挥性公文，属于下行文种。上至党和国家的重大决策和战略部署，下至基层单位的奖惩事宜均可使用。决定具有很强的领导性、权威性、规定性。它适用于对重要事项或者重大行动做出安排，奖惩有关单位和人员，变更或者撤销下级机关不适当的决定。

（二）决定的写作格式

决定一般由标题、受文单位、正文、落款和成文时间构成。

1. 标题和成文时间

标题一般有两种构成形式：一种是由发文机关、事由和文种构成；另一种是由事由和文种构成。成文时间，指发布决定的时间。成文时间一般在标题下方用括号注明某年某月某日某会议通过字样，也可以在正文后靠右标注。

2. 正文

正文的结构一般由三部分组成。一是开头部分，简要写明决定的缘由、目的、根据；二是主体部分，主要写决定的内容，落实决定的要求和措施，要求具体明白、层次清楚，便于有关单位执行；三是结尾部分，用于提出希望、要求或执行说明。有的决定需要带附件。有附件的决定，应当于正文之后、发文机关署名之前注明附件的名称或依据，并将附件附在主件之后。

3. 落款

决定的落款，通常就是指发文的主体，既包括党和国家机关，又包括企事业单位等。

（三）决定的体例展示

审计署关于表彰全国内部审计先进单位和先进工作者的决定

各省、自治区、直辖市和新疆生产建设兵团审计厅（局），国务院有关部（委、局）和中直管理局、中华全国总工会、武警总部审计局，中央有关直属企、事业单位：

2002年以来，在各级领导的重视和支持下，在各级审计机关和内部审计协会的指导下，全国内部审计机构和广大内部审计人员认真学习和贯彻党的十六大及十六届三中、四中全会精神，努力实践"三个代表"重要思想，牢固树立科学发展观，全面履行内部审计职责，开展了大量艰苦的、卓有成效的工作。内部审计在维护财经秩序、加强和改善经营管理、提高经济效益、促进廉政建设等方面发挥了重要作用，取得了显著成绩，涌现出一大批先进单位和先进工作者。

为总结经验，发扬成绩，表彰先进，树立典型，推动我国内部审计事业健康发展，审计署决定授予北京城建集团有限责任公司等242个单位内部审计先进单位荣誉称号，授予北京建工集团有限责任公司纪检审计部王明旺等269名同志内部审计先进工作者荣誉称号。希望受到表彰的先进单位和先进工作者珍惜荣誉，戒骄戒躁，积极进取，再接再厉，在建设中国特色社会主义的伟大事业中再创新佳绩，再作新贡献，继续推动我国内部审计事业不断向前发展。

审计署号召各单位领导和广大内部审计机构、审计人员认真向先进单位和先进工作者学习。学习他们爱岗敬业、忠于职守、任劳任怨的奉献精神，学习他们清正廉洁、刚直不阿、敢于碰硬的高尚品格，学习他们刻苦钻研、严谨细致、求真务实的工作作风，学习他们依法办事、客观公正、不徇私情的工作原则。要在全国内部审计系统营造学先进、赶先进、超先进的浓厚氛围，进一步提高内部审计队伍的政治、业务素质，积极探索和完善内部审计的方式、方法，不断总结经验，提高审计质量，为再创内部审计工作的新局面做出新的贡献，为推动改革、促进社会全面协调可持续发展发挥更大的作用。

附件：1. 全国内部审计先进单位名单（略）
　　　2. 全国内部审计先进工作者名单（略）

审计署（公章）
2005年4月14日

二、命令（令）

（一）命令（令）的含义

《条例》规定，命令（令）"适用于依照有关法律公布行政法规和规章；宣布施行重大强制性行政措施；嘉奖有关单位及人员"。它具有很强的权威性和强制性。

(二) 命令（令）的写作格式

命令（令）一般由标题、发文字号、正文、落款和成文时间构成。

1. 标题。一般有两种构成形式：一种由发文机关、事由加文种构成；另一种由发文机关加文种构成。

2. 发文字号。命令（令）的发文字号不编入本机关公文发文序号，须另行编写令号，一般以发令机关或发令人的任期为界，按其在任期间所发命令的流水号编序。

3. 正文。发布令一般写公布对象、现予公布及实施日期。行政令一般先写有关情况、施行该重大强制性行政措施的目的，或者措施意义、施行依据；再写施行措施的具体内容；最后写其他相关内容。嘉奖令一般先写嘉奖缘由，即受嘉奖的事迹及其意义；再写嘉奖事项，即奖励的具体内容；最后号召人们向受嘉奖人员学习。

4. 落款和成文时间。在正文右下方签注发文机关领导人的姓名，姓名前要标明职务，也可加盖签名章。成文时间置于领导人签名或签名章之下。

(三) 命令（令）的体例展示

关于给海南省公安机关取得"清网行动"重大战果的嘉奖令

公奖字〔2011〕154号

2011年5月公安部部署全国公安机关开展网上追逃专项督察"清网行动"以来，海南省公安厅高度重视，以对党和人民高度负责的精神，全警动员、全面发动，强力推进各项工作开展。工作中，各级参战公安机关领导靠前指挥、率先垂范、包案攻坚；广大参战民警顽强拼搏、连续作战，成功抓获了一大批网上逃犯，取得了"清网行动"的重大战果。截至10月8日，海南全省公安机关共抓获行动前网上逃犯2140名，其中故意杀人逃犯117名、历年网上逃犯1238名，行动前网上逃犯下降率达到53.7%，有力地震慑了违法犯罪，为维护国家安全和社会稳定做出了突出贡献。为此，特对海南省公安机关"清网行动"全体参战单位和民警予以通令嘉奖。

希望你们认真总结经验，发扬成绩，再接再厉，继续保持全力抓捕网上逃犯的高压态势，为争取"清网行动"的全面胜利做出新的更大的贡献。

国务委员、公安部部长　孟建柱

2011年10月9日

三、决议

（一）决议的含义

《条例》规定，决议是"党的领导机关就重要事项，经会议讨论通过其决策，并要求进行贯彻执行"的重要指导性公文。它具有很强的权威性和指导性。

（二）决议的写作格式

决议一般由标题、成文时间和正文构成。

1. 标题。成文时间即决议正式通过的日期，一般放在标题下，在小括号内注明会议名称及通过时间，也可只写年月日。

2. 成文时间

标题一般由发文机关（会议名称）、事由加文种构成，也可省略发文机关（会议名称）。

3. 正文。一般分三部分：一是决议缘由，一般简要说明有关会议审议决议涉及事项的情况，做出决议的原因、根据、背景、目的或意义；二是决议事项，写明会议通过的决议事项，或会议对有关文件、事项作出的评价、决定，或对有关工作做出的部署、安排和要求、措施；三是结语，一般紧扣决议事项有针对性地提出希望、号召和执行要求，也可省略。

（三）决议的体例展示

中国共产党第十八次全国代表大会关于中央纪律检查委员会工作报告的决议

（2012年11月14日中国共产党第十八次全国代表大会通过）

中国共产党第十八次全国代表大会审查、批准了中央纪律检查委员会的工作报告。大会充分肯定了十七届中央纪律检查委员会的工作。

大会认为，党的十七大以来，在党中央坚强有力的领导下，经过全党全社会的共同努力，党风廉政建设和反腐败工作取得新的明显成效，为党和国家事业发展提供了有力保障。

大会要求，中央和地方各级纪律检查委员会，要高举中国特色社会主义伟大旗帜，以邓小平理论、"三个代表"重要思想、科学发展观为指导，全面履行党章赋予的职责，坚持围绕中心、服务大局，坚持标本兼治、综合治理、惩防并举、注重预防方针，紧紧围绕党的先进性和纯洁性建设，认真做好惩治和预防腐败各项工作，深入推进党风廉政建设和反腐败斗争。各级党委要继续加强对纪律检查工作的领导，把党风廉政建设和反腐败工作放在更加突出的位置，着力加强以保持党同人民群众血肉联系为重点的作风建设，深入推进以完善惩治和预防腐败体系为重点的反腐倡廉建设，认真解决反腐倡廉建设中人民群众反映强烈的突出问题，进一步提高反腐倡廉建设科学化水平，做到干部清正、政府清廉、政治清明，为落实党的十八大做出的各项重大决策和战略部署提供有力保证。

四、批复

（一）批复的含义

《条例》规定，批复"适用于答复下级机关请示事项"。批复具有以下特点：

1. 权威性。批复发自上级机关，是领导意愿和领导权威的具体体现。请示一经批复，对请示事项的下级单位有直接的约束力。

2. 针对性。凡是批复，都必须针对下级机关的请示而发，以下级的请示为前提。请示是一事一请示，批复也应一请示一批复，不能搞"综合批复"，针对性极强。

3. 鲜明性。批复中回答的问题，态度都应很明朗，同意或不同意，或不完全同意，理由都必须充分，绝不能有模棱两可、暧昧不明的情况出现。

（二）批复的写作格式

批复一般由标题、受文单位、发文机关和日期构成。

1. 标题。标题一般由批复机关名称、事项、受文单位名称和文种类别（批复）四部分组成。题下标明发文年、月、日。有时可省去受文单位名称。

2. 正文。批复的正文开头一般先写明"你单位×年×月×日的请示收悉，同意或不同意"的表态语，再按批复缘由、批复内容和结束语的顺序写作。批复缘由主要是把原请示名称、字号和年月日写清，以显示其针对性。批复的内容应分条陈述，结束时用"此复""特此批复"字样为习惯结语。

3. 发文机关和日期。批复的标题中包含有发文机关和日期的，可不必另行落款。没有的，应在正文右下方签署发文机关和日期。

（三）批复的体例展示

国家税务总局关于个人兼职和退休人员再任职取得收入
如何计算征收个人所得税问题的批复

厦门市地方税务局：

你局《关于个人兼职和退休人员再任职取得收入如何计算征收个人所得税问题的

请示》(厦地税发〔2005〕34号)收悉。经研究,批复如下:

根据《中华人民共和国个人所得税法》(以下简称个人所得税法)、《国家税务总局关于印发〈征收个人所得税若干问题的规定〉的通知》(国税发〔1994〕89号)和《国家税务总局关于影视演职人员个人所得税问题的批复》(国税函〔1997〕385号)的规定精神,个人兼职取得的收入应按照"劳务报酬所得"应税项目缴纳个人所得税;退休人员再任职取得的收入,在减除按个人所得税法规定的费用扣除标准后,按"工资、薪金所得"应税项目缴纳个人所得税。

国家税务总局(公章)
2005 年 4 月 26 日

五、意见

(一) 意见的含义

《条例》规定,意见"适用于对重要问题提出见解和处理办法"。它具有针对性、灵活性和多样性。意见可用于上行文、下行文和平行文。作为上行文,意见类似于请示。作为下行文,是上级或主管部门为了开展某项工作、解决某个重要问题而提出的以指导思想、工作原则和执行要求的内容为主的意见,有较强的规范性和强制性。作为平行文,意见主要用于平行机关之间、不相隶属的机关之间针对某种新情况、新问题或新形势提出的新的解决方法或是对应措施。

(二) 意见的写作格式

意见一般由标题、主送机关、正文、落款和成文日期构成。

1. 标题和主送机关。标题一般是由发文机关、事由加文种组成,也可省略发文机关。主送机关为主送的单位或群体。

2. 正文。一般包含以下内容:(1) 提出意见的目的或依据。(2) 意见的主要内容。(3) 结语。

指示性意见一般要求下级结合实际情况贯彻执行;呈转性意见或建议性意见一般可提出请求,如"以上意见如无不妥,请批转各地(单位)执行"。

3. 落款和成文日期。在正文右下方署名发文机关。成文日期在发文机关署名之下。

(三) 意见的体例展示

<h3 style="text-align:center">国务院关于进一步做好新形势下就业创业工作的意见</h3>

国发〔2015〕23号

各省、自治区、直辖市人民政府，国务院各部委、各直属机构：

就业事关经济发展和民生改善大局。党中央、国务院高度重视，坚持把稳定和扩大就业作为宏观调控的重要目标，大力实施就业优先战略，积极深化行政审批制度和商事制度改革，推动大众创业、万众创新，创业带动就业倍增效应进一步释放，就业局势总体稳定。但也要看到，随着我国经济发展进入新常态，就业总量压力依然存在，结构性矛盾更加凸显。大众创业、万众创新是富民之道、强国之举，有利于产业、企业、分配等多方面结构优化。面对就业压力加大形势，必须着力培育大众创业、万众创新的新引擎，实施更加积极的就业政策，把创业和就业结合起来，以创业创新带动就业，催生经济社会发展新动力，为促进民生改善、经济结构调整和社会和谐稳定提供新动能。现就进一步做好就业创业工作提出以下意见：

一、深入实施就业优先战略

……

二、积极推进创业带动就业

……

三、统筹推进高校毕业生等重点群体就业

……

四、加强就业创业服务和职业培训

……

五、强化组织领导

……

各地区、各部门要认真落实本意见提出的各项任务，结合本地区、本部门实际，创造性地开展工作，制定具体方案和配套政策，同时要切实转变职能，简化办事流程，提高服务效率，确保各项就业创业政策措施落实到位，以稳就业惠民生促进经济社会平稳健康发展。

国务院
2015年4月27日

任务三　知照性公文

一、公报

（一）公报的含义

《条例》规定，公报"适用于公布重要决定或者重大事项"。它具有权威性和新闻性。一般分为会议公报、事项公报、联合公报。

（二）公报的写作格式

公报一般由标题、成文日期、正文和落款构成。

1. 标题和成文日期。标题一般是由发文机关（会议名称）、事由加文种组成，也可省略发文机关（会议名称）或事由，如《新闻公报》。在标题之下正中位置注明公报发布的日期。

2. 正文。一般包括以下内容：（1）开头部分，会议公报一般概述会议的名称、时间、地点、参加人员等；事项公报一般用最鲜明、最精练的语言概述事件的核心内容，即何时、何地、发生了什么重大事件；联合公报一般概述公报的来由，即在何时、何地、谁与谁举行了什么会谈或谁对谁进行了什么性质的访问等。（2）公报的内容。（3）提出号召和希望。

3. 落款。会议公报和事项公报一般没有落款；如果标题中没有出现发文机关，可在标题下一行居中注明发文机关；联合公报要在正文之后写明双方签署人的身份、姓名、年月日，并写明签署地点。

（三）公报的体例展示

《中华人民共和国和美利坚合众国联合公报》

（一九八二年八月十七日）

一、在中华人民共和国政府和美利坚合众国政府发表的一九七九年一月一日建立外交关系的联合公报中，美利坚合众国承认中华人民共和国政府是中国的唯一合法政府，并承认中国的立场，即只有一个中国，台湾是中国的一部分。在此范围内，双方同意，美国人民将同台湾人民继续保持文化、商务和其他非官方关系。在此基础上，中美两国关系实现了正常化。

二、美国向台湾地区出售武器的问题在两国谈判建交的过程中没有得到解决。双方的立场不一致，中方声明在正常化以后将再次提出这个问题。双方认识到这一问题将会严重妨碍中美关系的发展，因而在赵紫阳总理与罗纳德·里根总统以及黄华副总理兼外长与亚历山大·黑格国务卿于一九八一年十月会见时以及在此以后，双方进一步就此进行了讨论。

三、互相尊重主权和领土完整，互不干涉内政是指导中美关系的根本原则。一九七二年二月二十八日的上海公报确认了这些原则。一九七九年一月一日生效的建交公报又重申了这些原则。双方强调声明，这些原则仍是指导双方关系所有方面的原则。

四、中国政府重申，台湾问题是中国的内政。一九七九年一月一日中国发表的《告台湾同胞书》宣布了争取和平统一祖国的大政方针。一九八一年九月三十日中国提出的九点方针是按照这一大政方针争取和平解决台湾问题的进一步重大努力。

五、美国政府非常重视它与中国的关系，并重申，它无意侵犯中国的主权和领土完整，无意干涉中国的内政，也无意执行"两个中国"或"一中一台"政策。美国政府理解并欣赏一九七九年一月一日中国发表的《告台湾同胞书》和一九八一年九月三十日中国提出的九点方针中所表明的中国争取和平解决台湾问题的政策。台湾问题上出现的新形势也为解决中美两国在美国售台武器问题上的分歧提供了有利的条件。

六、考虑到双方的上述声明，美国政府声明，它不寻求执行一项长期向台湾地区出售武器的政策，它向台湾地区出售的武器在性能和数量上将不超过中美建交后近几年供应的水平，它准备逐步减少对台湾地区的武器出售，并经过一段时间导致最后的解决。在作这样的声明时，美国承认中国关于彻底解决这一问题的一贯立场。

七、为了使美国售台武器这个历史遗留的问题，经过一段时间最终得到解决，两国政府将尽一切努力，采取措施，创造条件，以利于彻底解决这个问题。

八、中美关系的发展不仅符合两国人民的利益，而且也有利于世界和平与稳定。双方决心本着平等互利的原则，加强经济、文化、教育、科技和其他方面的联系，为继续发展中美两国政府和人民之间的关系共同做出重大努力。

九、为了使中美关系健康发展和维护世界和平，反对侵略扩张，两国政府重申《上海公报》和《建交公报》中双方一致同意的各项原则。双方将就共同关心的双边问题和国际问题保持接触并进行适当的磋商。

二、公告

（一）公告的含义

《条例》规定，公告是"适用于向国内外宣布重要事项或者法定事项"的一种告示性的公文。它具有很强的权威性和广泛性。

（二）公告的写作格式

公告一般由标题、发文字号、正文、落款和成文日期构成。

1. 标题和发文字号。标题一般是由发文机关、事由加文种组成，也可省略发文机关和事由。公告的发文字号与一般公文的发文字号不同，有的不写发文字号，但当某一次会议或某一专门事项需要连续发布几个公告时，则应在标题下单独编号"第×号"。

2. 正文。主要介绍：（1）公告的原因或目的。（2）告知的内容及相关注意事项，如文件实行的期限、范围以及违反的处理等。（3）结束用语，如"特此公告"等。

3. 落款和成文日期。如标题已出现发文机关名，发文机关署名可省略。成文日期置于发文机关署名之下。

（三）公告的体例展示

关于撤销行政许可的公告

经调查核实，东莞市喜达运输有限公司无符合要求的专用车辆，已不符合道路危险货物运输行政许可的法定条件和要求，现根据《广东省道路运输条例》第五十五条规定，对该公司做出撤销道路危险货物运输行政许可的决定，并责令该公司在2014年5月26日前，携带《道路运输经营许可证》（编号：莞441900007895）正、副本到我局货运管理科办理注销手续。逾期或拒绝交回上述证件的，上述证件自动注销。

如不服本决定，可在收到本决定书之日起60日内，依法向东莞市交通运输局申请行政复议，或者3个月内向当地人民法院提起行政诉讼。

东莞市交通运输局
2014年5月18日

三、通报

（一）通报的含义

《条例》规定，通报"适用于表彰先进、批评错误、传达重要精神和告知重要情况"，是党政机关和社会团体把工作情况、经验教训、好坏典型事例以及具有典范、指导、教育、警戒意义的事件通知所属下级单位的公文文种。

（二）通报的写作格式

1. 表彰和批评通报的写作格式。

表彰和批评的通报，都是通过对典型事例的通报以达到教育人的目的。通报的正文一般包括通报缘由、事实、分析评价、决定和经验教训等几个部分。

（1）通报缘由。在较长的通报开头都用几句话概括通报的核心内容，一般写事件主要结果和对事件的总体评价。这部分文字要精练，避免与下文重复。较短通报一般没有这部分，直接写通报事实。

（2）通报事实。这部分要重点写清先进或错误的主要人员、主要事实经过、情节、结果及有关数据。

（3）对事实进行实质性分析评价。这是对事件的认识，要指出其先进性和错误的性质，对人或事做出中肯评价，便于人们认识和领会通报的精神。在分析、评价的基础上提出对事实的处理意见。先进的如何表扬、错误的怎样处罚，都应有明确的意见。

（4）分析从典型事例中应学习的经验和吸取的教训，由典型引申到普遍，最后针对现实情况提出一般性要求或号召。

2. 事项性通报的写作格式。

事项性通报首先要写明所通报的情况，对主要情节进行客观叙述，注意把人物、时间、地点、事件、结果写清楚。其次要写明发文机关的意见和要求，可以在对客观事实进行分析的基础上提出。

（三）通报的体例展示

国务院办公厅关于水利专项资金审计情况的通报

各省、自治区、直辖市人民政府，国务院各部委、各直属机构：

1998年，审计署组织对全国31个省、自治区、直辖市的2130个地（市）、县水利部门，以及水利部长江、淮河等6个流域水利委员会1996至1997年度水利专项资金的筹集、管理和使用情况进行了审计。在国家财力十分紧张的情况下，1996、1997年中央和地方财政预算内水利资金的投入继续保持了一定的增长，同时，国家建立了水利建设基金，专项用于水利基础设施建设，这对于加快水利建设，保障大江大河的安全等发挥了重要作用。但从审计结果看，当前水利专项资金在筹集、管理和使用中存在一些突出问题，有的还相当严重。根据国务院领导的指示精神，现将有关审计情况通报如下：

一、国务院关于建立水利建设基金的决定在一些地方尚未落实

为加快水利建设步伐，提高大江大河防洪抗旱能力，缓解水资源供需矛盾，国务

院决定从1997年1月1日起，建立中央和地方水利建设基金，专项用于水利建设。根据这一决定，1997年，中央财政足额筹集了水利建设基金26.99亿元。但大多数地方没有按照国务院的决定予以落实到位，其中，北京、上海、天津、辽宁、内蒙古、宁夏、新疆、青海、西藏、云南、贵州和广东12个省（自治区、直辖市）没有按照国务院决定建立水利建设基金；其余19个省（自治区、直辖市）虽已建立水利建设基金，但仅筹集16.03亿元，占应筹集51.74亿元的30.98%。

二、挤占挪用水利专项资金用于平衡预算、弥补行政经费、建房和购买小汽车等问题严重……

三、采取虚报冒领和乱摊派等手法挖挤国家水利建设资金
……

四、主管部门滞留、欠拨水利专项资金，地方配套资金不到位问题突出
……

五、擅自改变项目投资计划，违规将水利投资实行有偿使用
……

水利是农业的命脉和国民经济的产业。今年长江、嫩江和松花江流域的特大洪水再一次警示我们，必须高度重视并切实搞好水利建设，决不能有丝毫懈怠。水利专项资金审计中发现的上述问题，必须予以高度重视，采取切实有效措施加以解决：

（一）各级政府及审计、监察等部门对这次审计查出的水利专项资金筹集、管理和使用中存在的问题，必须逐一依法严肃查处，决不能姑息迁就。

（二）各级政府及有关部门要认真贯彻国务院关于建立水利建设基金的决定，积极做好基金的筹集和管理工作。……

（三）各级财政、水利主管部门要切实加强对水利专项资金的管理和监督，特别要针对这次审计发现的问题，举一反三，认真汲取教训，决不允许再出现挤占挪用水利专项资金的问题。……

国务院办公厅（公章）
1999年1月22日

四、通告

（一）通告的含义

《条例》规定，通告是"适用于在一定范围内公布应当遵守或者周知的事项"的一种告示性文种。

（二）通告的写作格式

通告一般由标题、正文、落款和成文日期构成。

1. 标题。一般是由发文机关、事由加文种组成，也可省略发文机关和事由。如遇紧急情况，可在通告前加上"紧急"二字。

2. 正文。主要包括：（1）发布通告的背景、根据、目的、意义等。常用的特定承启句式有"为……特通告如下"或"根据……决定……特此通告"等。（2）告知的内容及执行要求。（3）结语。常用"特此通告"或"本通告自发布之日起实施"等。

3. 落款和成文日期。右下角标注发文机关署名，之下标注成文日期。

（三）通告的体例展示

**南京市人民政府关于对黄色环保标志
及无环保标志的汽车实施限制通行措施的通告**

为改善城市环境空气质量，保障人民群众身体健康，根据《中华人民共和国大气污染防治法》《江苏省机动车排气污染防治条例》《南京市大气污染防治条例》《南京市机动车排气污染防治管理办法》等法律法规，市政府决定对黄色环保标志及无环保标志的汽车分阶段实施限制通行，特通告如下：

一、自 2010 年 1 月 10 日起，每日 7 时至 22 时，中山陵景区内禁止黄色环保标志及无环保标志的汽车通行。具体范围：中山门大街陵园路路口、中山门大街明陵路路口、灵谷寺路陵前路路口和韦陀巷路口以北，龙蟠路太平门路路口以东，沪宁高速陵东路路口、环陵路中山陵内环路路口以西范围内的道路（含上述道路）。

二、自 2010 年 5 月 1 日起，每日 7 时至 22 时，本市中心城区内禁止黄色环保标志及无环保标志的汽车通行。具体范围：太平门、龙蟠路、建宁路以南，应天大街以北，中山门、明城墙、大明路以西，大桥南路、虎踞北路、虎踞路、虎踞南路、凤台路以东范围内的道路（含上述道路）。

三、自 2010 年 9 月 1 日起，每日 7 时至 22 时，本市河西地区禁止黄色环保标志及无环保标志的汽车通行。具体范围：建宁路以南，江山大街以北，大桥南路、虎踞北路、虎踞路、虎踞南路、凤台路、凤台南路以西（含上述道路），以及郑和中路（不含该路）、扬子江大道（不含该路）以东范围内的道路。

四、违反本通告规定进入限行区域的黄色环保标志及无环保标志的汽车，公安交通管理部门将依法进行查处。

五、本通告所指汽车含本市籍和外市籍号牌的汽车。

六、本通告所指黄色环保标志汽车是指污染物排放达不到国家相应阶段控制标准的汽车；无环保标志汽车是指未领取环保标志或未通过环保定期检测领取环保标志的汽车。本通告所指的环保标志由环保部门核发。

七、本通告自发布之日起施行。

南京市人民政府
2009 年 12 月 27 日

任务四　报告性公文

一、议案

（一）议案的含义

《条例》规定，议案"适用于各级人民政府按照法律程序向同级人民代表大会或人民代表大会常务委员会提请审议事项"。

（二）议案的写作格式

议案一般由标题、发文字号、主送机关、正文、附件、落款和成文日期构成。

1. 标题和发文字号。标题一般由发文机关、事由加文种组成，也可省略发文机关。发文字号可省略。或者，因为议案是向"同级"人大提请审议事项，所以可以"函"的形式行文，如：京政函〔2001〕11 号。

2. 主送机关。议案的主送机关，只能是同级人民代表大会及其常务委员会，不能有其他并列机关。同时，要使用全称或规范化简称，不得随意简化。

3. 正文。（1）案据。即写明提出议案的事实依据。也可省略，如机构设置议案、任免议案。（2）方案。即就提请审议事项提出的解决办法。有的议案，特别是立法议案，其方案多以附件形式出现。（3）结语。一般以程式化用语作结，如"现提请审议""请审议决定""请审议批准"等。

4. 落款和成文日期。国务院提交给全国人大的议案，由总理签署；各省、市、自治区提交给同级人民代表大会的议案，由省长、市长或自治区主席签署。也可加盖签名章。成文日期在领导人签名或签名章之下。

(三) 议案的体例展示

关于修订《大气污染防治法》的议案

2013年1月上旬,各地出现雾霾天气,各大城市空气质量恶化。江苏省过半城市多数监测点空气质量指数(AQI)超过300,达严重污染水平,其中南京连续9天中度污染。湖南持续雾霾天气,发布首个大雾红色预警。河北省的石家庄、邯郸、邢台、保定等城市连续几天出现中度污染和严重污染,许多市民上街需要戴口罩。湖北武汉连续一周出现雾霾天气,空气质量连续5天为重度污染,然后连续4天严重污染。因雾霾天气,全国各城市的心血管病人持续增加,市民上街只好戴口罩,或者听从环保专家的建议不出家门,停止户外运动,这给市民的生活工作带来极大的不便。

我们先来探究一下雾霾天气。……

据媒体报道,2012年,全国各大城市多次出现雾霾天气,而且持续时间长,造成的影响大。相对于近年来不断出现的空气质量恶化的现象,2000年9月颁布实施的《中华人民共和国大气污染防治法》显得滞后,具体表现在……

因此,我建议对现行的《大气污染防治法》进行修订,具体建议如下:

一、增加植树造林的硬指标

《大气污染防治法》第十条:各级人民政府应当加强植树种草、城乡绿化工作,因地制宜地采取有效措施做好防沙治沙工作,改善大气环境质量。

因为树木在吸收粉尘、降低PM2.5、净化空气方面的作用,所以各级人民政府应该出台植树造林方面的硬指标,对新上工业项目、新建居民小区、新建道路等规定绿化的数量、面积、品种等各种指标,以改善大气环境质量。

二、加大对在用机动车管理的力度

《大气污染防治法》第三十三条规定,在用机动车不符合制造当时的在用机动车污染物排放标准的,不得上路行驶。

汽车排放标准呈现越来越严格的趋势。以北京为例,在2004年1月1日之前,执行欧Ⅰ标准;2004年1月1日之后,执行欧Ⅱ标准;到2008年1月1日之后,执行欧Ⅲ标准。这三个标准对于机动车污染物排放标准有着很大的区别,有关专家做了一个形象的比喻:7辆执行欧Ⅱ标准的汽车,相当于1辆化油器车的污染物排放量;14辆执行欧Ⅲ标准的汽车,才相当于1辆化油器车的污染物排放量。按照轻型汽车Ⅲ号标准,家庭轿车和轻型汽车的一氧化碳排放量将在原有基础上减少30%,碳氢和氮氧化合物则分别减少40%。因此,执行排放标准的高低,直接决定机动车排放污染物的总量。

根据第三十三条的规定，在用机动车中有执行欧Ⅰ、欧Ⅱ、欧Ⅲ，因为根据制造时的标准，这些车子均可上路，这样就出现新标准颁布后，老标准的机动车仍旧在上路的情况，而且期限较长。建议按照新标准执行的时间，给予一定的缓冲期，然后统一标准。根据全国各地的情况，欧Ⅲ标准出台已经好几年，把老标准机动车淘汰的条件已经成熟，因此建议把该条文修改为：在用机动车不符合当前机动车污染物排放标准的，不得上路行驶。

三、提高违法处罚力度

现行的《大气污染防治法》从颁布起已经有十多年，因为经济的发展以及民众对于环境质量期望值的提高，该法律中的经济处罚额度等明显滞后，使得该法律的惩罚作用相对降低，因此，应该大幅提高经济处罚的力度以及追究违法主体刑事责任的力度。

如违反本法第四十一条第二款规定，在人口集中地区、机场周围、交通干线附近以及当地人民政府划定的区域内露天焚烧秸秆、落叶等产生烟尘污染的物质的，由所在地县级以上地方人民政府环境保护行政主管部门责令停止违法行为；情节严重的，可以处二百元以下罚款。焚烧秸秆、落叶等产生烟尘污染的物质是造成PM2.5超标的原因之一，仅仅处以责令停止违法行为，情节严重的处以二百元以下的罚款，明显不够严厉，违法成本实在太低，建议该标准应该大幅度提高，以提高违法成本。

如第六十一条规定：造成大气污染事故的企业事业单位，由所在地县级以上地方人民政府环境保护行政主管部门根据所造成的危害后果处直接经济损失百分之五十以下罚款，但最高不超过五十万元；情节较重的，对直接负责的主管人员和其他直接责任人员，由所在单位或者上级主管机关依法给予行政处分或者纪律处分；造成重大大气污染事故，导致公私财产重大损失或者人身伤亡的严重后果，构成犯罪的，依法追究刑事责任。大气污染造成直接经济损失和间接经济损失，相对于前者，后者的损失更大、更长远，该条文中罚款只是直接经济损失的百分之五十，而且规定上限是五十万元，处罚力度明显偏小，建议大幅提高，让违法者倾家荡产。

同时，要建立大气污染事故评估制度，根据污染面积、持续时间、人员伤亡等标准来区分事故严重程度，加大对事故责任人的处罚力度；情节较重的，就应该追究刑事责任。

浙江代表团 傅企平

2013年3月5日

任务五 记录性公文

一、会议记录

（一）会议记录的含义

会议记录是一种配合会议的召开而使用的文书,是记录会议的组织情况、议程、内容等基本情况而形成的书面材料。会议记录是反映会务活动的重要材料,是传达、贯彻、执行会议精神的依据。会议所形成的会议纪要等文件,一般都要以会议记录为蓝本。

（二）会议记录的写作格式

会议记录通常采用专用记录稿纸记录,一般包括两部分:

1. 会议的基本情况

记录的第一部分一般要包括会议名称、时间、地点、出席人数（人数较少时可直接记下出席人的姓名）、缺席人、列席人、主持人及记录人。

2. 会议内容

包括会议的议题、讨论过程、会议发言或讲话的内容、传达的问题或做出的决议等。会议记录结束时,一般无特殊规定,习惯上另起一行写"散会""完""结束"字样,以为标示。

会议记录的基本要求是真实、准确,会后及时整理。对于发言的内容,一种是作详细记录,即对于比较重要的发言要完整地记录下来,尽量记取原话。一种是作摘要记录,只记发言的要点和中心内容。究竟采取哪一种方法记录,应根据会议的性质、讨论的问题、发言内容的重要程度来定。

重要的会议记录,在经过检查整理后,应送会议主持人审阅签字。需要转发的会议讲话,应在文字整理后,送讲话人审阅。

（三）会议记录的体例展示

会 议 记 录

会议名称：中共××市委常委会议

时间：2015年7月9日

地点：市委主楼××会议室

出席：×××、×××、×××

缺席：×××（因病）、×××（去省里开会）

列席：×××（主管教育工作的副市长）、×××（教育局党工委书记）、×××（市教育局副局长）、×××（市财政局长）

主持人：×××

记录：×××

议题：传达省教育工作会议精神，研究我市如何加强、改进教育工作。

发言内容、决定事项：（略）

二、会议纪要

（一）会议纪要的含义

会议纪要是根据会议的宗旨和要求写成的，要准确地反映会议的主要内容、指导思想、主要结论等。会议纪要可以作为向上级机关汇报之用，也可以作为文件向有关单位和下级机关分发。会议纪要可以交流信息、交流经验，对于本单位和下级机关来说，可以作为解决问题、指导工作的依据，并有一定的约束力。

（二）会议纪要的写作格式

会议纪要一般由版头和正文两部分构成。

1. 版头或标题。一般由会议名称和文种类别（纪要）组成，有的有正副两个标题，正标题概括纪要的基本精神，副标题写明会议名称和文种。如作为文件下发，还应有编号。

2. 正文。由三部分组成。首先是会议概况。包括会议召开的时间、地点、主持人、参加人员、议题等。其次是会议基本精神。可以根据会议内容采用归纳的方法，分成若干个问题加以分述。每个议题，可按照听取汇报（或报告）、讨论、决定的顺序去写。这部分是纪要的主体，要写得完整、清楚。最后是正文的结尾部分。可以适当写些对会议精神的贯彻执行要求或号召，也可以不写。

作为文件下发的会议纪要，要签上有发文机关和日期的落款。

(三) 会议纪要的体例展示

××省审计厅厅长办公会会议纪要

[2015年第×次]

时间：2015年×月×日下午

地点：厅党组会议室

主持人：×××

出席：×××、×××、×××、×××

列席：×××、×××、×××、×××

汇报：×××

记录：×××

本次厅长办公会议听取了《××省建设项目审计监督办法》、审计业务会议制度等有关情况的汇报，研究和做出了以下决定：

一、关于《××省建设项目审计监督办法》。一是借鉴深圳、青岛、江苏等地建设项目审计监督的立法经验，结合本次会议大家提出的意见，对《××省建设项目审计监督办法》（第三稿）进行修改，并呈报省政府。二是在修改时简化建设项目概（预）算审计一章的内容，把重点放在"建设项目竣工决算审计"一章。三是与省政府法制办协调好有关事宜，做好立法调研工作，争取省政府出台和实施《××省建设项目审计监督办法》。

二、关于审计业务会议制度。一是按照审计署6号令的规定在法制处对审计组的审计报告进行复核之后，召开审计业务会议审定审计报告。二是以下审计项目的审计报告由厅长主持召开审计业务会议审定：预算执行审计综合报告；行业审计项目；审计署授权的重大审计项目；市（州）长和厅（局）长经济责任审计项目；需要制作审计移送处理书的审计项目；拟向社会公告审计结果的项目。三是其他审计项目由分管厅领导召集由审计组成员参加的小型审计业务会议审定审计报告。

三、从下星期开始，各位厅领导和相关处室负责人应安排时间深入对口联系的基层审计机关开展调研、指导、协调等工作。

三、大事记

（一）大事记的含义

大事记是各级党政机关、人民团体、企事业单位用来记载一定历史时期内发生的重要事件的历史资料性的特殊文体。它是按时间顺序简要、系统地记录本机关、本单位主要活动的文字资料，它有利于日后总结经验教训，了解本单位的发展历史。

（二）大事记的写作格式

大事记一般由标题、前言（或后记）和正文构成。

1. 标题。大事记的标题由标明地区或单位名称、年份加"大事记"组成。

2. 前言（或后记）。用以说明该大事记记述时限、范围、材料来源、使用和处理情况以及一些需要说明的事。可以放在正文前作为前言，也可以放在正文后，作为后记。

3. 正文。正文一般分条记叙，每条独立一段，先标明具体月、日，然后记下当日发生的大事。大事记与其他文件的写作不同，它一般不是一次起草而成，而是一个积累的过程。各单位的大事记可以作为某系统或上级单位编辑整理大事记参考之用。

大事记一般主要记录本机关的组织变动情况、重要会议、上级机关的领导活动、本机关组织的主要活动等，要求提纲挈领、文字简洁、真实准确。

（三）大事记的体例展示

××市审计大事记

××市审计局 1984 年 2 月 28 日成立

××市内部审计机构 1985 年设立

1984 年至 2003 年审计机关通过审计上缴税金和财政资金 1.57 亿元

1985 年至 2003 年全市内审机构促进增收节支 18 亿元

1986 年在全国率先启动了领导干部离任审计

1995 年以来，连续 9 年荣获全市"机关岗位责任制先进集体"称号

1998 年荣获"全省审计机关先进集体"称号

2002 年设立××市经济责任审计办公室

××市内部审计协会 2002 年 9 月成立

2002 年在全省、全国率先探索尝试了与国际接轨的"绩效审计"

绩效审计、内部审计、科研信息、硬件建设、审计文化等工作跨入了全省全国先

进行列

国家审计署和××省审计厅主要领导刘家义、李金华、于明涛、孙宝厚……先后多次来××检查指导工作

任务六　事务性公文

一、计划

(一) 计划的含义

计划是机关、团体、企事业单位对一定时期的工作预先做出安排时使用的一种公文。计划主要用于对未来的工作任务预先拟定目标，设想步骤、方法等，做到事先心中有数，减少盲目性。

(二) 计划的写作格式

计划一般由标题、正文、制文单位和日期构成。

1. 标题。计划的标题应包括制发单位、时间限断语、事由和文种类别（计划）四部分，一般四者要齐全。事由要标明是"工作计划"还是"生产计划"或其他计划；时间限断语是计划适用的时限范围。但有时制订者认为计划的执行范围仅在本单位，已很明显，因而在标题中将其省略；比较规范的计划仍要标明制文单位。

2. 正文。计划的正文，一般先扼要说明制订该计划的缘由、根据，对完成任务的主客观条件作些分析，说明完成该计划的必要与可能性。其次是计划的具体内容，即在多长时间完成哪些任务，并设计完成任务的步骤和方法等。最后是结尾语，提出重点或强调有关事项，做出简短号召。

3. 制文单位、日期。标题中已注明了单位的，正文后不另署制文单位和制文日期。

(三) 计划的体例展示

××厂财会人员培训工作计划

为了适应本厂业务发展的需要，提高在职财会人员的专业知识和业务能力，以提高企业的经营管理水平，经报请厂长批准，拟举办财会人员培训班。我们希望通过短期学习，使没有经过系统专业学习的中青年财会人员在本门业务上达到财经中专毕业水平，能正确地掌握财会基本理论知识和财会工作的基本技能。

1. 组织领导

由厂财务处会同人事处建立培训班领导小组,由总会计师主持。

2. 培训对象

(1) 本厂所属各分厂在职财会人员;

(2) 从现有在职干部中抽调的准备培养补充的财会人员。

年龄在40岁以上,具有高中毕业文化水平,身体健康,作风正派,能坚持业余学习而本人又自愿学习的,经组织同意均可报名,经过考试,择优录取。

3. 培训方式

采用半脱产业余学习的办法。

4. 学制

定为一年。每周一、三、五下午上课,每次上课4小时,利用工作时间,每周共12小时;另外,利用业余时间8至12小时进行自学、辅导、作业、讨论和教学实习等活动。

5. 课程设置

(1) 工业经济概论;

(2) 会计学原理;

(3) 工业会计;

(4) 工业财务;

(5) 企业预算管理与风险控制。

6. 教材和教师

教师由领导小组在厂部和各分厂会计师以上财会人员中聘请,一律为兼职。教材由任课教师推荐或自编,领导小组同意后使用。

7. 考核

每学期每门课程结束后,进行考核,以巩固学员学到的知识,检查教学效果,提高教学质量。学员五门课程考试均及格者,由培训班发给结业证书,证明在本门业务上具有中专毕业的同等资格。

8. 时间安排

第一期2011年1月至12月,分为两个学期,每期20周,其中讲课18周,复习考试一周,机动一周。

9. 招生简章另定。

二、总结

(一) 总结的含义

总结是各级党政机关、人民团体、企事业单位和个人经常使用的一种文体,主要用于对一定阶段内的工作进行系统的回顾,分析研究,从中寻找出具体的经验或教训,发现某些工作规律或缺点错误产生的原因,调整改革与前进的方向,以利于今后工作的发展与进步。

(二) 总结的写作格式

工作总结一般由标题、正文和落款构成。

1. 标题。一般要包括单位或制发机关名称、时间和文种类别(工作总结)"三要素",但有时仅写时间和"工作总结",而省略单位名称。还有一种写法是使用"双标题",用一句主题词、句作正标题,用副标题标明单位名称、时间和文种类别。

2. 正文。一般依次撰写出下列四方面内容:首先概述某一阶段内的整个工作情况,包括工作背景、基础、成绩、效果等;其次写经验体会,包括具体的做法以及事例、数据等;再次是存在的问题与不足,分析产生问题的原因;第四,今后的设想和努力方向。有时第三、四方面内容合在一起写。第二部分应写得最为详尽。正文写作时,根据内容的复杂程度,可以分小标题分条陈述。各方面的内容,可以用先总后分的结构来写,也可并列展开;或按基本情况、主要成绩经验、问题及意见三大块来组织。

3. 落款。包括法定作者和日期。如在标题中和题下已标明的,可省略。

(三) 总结的体例展示

××省内部审计师协会2004年度工作总结

2004年,是我国全面建设小康社会的关键一年,也是审计署五年规划实施的第一年,××省内部审计师协会秘书处在中国内部审计协会和厅党组的正确领导下,承蒙省民政厅、省社科联等有关部门和社会各界的大力支持和帮助,认真学习贯彻党的十六届三中全会和四中全会精神,以"三个代表"重要思想为指导,坚持以经济建设为中心,树立和落实科学发展观,结合我省实际,围绕"管理、服务、宣传、交流"八字方针,卓有成效地开展工作。在工作中不断加强行业自律管理,积极贯彻实施内部审计一般准则、具体准则和职业道德规范,正确处理内部执法与自身发展的关系,继续加大对单位和部门内部严重违法违纪问题和经济犯罪的审计查处力度,切实加强内部审计调查与综合分析，顺势提升内部审计成果质量和水平，努力发挥内部审计在促进我省各部门、各单位建立健全内审约束和内部治理机制，规范财政财务行为，加强和完善内部管理，提高经济效益和社会效益，加强党风廉政建设中的积极作用。根据年初的工作思路和计划安排，主要做了以下几个方面的工作：

一、全面贯彻落实内部审计规定和准则，向现代内部审计进军。
……

二、加强制度建设，开创内部审计指导工作规范化、制度化、科学化建设的新路子。
……

三、积极推行内审人员持证上岗制度，认真做好岗位资格证书认证、颁证工作。
……

四、内部审计理论研讨屡获殊荣，硕果累累。
……

五、精心组织，确保我省CIA考试顺利进行。
……

六、信息化建设日趋成熟。
……

七、立足长远，抓好后续教育。
……

八、积极开展"双先"评选工作。
……

九、注重信息沟通和对外联系，做好交流考察的组织工作。
……

2005年，内部审计工作必须按照党的十六大的要求，以"三个代表"为指导，开拓创新，努力提高内审工作水平，为单位加强管理、提高效益，为社会主义市场经济建设服务。为此，省内审协会对我省2005年内部审计工作的总体思路是：全面贯彻落实中国内审协会和厅党组的工作部署安排，强化服务和行业指导意识，围绕"管理、服务、宣传、交流"八字方针，使内审指导工作再攀新高。

××省内部审计师协会

2004年12月6日

识别训练

一、不定项选择

1. 应当标注签发人姓名的公文是（　　）。
   A. 平行文　　　B. 下行文　　　C. 外发文　　　D. 上行文
2. 不属于公文秘密等级的是（　　）。
   A. 绝密　　　　B. 机密　　　　C. 秘密　　　　D. 特密
3. 审计机关依法向社会公布预算执行和其他财政收支审计工作报告，用（　　）。
   A. 公告　　　　B. 通告　　　　C. 通知　　　　D. 通报
4. 属于计划特点的是（　　）。
   A. 预想性　　　B. 实践性　　　C. 指导性　　　D. 科学性
5. 属于公文版头部分的是（　　）。
   A. 文件名称　　B. 标题　　　　C. 发文字号　　D. 签发人

二、判断题

1. 会议纪要的标题可以由正副标题构成。（　　）
2. 通报、命令、决定都可以用来嘉奖人员。（　　）
3. 国务院关于印发《中国制造2025》的通知（国发〔2015〕28号）。（　　）
4. 公文都应该有主送机关。（　　）
5. 联合下发的公文，发文机关都要加盖印章。（　　）

项目二　公文写作能力训练

任务一　通知

一、情景导入

湖南某集团公司决定于2014年12月15日在长沙召开投资信息调查研究工作会

议，传达贯彻董事长对当前投资信息调查研究工作的指示精神，交流经验，布置2015年的工作。会期10天。各子、分公司派一名主管这项工作的办公室主任（或副经理）参加，并自带本单位投资信息调查研究工作总结一式20份。请代该集团公司拟写一则通知。

二、理论教学

（一）通知的含义

《条例》规定，通知"适用于发布、传达要求下级机关执行和有关单位周知或者执行的事项，批转、转发公文"。通知可以说是党政机关、人民团体或企事业单位日常行政管理中应用最为广泛的公文之一，凡是上级机关需要下级机关和个人知道并办理的一般事项，大都采用通知传达。

（二）通知的写作格式

通知的结构一般由标题、主送机关、正文和落款构成，不同种类的通知写法稍有不同。

1. 一般性通知。又称告知性通知，它多用于上级机关向下级宣布某些应知事项。可以是告知某次会议的召开事项，也可以是宣布某个机构成立与撤销事宜，还可以是人事任免方面的事情，等等。凡上级机关要让下级机关与人员知晓的一般性事务，都可使用这种公文。这类通知的正文部分一般篇段合一，直接写作应知晓的具体内容。

2. 转发性通知。转发性通知指用于转发上级机关、同级机关及不相隶属机关来文的通知。转发性通知行文一般比较简短，格式相对固定，并带附件（被批、转、印发的公文），作为通知的主体内容。

转发性通知的正文部分，先须写明受文单位，再分段写通知的缘由和通知的内容。在说明缘由之后，多用"特发通知如下"字样以承上启下。被批转、印发的文件的名称、主要内容必须在正文中明确反映出来，还应写明执行原文件的意义、要求和注意事项。附件应标明，附于通知之后或另页附后。

3. 指示性通知。指示性通知，是上级机关向下级机关、所属单位布置任务和下达指示性措施的公文。通常指示性通知是在上级机关要向下属机关传达领导意图和部署，但又认为其重要程度不宜使用"命令"或"指示"时使用。

指示性通知内容带有指令性和规定性，言辞要注意严肃庄重、语气坚定，不容置疑。

(三) 通知的体例展示

1. 一般性通知：

国务院办公厅关于成立行业协会商会与行政机关脱钩联合工作组的通知

国办发〔2015〕53号

各省、自治区、直辖市人民政府，国务院各部委、各直属机构：

为落实《中共中央办公厅国务院办公厅关于印发〈行业协会商会与行政机关脱钩总体方案〉的通知》有关要求，积极稳妥推进行业协会商会与行政机关脱钩，国务院决定成立行业协会商会与行政机关脱钩联合工作组（以下简称联合工作组）。现将有关事项通知如下：

一、主要职责

组织实施《行业协会商会与行政机关脱钩总体方案》，推进全国性行业协会商会脱钩工作，指导和督促各地区行业协会商会脱钩工作，统筹协调解决脱钩工作中的重点难点问题。

二、组成人员

组　　长：王　勇　　国务委员
副组长：徐绍史　　发展改革委主任
　　　　李立国　　民政部部长
　　　　孟　扬　　国务院副秘书长
成　　员：吴玉良　　中央组织部部务委员
　　　　李晓全　　中央编办副主任
　　　　王秀峰　　中直机关工委副书记
　　　　姚志平　　中央国家机关工委副书记
　　　　程国平　　外交部副部长
　　　　连维良　　发展改革委副主任
　　　　刘利华　　工业和信息化部副部长
　　　　顾朝曦　　民政部副部长
　　　　刘　昆　　财政部副部长
　　　　孔昌生　　人力资源社会保障部副部长
　　　　童道驰　　商务部部长助理
　　　　王文斌　　国资委副主任

李宝荣　　国管局副局长
　　杨启儒　　全国工商联副主席
三、工作机构

联合工作组办公室设在国家发展改革委，承担联合工作组日常工作，连维良、顾朝曦同志兼任办公室主任。

联合工作组成员调整由各成员单位向联合工作组办公室提出，报联合工作组组长批准。

国务院办公厅
2015年7月16日

2. 转发性通知：

湖南省内部审计师协会关于
转发《中国内部审计协会王道成会长在学习贯彻
〈审计法〉座谈会上的讲话》的通知

各市州内审协会、各会员单位：

2006年4月24—25日，中国内部审计协会在云南昆明召开了学习贯彻《审计法》座谈会，会上，中国内部审计协会会长王道成同志做了《推动内部审计全面转型与发展，确保我国内部审计事业持续健康发展》的讲话，现转发给你们，请认真学习，遵照执行。

湖南省内部审计师协会（公章）
2006年5月3日

3. 指示性通知：

国务院办公厅关于对全国第二次大督查发现问题进行整改的通知
国办函〔2015〕65号

各省、自治区、直辖市人民政府，国务院各部委、各直属机构：

为推动党中央、国务院重大决策部署进一步落实并取得成效，2015年5月下旬至6月中旬，国务院部署开展了对重大政策措施落实情况的第二次大督查。同时，审计署进行了政策措施落实情况跟踪审计。从督查和审计情况看，各地区、各部门认真贯彻落实党中央、国务院重大决策部署，胸怀全局、主动作为、改革创新、不畏困难、讲求实效，推动重点工作取得积极进展，总体情况是好的。但个别地区和部门在贯彻落实重大政策措施中还存在工作不协调、落实不到位、工作进度慢等问题，也存在欺上瞒下、弄虚作假和工作不作为等极个别现象。这些问题和现象的存在，影响了财政预算的执行、项目投资的落地和年度各项工作任务的如期完成，更有个别问题和现象扰乱了正常工作秩序，违反了财经纪律，积聚了经济风险，损害了党和政府的形象。对此，必须认真纠正，严肃整改。

为贯彻落实国务院常务会议关于对发现问题抓紧彻底整改的要求，现就需要整改的事项提出以下要求：

一、报送整改方案。各有关地区和部门要针对存在的问题，认真研究分析问题产生的原因，找到解决问题的办法和路径，挽回问题造成的损失和影响，提出解决问题的意见，并逐一制定整改方案。整改方案请于2015年8月15日前报国务院。

二、报告整改结果。各有关地区和部门要认真按照整改方案明确的目标和时限完成整改任务，整改报告请于2015年12月31日前报国务院。

三、高度重视整改工作。各有关地区和部门要提高对整改工作的认识，主要负责同志要亲自布置，分管负责同志具体负责；涉及多部门的问题，由牵头部门负责协调，其他部门积极主动配合。对存在的问题要引以为戒，既要抓紧整改又要举一反三。要以整改为契机，处理解决好存在的问题，同时建立健全贯彻落实党中央、国务院决策部署的长效机制，确保类似问题不再发生。

在整改过程中，国务院办公厅将有选择地进行跟踪督查，督促各有关地区和部门加快整改进度、落实整改措施。对整改不力、未能按时有效完成整改任务的，国务院领导同志对所在地区和部门的主要负责同志进行约谈。

国务院办公厅
2015年7月20日

（四）通知的写作注意事项

1. 条理清晰，语言简洁，可使用祈使语气，使人不容置疑。
2. 内容明确具体，一目了然。

三、写作训练

1. ××市住建局接到××省住建厅《关于进一步做好建设项目工程造价咨询管理工作的通知》，拟将此文件转发给所属县、市（区）住建局，请代××市住建局撰写这份公文。

2. 凯利电子有限公司接到市人力资源和社会保障局通知，于2015年5月20日在公司召开部分职工座谈会，会议内容为听取职工代表对劳动合同签订和履行与社会保险缴纳情况的建议。公司与市人社局协商确定派出15名员工参加座谈会，会议时间定于5月20日晚7点至9点。请你代该公司撰写一份通知。

3. 根据下面提供的材料，拟写一份会议通知。写作时，材料中以"××"替代的内容可以虚拟。

××省教育厅准备于2014年4月16日至19日，在××市××大学学术交流中心报告厅召开全省高校校（院）长办公室工作会议。4月15日持本通知到学术交流中心接待室报到。参加会议人员有本省各高校校（院）长办公室主任（或副主任），每校1—2人。本次会议的目的是进一步加强高校校（院）长办公室工作，促进全省各高校校（院）长办公室工作的协作与交流。

联系电话：××—××××××××，联系人：××大学校长办公室×××老师，传真：×××—××××××××，邮编：××××××。

会议的注意事项有四点：请参加会议人员将到达时间、车次和返程时间及车次提前告知会务组，以便安排接待和代办购票；请填写所附《会议回执》，加盖单位公章，于4月10日前邮寄给会务组（设在××大学校长办公室），以便统计与会人数，安排住宿；请各校将拟提交的会议交流的经验材料自行打印80份，在报到时交会务组；往返路费和住宿费自理，回单位报销，会议伙食标准每天××元。

任务二　函

一、情景导入

××市中山路公共汽车将于2015年12月25日前，在全线实现更换新车（新车车型为BK61CN型空调客车），实行无人售票服务并延长行车线路3公里；新车上线后，龙捷客运集团公司要将1990年制定的1.00元票价，调整为2.00元。该公司向上级主管部门——××市交通局上报了一份有关要求调整票价问题的材料。××市交通局又与市发改委协商，市发改委同意了市交通局的调价意见，××路公共汽车票价如期调整。请代××市交通局拟写一则函，代××市发改委拟写一则复函。

二、理论教学

（一）函的含义

《条例》规定，函"适用于不相隶属机关之间商洽工作、询问和答复问题、请求批准和答复审批事项"。函的使用范围很广，平行机关或不相隶属机关间联系工作时可以使用公函，上下级机关之间联系、询问、答复工作时，也可以使用公函。

根据内容和性质，函可以分为很多种类，如用于商洽的商洽函、用于询问的询问函、用于答复的复函、用于委托的委托函等。另外，还有用于慰问的慰问信、用于祝贺的贺信、公开发表的公开信等，实际上只要它们被用于公务活动中，也应划入广义的公函范围。

（二）函的写作格式

函一般由标题、主送机关、正文和落款构成。

1. 标题

跟一般的信函不同，公函的标题通常要包括发文机关、事由和文种类别（函）。有时可省写发文机关，但事由和文种类别不能省略。

2. 正文

（1）制发函的根据和理由。

（2）商洽或询问（答复）以及请求批准的具体事项。要求中心明确、内容具体，便于对方办理或答复。

（3）结尾。通常使用"特此致函""盼复"，或以"特此函告""特此函复""此复"等专用语结尾。

3. 落款

包括法定作者和日期，并加盖公章。

（三）函的体例展示

××省人民政府关于请再宽延华光集团有限公司偿债期限的函

中国农业银行××省分行：

华光集团有限公司（以下简称华光公司）承诺今年6月底偿还债务的期限已过。最近我们听取了华光公司的情况汇报，了解到华光公司未能兑现承诺的主要原因是受SARS的影响，酒店的经营受到严重冲击，海华集团对收购酒店股权产生了动摇，提出了新的要求。我们正对双方的分歧进行协调。另外，华光公司对资产债务重组的难度和工作量估计不足,也是未能兑现承诺的原因。为了有足够的时间完成资产债务重组工作,最大限度确保贵行利益,请贵行将还款期限再延至2005年底。

专此致函,请予支持。

××省人民政府(公章)

2004年8月10日

隆平高科股份有限公司关于选派专家培训水稻种植技术人员的复函

××县农科所:

你所《关于请求派专家培训水稻种植技术人员的函》收悉。经研究同意派两位专家去你所进行水稻种植技术培训。

此复。

隆平高科股份有限公司

2013年8月10日(印章)

(四)函的写作注意事项

1. 一事一函。

2. 语言规范明了,语气平和,多用商量的口吻。

三、写作训练

1. 根据以下材料写作一则函和复函。

××市丽丽服装商场于2013年1月8日与××市华美针织厂签订了一份供货合同:由××市华美针织厂供应李宁牌运动服5000套。但是交货时间已过2天,针织厂的货仍未到。眼下正值销售旺季,所以××市丽丽服装商场市场营销部决定发函,请厂方认真履行合同,迅速发货。接到来函后,华美针织厂马上回函,说明已按时发货,请查收。

2. 根据以下材料写作一则催款函。

2013年1月9日,胜昌有限公司与裕达公司签署了一份购销××生产线的商务合同,合同编号××××,合同总额800万元人民币。2013年10月20日,双方又签署了××××合同,合同总额500万元人民币。双方在合同中约定了付款时间等一系列权利义务归属,以上两份合同总额共计1300万元。胜昌有限公司按约完成了对设备的安装调试。按合同约定,此项目的所有款项,裕达公司应于2014年4月10日前付清。目前，裕达公司已支付 900 万元，尚欠 400 万元货款未支付。现胜昌有限公司向裕达公司主张债权，请裕达公司安排支付所欠的设备款 400 万元。

任务三　报告

一、情景导入

根据下面提供的材料，请以××市商务局的名义向省商务厅起草一份报告。

1. 2013 年 2 月 22 日上午 9 点 10 分××市辉虹商场发生重大火灾事故。

2. 事故后果：未造成人员伤亡，但烧毁楼房一幢及大部分商品，直接经济损失 800 万元。

3. 施救情况：事故发生后，市消防队出动 12 辆消防车，经 4 个小时扑救，大火才被扑灭。

4. 事故原因：直接原因是电焊工曹斌违章作业，在一楼铁窗架电焊作业时火花溅到易燃货品上引起火灾，但也与辉虹商场管理层及员工安全思想模糊，公司安全制度不落实，许多安全隐患长期得不到解决有关。

5. 善后处理：市商务局副局长带领有关人员赶到现场调查处理；市人民政府召开紧急安全生产视频会议；市委、市政府对有关人员视情节轻重，做了相应处理。

二、理论教学

（一）报告的含义

报告是机关单位向上级机关汇报工作、反映情况、提出意见或者建议以及答复上级机关询问的文件，是一种陈述性的上行公文。报告可以用来向上级机关反映本部门、本单位贯彻各项方针、政策、指示的情况，也可以用来反映实际工作中遇到的问题。

报告按内容可分为工作报告、情况报告、建议报告、答复报告和递送报告等；按性质可分为综合报告和专题报告；按时间可分为定期报告和不定期报告。

（二）报告的写作格式

报告一般由标题和主送机关、正文和落款构成。

1. 标题和主送机关

标题常见的有两种形式：一种是由事由和文种组成。另一种是由发文机关、事由、文种组成。主送机关，另起一行顶格写上受文单位全称。

2. 正文

包括三部分内容：开头部分要开门见山地简要说明报告的缘由、目的、意义，然后用"现将×××情况报告如下"引出下文。中间部分是报告的核心部分，主要有两方面的内容：一是工作情况及问题，二是进一步开展工作的意见。结尾部分即结束语，一般都有程式性用语，应另起段来写。工作报告和情况报告的结束语，常用"特此报告"；答复报告多用"专此报告"；递送报告则用"请审阅""请收阅"等。

3. 落款

包括署名和时间两项内容。署名，如果标题有发文单位，就不再署名，否则就要在右下方署上单位名称和主要负责人姓名，并在其下写明年月日期，然后加盖单位公章或主要负责人章。

（三）报告的体例展示

关于××省高校审计工作研讨会的情况报告

学院领导：

2005年9月20日至9月22日，××省高校审计工作研讨会在我校召开。此次会议由我院牵头，××大学、××大学、××大学、××科技大学、××财大、××师大共同协办。全省各高校审计部门负责人、国家审计署×××特派办行政事业审计处×××处长、省教育厅审计处×××副处长、部分会计师事务所共70余人参会，我院审计处×××处长参加了会议。

会议由我院审计处×××处长主持，我院党委副书记×××介绍了我院审计工作开展情况。省教育厅审计处×××副处长在讲话中提出了几点要求：一是各高校要认真学习《教育系统内部审计工作规定》（2004年教育部17号令），把该法规学习好、宣传好、汇报好，并根据该规定修改各项审计工作制度。二是传达了教育部的有关精神，特别是教育部2004年审计工作要点。三是各高校必须加大审计力度。特别注意小金库问题、教材图书发行问题、新校区建设问题、二级学院财务经济秩序混乱问题，要在教育、制度、监管等方面加大力度。

审计署×××特派办行政事业审计处×××处长在讲话中指出，审计署通过对××大学的审计，发现该校有收费项目共计130余项，而国家允许的收费项目仅40余项，并且存在小金库的问题和新校区建设问题。审计署针对高校和医院两个热点对象，2004年将在省内抽查几所高校和医院进行审计。

会议还进行了大会交流和分组讨论。××大学、××大学、××师大、××财大、××理工学院、××交大等六所高校就加强合同审计、工程量清单招标、教学设备效益审计、审计的监督作用等方面分别介绍了经验。我们体会到在教育设备投入效益审计、物资采购质量和价格的审计、采用建设工程工程量清单计价招标、财务预算执行及年终决算审签等方面我院还需进一步加强。

特此报告。

审计处
2008年10月9日

贯彻落实《八项规定》情况报告

市纪委：

为认真贯彻落实中共中央关于改进工作作风、密切联系群众《八项规定》规定以及市委、市政府、市卫生局关于加强作风建设的相关精神，我院结合工作实际，严格对照规定要求，以医药购销和医疗服务中的突出问题专项治理为抓手，坚持从严治党、从严治院、依法行政、依法行医，切实规范医疗行为，提高医疗质量，推动了医院的改革发展。

一、认识到位，行动迅速，从严要求，精心部署

按照中共中央和市卫生局的要求，我院在院长办公会、院务会、党员大会及职工大会上及时传达学习了市卫生局关于《八项规定》和《实施细则》的有关文件精神。把《八项规定》作为要求干部职工加强作风建设的一项经常性工作来抓，在学习过程中注重结合工作实际，做到学习和实践相结合，通过认真学习，深刻领会，全院干部职工明确了改进工作作风的责任和任务，不断加强劳动纪律、工作责任心、服务态度等方面的管理，努力提高医疗技术水平，扎实做好当前工作。

二、加强领导，强化监督检查

院内成立以分管领导为组长的监察小组，进行全院监督，发现问题及时整改，并设立公开举报电话。每季度召开贯彻《八项规定》汇报会，定期检查并通报执行情况，对违反规定的要批评处理。院领导班子带头改进工作作风，带头密切联系群众，带头解决实际问题，确保中央八项规定落到实处。

三、认真贯彻落实，各项规定落实到位

严格按照规定，紧密结合实际，把握八项规定深刻内涵，制定贯彻落实办法，从细节入手，从小处做起，严格执行中央和市卫生局相关规定，狠抓落实，真正把八项

规定的要求体现到各项工作中。

一是厉行勤俭节约。压缩文件、简报、宣传资料、会议及其他日常办公经费开支，减少纸质公文数量，控制会议活动规模。压缩公务接待开支，同城不接待，控制公务接待标准，不搞超标准接待，不搞公款相互宴请。实行出差、学习、培训、检查审批制度。严格车辆管理，实行公务派车审批制度，严禁私自驾车、出车，严禁公车私用，压缩车辆费用开支。倡导全院职工践行文明高尚的生活作风，节约每一度电、每一张纸、每一升油、每一滴水，不搞铺张浪费。没有借元旦和春节之机违规发放各种补贴费、过节物品，不向上级单位和个人赠送礼品、纪念品和土特产，比往年同期节省开支约32万元。在迎接各种工作检查中，医院除安排必要的职能部门陪同检查外，没有派无关人员参加陪同及迎送。不设欢迎牌，不布置华丽会场，一切从简，厉行节约等。

二是各项管理抓流程。院党委紧紧围绕"管钱、用人、制权"三个主要方面，实行党内监督、院务公开制度。在重大决策时，坚持民主集中制，广泛听取各方意见；在管钱方面，实行分管的院领导同意，分管财务的院长签字，"一把手"审核，院纪委监督；在用人方面，公开考核，公开招聘，公开录用；在制权方面，坚持民主集中制，凡是涉及"三重一大"事项必须经过党委、院长办公会充分讨论决定，依法行政，依法行医，用制度管人，按制度办事。严格执行药品、医用耗材、医疗设备、后勤物资、基建维修、工程建设等政府集中招标采购，由院领导、纪检、审计、财务等人员组成招标领导小组全程参与监督，保证招标活动公开、公正、公平和采购的合理性、有效性，从源头上治理遏制腐败行为。

在今后的工作中，我们将继续认真落实中央八项规定及相关要求，在全院上下营造积极向上、公平正义、廉洁高效的工作环境，为各项工作的顺利开展提供良好的氛围。

××市第×人民医院
2013年12月10日

（四）报告的写作注意事项
1. 实事求是，不夸大，不隐瞒。
2. 主次分明，重点突出。
3. 注重时效性，及时报告。

三、写作训练

2014年6月8日上午，某市工商局雨湖工商分局接到群众电话举报，在该分局辖区某居民小区2号楼有一伙人正在进行传销活动。雨湖工商分局迅速组织12名工商执法人员，联合公安部门前往检查。在现场，发现有近100人正聚集在一间居民房内传销。执法人员在依法出示执法证件后，欲将正在传销的人员控制住。传销活动组织者李某煽动闹事，近100名传销人员对工商、公安执法人员大打出手。在长达20多分钟的殴斗中，有6名工商人员和2名公安干警被打伤，其中2人重伤。

事件发生后，当地党委、政府和雨湖工商分局领导高度重视，分别前往医院探望受伤的执法人员，并指示要尽快破案，严惩凶犯，积极救治受伤人员。目前，犯罪嫌疑人李某畏罪潜逃，参与闹事的张某等15人已被公安机关逮捕，此案正在进一步处理中。

请代雨湖工商分局向市工商局写一份情况报告。

任务四　请示

一、情景导入

××市农业科学研究所筹建生物工程实验室，但资金尚缺100万元，拟向市农业委员会请示拨款。请代该研究所拟定这份请示。

二、理论教学

（一）请示的含义

《条例》规定，请示"适用于向上级机关请求指示、批准"。请示是下级党政机关常用的陈述性公文之一，目的是请求上级领导机关对某项工作或问题给予及时的批准、解答以及帮助。

就请示的内容和性质来分，请示可分为请求上级对本单位处理工作问题的方法、步骤和具体要求予以批准的"求准性请示"，对工作遇到政策和策略上的疑难问题予以解释的"解答性请示"以及请求将本机关的文件向下级机关转发的"批转性请示"。

（二）请示的写作格式

请示一般由标题、正文和落款构成。

1. 标题。通常要标明发文机关、事由和文种类别（请示）。有时标题中可省写发文机关，但事由和文种不宜省略。

2. 正文。通常要写四个方面的内容。首先要顶格写明送达机关；其次分段陈述请示的理由；再次写明请示的事项；最后要写明"以上请示妥否，请予核准"字样的具体要求。正文中的送达机关一般只需写一个办理和批准请示的领导机关；只有受双重领导时，才抄送另一领导机关。请示的理由中应包含本单位的倾向性。事项只能一文一事。

3. 落款。包括发文机关和日期。有时也可因标题中已标明发文机关，将日期移至标题下标示。

（三）请示的体例展示

关于以员工宿舍楼办理阿拉伯银行 250 万美元贷款延期担保抵押的请示

省政府驻××办事处并报省政府办公厅：

为筹措华光酒店二期工程建设资金，由中国银行××省分行担保，1997 年 2 月 7 日我店与阿拉伯银行新加坡分行签约借入外债 400 万美元，外债编号××××××，担保编号×××（外保字第×××号）。几年来双方合作良好，按时付息，并于去年依约归还了本金 150 万美元。为提高酒店竞争力，今年我店将再投入约 2000 万元资金用于客房更新改造。为缓解资金压力，经与阿拉伯银行协商同意，拟将我店所欠贷款余额 250 万美元延期三年归还。为此，需由中国银行××省分行提供续期担保函。根据银行有关续保规定，我店必须办理有效抵押手续。经再三研究，并报酒店董事会同意，我店决定以员工宿舍楼之部分物业为上述外债借款余额办理延期担保抵押手续。

我店员工宿舍楼于 1996 年 1 月竣工投入使用，建筑面积 15092.95 平方米，原建购价 2945 万元人民币。该物业系以省政府驻××办事处名义办理房产证，属华光酒店自有物业，其中，省政府驻××办事处属下宇垣企业发展公司占 20%，威茂实业发展有限公司占 80%。经请示省政府驻××办事处和威茂实业发展有限公司，并与中国银行××省分行反复协商，同意将该楼宇第一层至第十层之物业办理有关手续，其建筑面积 5600.85 平方米，评估净值为人民币 2264 万元。根据××市国土、公证等部门有关物业抵押规定，凡政府驻外办事处名义物业之抵押，必须报经其上级主管部门批准。为此，特报请省政府驻××办事处并呈报省政府办公厅，恳请批准我店以员工宿舍楼办理阿拉伯银行 250 万美元贷款延期担保抵押法律手续，以便我店尽快办妥有关债务延期手续，维护对外信誉。

妥否，请批示。

华光酒店（公章）
2006 年 3 月 3 日

（四）请示的写作注意事项

1. 请示写作必须一事一文。不要在一份请示中请示两个以上问题，否则会影响请示事项的及时解决。

2. 受双重领导的单位，不要多头请示。应根据内容只报一个上级主管部门，不能同时出现两个以上的主报单位。如涉及其他机关单位，可用抄送的形式。

3. 请示一般不能越级。如情况特殊，必须越级时，应同时抄送被越级的机关单位。

4. 如果是几个单位联合请示，主办单位应主动与其他部门商量，统一意见，搞好会签，联合行文。

5. 写作要明确具体、简明扼要，提出的要求要切实可行。忌大话、空话和套话。闪烁其词，不表明自己的态度也是不合适的。

三、写作训练

××市飞扬演艺公司于2010年7月正式成立，公司在市委、市政府的关心和市文广新局的指导下，克服各种困难，开办至今坚持边筹建边发展的原则，以演艺为主要阵地，拓展经营渠道，将公司市场化经营，取得了显著成效。公司为扩大发展，急需更新购买演出设备（灯光、音响、舞台搭建设备）。按照省财政厅下发的《关于组织申报2014年四川省省级宣传文化发展专项资金项目的通知》，该公司已将更新购买演出设备项目成功申报为全市重点宣传文化发展项目，该项目总投资额97.68万元。公司已自筹30万元，现向市文广新局申请解决省级宣传文化发展专项资金67.68万元。

任务五　电话记录

一、情景导入

2015年7月，小王从海沙商贸旅游职业技术学院酒店管理专业毕业后应聘到华光酒店工作。在试用期内，小王被安排在华光酒店总经理办公室上班，具体负责接听和编写电话记录等工作。小王如何做好此项工作呢？编制电话记录有哪些具体要求呢？完整的电话记录应包含哪些内容？

二、理论教学

（一）电话记录的含义

电话记录是记录有关公务活动的电话内容的一种事务文书。除了一般的事务性联系之外，凡内容比较重要的电话应当由通话人做出记录，以备日后查考。这种电话记录应当看作是机关收发文件的一种，按照它的工作内容与其他收发文件一起整理保存。

电话记录的特点主要是格式化，其记录项目一般较为固定，有的甚至用印制好有关项目的电话记录簿来记录。

（二）电话记录的写作格式

电话记录一般由记录内容部分和处理内容部分构成。

1. 记录内容部分。包括来话单位、发话人、来话时间、受话单位、受话人和电话内容，其中核心部分是电话内容。

2. 处理内容部分。包括拟办意见、领导批示、办理结果、承办人和承办时间等。

（三）电话记录的体例展示

来电时间：	电话：
来电单位：	联系人：
来电内容：	
记录人：	
领导批示：	
处室受理情况：	

（四）电话记录的写作注意事项

电话记录的基本要求，一要记清，二要核准。具体要做好以下三点：

1. 要询问写明对方单位、身份和姓名，以便联系，对重要事件，在电话记录完毕后，还要设法核实对方身份，防止坏人利用电话行骗。

2. 电话内容的记录，应按发话人的电话内容逐一记录。若内容项目较多，应分项分段记录，以显示内容层次和项目区分。

3. 重要电话在记录完毕后，应要求对方再复述一遍（或自己主动复述一遍），进行校对确认。必要时应使用录音机把电话内容全部录下来，以防止出现错漏或备作凭证。

三、写作训练

请分组模拟打电话和接电话的人，完成一份电话记录的制作，具体内容可自行设定。

任务六　调查报告

一、情景导入

2015 年 7 月 26 日上午 9 点 57 分，31 岁的向柳娟女士带一个小孩在沙市北京中路的湖北安良百货集团有限公司乘坐自动扶梯。该扶梯从 6 楼上升至 7 楼电梯驱动站时，向女士脚踏上紧靠前沿板的盖板上，踏翻盖板，随即掉进梯级与防护板之间，被卷入运动的梯级中死亡，小孩被向女士举起后获救。事故发生后，荆州市政府成立事故调查组，通过调查分析，形成了《湖北安良"7·26"电梯安全生产一般事故技术调查报告》，认定了此次事故中的主要责任方和次要责任方。

二、理论教学

（一）调查报告的含义

调查报告是通过对典型的问题、情况、事件的深入调查，经过分析、综合，从而揭示出其本质或客观规律的书面报告。调查报告具有针对性、真实性、论理性、典型性和时效性，能使人了解、剖析事物的本质及其发展趋向，对于解决问题具有积极的作用。

（二）调查报告的写作格式

调查报告一般由标题和正文构成。

1. 标题。调查报告的标题形式比较灵活，通常有两种构成形式：一种是双行标题，又叫主副式标题；一种是单行标题。双行标题由主标题和副标题构成，与新闻专访的标题相似。单行标题又分两种构成形式：一种是公文式标题，由事由和文种构成；另一种是内容概括式标题，这种形式相当灵活。

2. 正文。由前言、主体和结语三部分组成。前言，着重介绍基本情况并提出问题。主体，是调查报告的核心内容，也是对调查研究结果的具体引证、论说部分。其结构形式分为纵式结构和逻辑结构两种。结语，是调查报告的结束语，要求简明扼要、言尽即止。

（三）调查报告的体例展示

审计资源亟须整合——来自××市县级审计机关的调查报告

4月中旬，根据××省审计厅《关于开展整合审计资源调研活动的通知》精神，××市审计局组成整合审计资源调查组，先后对6县（市、区）审计局进行了问卷调查。问卷共分人员与经费构成、知识年龄结构、资源与业务考核、审计对象、审计信息成果提供与利用、问题与建议六种类型。共下发调查问卷36份，并全部收回。调查结果显示：该市县级审计机关审计资源现状堪忧，存在八个方面的突出问题。

（一）人员配备"太专"。据调查统计，该市6县（市、区）审计局共定编123人，实有181人，超编58人。在岗人员中，领导干部有46人，约占30%。审计机关领导职数平均在7人以上，有的县（市）局达12人之多。这些领导都是从乡镇调入或军队转业分配来的，并且大多是超编进入。多数人过去从未接触过审计，来审计局之后只能从事一些行政管理工作。6县（市、区）审计局除了行政管理人员外，一线业务人员只有70人，仅占在岗人数的46%，平均每个县（市、区）局业务人员只有7人，有的区局仅有4人。现有业务人员中，会计、审计专业的占到90%以上，而基建工程、计算机、法律等专业人员微乎其微，且受编制限制，难以及时得到补充。

（二）内部机构设置"太细"。内部机构设置一直沿用过去按专业分工的做法，一般县局设有7个以上的股室，个别县局达到9个，占调查单位总数的85%，且都刻意与上级审计机关内设机构对口，每股平均不到2人，最少的股室只有股长一人，开展业务时从外面临时聘请人员，力量明显不够。专业分工与业务开展不相适应，业务部门之间协同作战意识不强。碰到一些重大行业审计，就只能临时拼凑力量应付。这些抽调力量往往在工作上缺乏主动性，难以形成合力。一年到头各股室基本上是各自为政，强调各自职能和目标任务，审计成果难以实现共享。从调查情况看，基本没有实现机关内部审计信息共享，基本没有利用机关内部审计成果。

（三）计划管理"太乱"。一个县（市、区）审计局常规审计项目计划，一般有署定、省定、市定和自定项目计划。署定、省定、市定和自定项目计划数分别占总计划数的6%、10%、10%、74%，经济责任审计和政府交办项目占70%；前三项计划一般以上一级年初项目计划文件为准，后一项计划报县（市、区）政府批准实施。但是在计划确定后，随意增减现象普遍，尤以经济责任审计和政府交办项目审计最为突出，项目变动数占年初计划数的43%。有的县局出于经济利益考虑，中途在计划外增加一些能多收缴违纪款的审计项目。

（四）审计目标"太粗"。调查问卷显示，当前审计呈现出查表面问题多，查深层次问题少；注重收缴目标多，注重分析整改建议目标少的现象。多数审计项目质量不高，没有反映和解决有影响的问题。调查发现，有的县（市、区）局过分追求项目数量，每年平均要完成60个以上项目，占调查单位的87%；平均每个业务人员要完成9个以上，占调查人数的91%；个别县局去年完成了103个项目。由于审计面过宽，精力不够，一些项目基本上是简单地查几个问题，收缴几个钱了事。每年虽完成的项目不少，但并没有进行有效分析，因而写出高质量的意见和建议，供政府领导决策参考的不多。调查表明，县（市、区）局每年向当地政府提供审计建议平均在200条左右，其中有价值的建议不足30条，占上报信息量的15%，而被政府采纳的不到5条，仅占总数的25%。

（五）审计方法"太旧"。目前，审计人员所采用的审计方法，以账目基础审计为主的传统式、经验式的审计方法居多（占90%以上），基本没有采取制度基础审计、风险基础审计等现代审计方法，用计算机审计，更是少之又少，其结果只会事倍功半。这主要受人员编制配备、专业知识结构、后续培训教育和资金设备等诸多因素制约。调查表明，县（市、区）局审计机关财政拨款每年在30万元左右，仅能解决机关人员的基本工资。在这种情况下，计算机拥有量每县（市、区）不到6台，个别县（市、区）局只有1台。

（六）审计信息和成果上报"太难"。调查显示，6县（市、区）审计局近3年审计信息被政府部门采纳数，平均不到提供数的35%，有的甚至一年都拿不出一条有价值的审计信息。一些本应上报的重要审计信息，不但人大掌握不到，连以业务领导为主的上一级审计机关也同样看不到真实情况。调查中还发现，最能体现审计作用的经济责任审计,也由于多是先离后审,审计成果流于形式。尽管审计人员劳心费力,但一般却是劳而无功。

(七)审计手段"太弱"。在审计实施过程中,遇到不交账册资料或拖延不交账册资料,抵触审计时;在审计处理过程中,遇到耍赖或态度恶劣时;在审计决定执行过程中,遇到拒不执行时,普遍感到审计手段太弱,力不从心。目前,县(市、区)局只能就账查账,就事论事,就审计而审计。审计决定落实率一般在70%左右,有的更少。由于审计手段的局限,导致审计查处大要案件方面进展不大,近3年6县(市、区)局向有关部门移送案件线索平均不到1起,有的县(市、区)局至今还是空白,审计权威大打折扣。

(八)审计对象"太窄"。由于国家政策调整的因素,国有企业减少,民营企业增加,县级审计对象大量萎缩。从1999年至2002年的统计来看,审计对象呈下降趋势,逐年分别减少8%、10%、15%和25%;仅企业审计对象近4年就减少了40%。财政金融审计也只剩下同级财政和乡镇财政这块资源,且随着会计管理中心的建立,行政事业审计对象大有合并之势。目前,真正属于县(市、区)的审计对象平均不到150个。这一方面反映出市场经济建设的步伐加快,集体和民营经济呈上升趋势;另一方面也使得县(市、区)局出现了有人没事干和有事没人干的尴尬局面。与此同时,受现行审计管理权的限制,县级审计机关对辖区内的中央、省属单位无权审计,导致出现同一辖区县属审计对象被频繁审计,而省属以上审计对象较少被审计的现象,审计监督存在"盲区"。

合瑞有限公司资信调查报告

集团公司领导:

鉴于贸易部提出拟与合瑞有限公司以预付货款的形式开展化肥采购业务,根据公司客户信用管理制度的要求,2014年11月21日到25日,财务部会同我司总经理助理、贸易部一行六人,对位于深圳的合瑞有限公司(以下简称合瑞公司)进行了实地走访、资料查阅和人员交谈,现将获得的客户资信情况,客观汇报如下:

一、基本情况

合瑞有限公司位于深圳市,公司成立于2005年5月18日,企业类型为有限责任公司,注册资本人民币2800万元,实收资本2800万元,法定代表人×××。

二、经营范围

销售:化肥、农药(不含杀鼠剂及危险化学品)、农膜(以上两项限于农垦系统内经营），农畜产品（除烟叶、蚕茧、粮食、棉花、种子、种苗），饲料，蔗渣，桔水，纸，制糖机械，农业机械，金属材料，建筑材料（除化学危险品），矿产品（除钨、锑、锡），离子型稀土矿仓储（除化学危险品及危险废物的仓储），货物及技术进出口，农资招标代理。

三、资格证照

1. 企业法人营业执照。深圳市工商行政管理局核发，注册号为：×××××××××，已通过2012年度检验。

2. 组织机构代码证。深圳市质量技术监督局核发，登记号为：×××××××××。

3. 国税税务登记证。广东省深圳市国家税务局核发，编号为：×××××××××。

4. 食品流通许可证。深圳市工商行政管理局核发，许可范围：批发兼零售。

四、投资者情况

1. A农业生产资料有限公司

认缴出资额380万元人民币，足额缴纳，占总股本85%。

2. A集团公司

认缴出资额70万元人民币，足额缴纳，占总股本15%。

五、重大纠纷

经查，合瑞公司没有正在被强制执行案件记录。

六、考察、查证与座谈情况

1. 合瑞公司为××集团公司下属企业。该公司位于深圳市罗湖区，办公室为向深圳市××集团公司租用，干净整洁，证照齐全，经营正常。

2. 化肥为××集团公司两大支柱产业之一，其拥有的×××牌化肥为中国名牌产品。深圳生产商之一。

3. 考察组实地考察了××集团下属的神农化肥厂，生产线运转正常，并有新鲜化肥产出运走，日产化肥约500吨。

4. 据××公司营销部经理L介绍，化肥销售占公司业务量的90%以上，为主营业务，每年有销售考核任务。该公司希望发展采购量稳定的大客户，年采购化肥量超两万吨就可成为该公司的重点客户，有良好合作意愿。

七、综合评价

合瑞公司为大型集团国企成员，实力较强，管理严格，经营正常，符合A级客户信用等级要求。根据行业及我司客户信用管理制度标准要求，建议评为A级信用。

专此报告。

附件：1. 合瑞公司工商局机读档案登记资料；
　　　2. 合瑞公司企业法人营业执照；
　　　3. 合瑞公司组织机构代码证；
　　　4. 合瑞公司国家税务登记证。

资信调查小组
二〇一四年十一月二十六日

（四）调查报告的写作注意事项

1. 构成要件要完整，从实际出发，提出问题，分析问题，解决问题。
2. 观点与材料相统一，观点来源于材料，材料说明观点。

三、写作训练

要求：

1. 学生分组，自拟题目写作一篇调查报告。
2. 结构完整，内容全面、丰富。
3. 将调查过程使用的所有资料（如调查问卷）整理附一份在正文后一同上交。

任务七　述职报告

一、情景导入

某县招商局局长的述职报告的写作提纲是：一、伸手要官；二、甘当"傻瓜"；三、处理问题方法简单；四、把问题推给法院；五、异想天开——我的观点及体会。"伸手要官"指的是主动请命担当重任；"甘当'傻瓜'"是说投资者来本局办事就像操作傻瓜照相机一样方便；处理问题方法简单是说简化办事程序；把问题推给法院是说自己代出诉讼费把棘手问题交到法院以节省办事时间。

这样写既便于演讲，也能吸引听者的眼球，让听者充分感受到述职人强烈的创新意识、进取精神和开拓能力。

二、理论教学

(一) 述职报告的含义

述职报告是担任一定领导职务的干部，根据制度规定或工作需要，定期或不定期向上级主管部门领导或干部职工大会陈述履行职责情况的书面总结材料。述职报告是干部的自我汇报，对干部的考核任免工作具有一定的参考作用。

述职报告是"报告"的一种，与报告性公文中的报告和事务性公文中的总结有相似之处，但不同于一般的报告和总结。

述职报告有以下主要特点：

1. 制作主体的特定性。报告的制作主体是党政机关、社会团体和企事业单位，总结的制作主体除上述的以外还有公民个人，而述职报告的制作主体只限于担任一定领导职务的干部。

2. 述职的公务性兼自我性。述职报告之所以与报告相似，就在于二者均具有公务性。但它写作的目的不是反映所在单位、部门或所辖系统工作的全貌或某方面工作情况，而是侧重陈述自己根据任职的职责在其中做了哪些工作，有什么政绩。同时，述职报告之所以近似于总结，是因为二者均具有自我性特点，都要以第一人称来写。但单位的总结是总结回顾整个单位的工作，述职报告中总结的是个人在任职岗位上所做的工作。本单位、本部门即使工作成绩突出，但如属他人分管的或者自己没有做的工作，都不在述职的范围之内。可见，述职报告中的所谓总结，是围绕所任职务的总结，其公务性兼自我性特点既将它与单位的工作总结区分开来，又将它与公民个人所写的工作总结、思想总结、学习总结等区分开来。

3. 内容的规定性

一般报告和总结的内容涉及面很广，有关整体工作、单项工作及新情况、新问题、新举措都可以报告，在工作、学习、思想等方面有了心得体会也可以总结。而述职报告的内容，根据当前组织人事部门考核领导干部的有关规定，要求从任职以来或某一阶段本人的德、能、勤、绩四个方面来述职，具有比较严格的规定性。

(二) 述职报告的写作格式

述职报告一般由首部、正文、结束语和尾部构成。

1. 首部。一般由标题和主送机关或称谓构成。

(1) 标题。一般为"述职报告"或"我的述职报告"。也有的采用正副标题形式，正题概括报告的主题，副题标明文种。

（2）主送机关或称谓。用于书面行文的写明主送机关；用于口头宣讲的写明称谓，如"同志们""全体干部、职工同志们"等。这项内容应顶格写，其后用冒号。

2. 正文。

（1）开头。即前言部分，一般包括两方面内容：一是任职简介，说明自己从什么时间起任什么职，并对述职的内容和范围作必要交代；二是简要概括评价任职以来的工作情况。

（2）主体。这是述职报告的核心内容，根据上级布置的述职要求，在回顾自己任现职以来或某一阶段全面工作情况的基础上，从德、能、勤、绩四个方面进行总结。

（3）结尾。概括评价自己的工作并简要说明自己的体会及今后打算。

3. 结束语。作为向上呈报的述职报告应该有结束语。通常用"特此报告""专此述职"等收束全文。

4. 尾部。包括署名和时间两项内容。署名写明述职人的单位、职务和姓名，下一行写年、月、日。

（三）述职报告的体例展示

述职报告

公司领导：

受组织派遣，本人自去年6月来香港工作已一年多了，所持护照将于12月18日到期。根据公司有关制度规定，现将自己一年多来的工作情况及打算作个汇报，请公司领导批评指正。

回顾自己一年多来的工作，大致如下：

一、根据公司董事会安排，开展了任期经济责任审计和财务收支审计。

1. 对惠源实业有限公司原总经理邓普同志任职几年来的经济责任履行情况进行了审计。通过审计，促使邓普同志顺利完成了财务移交手续。

2. 对华海有限公司、天成花炮有限公司进行财务收支审计，提出了审计意见。

3. 对原珠海公司杨立伟的问题进行了调查核实，其中一套住房因产权关系不清、手续文件不全无法移交，经调查取证后现已委托深圳康湖律师事务所办理有关法律手续。

二、参与财务管理、会计核算工作

1. 编报1992年、1993年某集团综合会计报表，并进行了财务分析。

2. 负责长沙办事处周转金、费用控制及会计核算工作。

3. 对各分公司会计报表进行收集、审核，其中在审核振华有限公司1993年会计年报及纳税申报时，发现会计师事务所未按收入与费用配比的会计原则，多计了应税所得额，经与曾陈会计师行交涉，核减了940549港元的利得税。

4. 协助财务部对资金的管理，包括在招商银行开立离岸账户、资金调度以及协助起草有关银行借贷、担保文件。

5. 参与银行担保、资产管理、经营承包等工作，包括拟订财务管理、会计核算办法，建立台账档案，催缴管理费及承包收入等。

三、根据董事会决定，开展清产核资工作

1. 起草、拟定清产核资办法、实施细则以及检查验收标准等文件。

2. 按照企业注册登记、子公司联营公司、资产登记、年度财务情况等四大类逐个公司建立财务档案，收集资料，建档立卷。

3. 清理集团银行借款及担保，摸清了情况，提出了自己的看法及意见。

4. 清理集团固定资产及低值易耗品，现正在进行国有资产登记造册等工作。

5. 补办资本、投资等境外产权注册法律文件，包括华兴有限公司、华海置业有限公司、永艺旅行社的委托持股法律文件以及华瑞有限公司退股等法律手续。

6. 清理债权债务，包括总公司与万一实业公司、深圳办事处、华兴有限公司等内部往来账目以及本集团与浙江抽纱进出口公司、浙江丝绸进出口公司等单位往来账目，使多年不清的往来账目得到澄清。

一年多来的工作，都是在公司董事会、部门主管的正确领导下完成的，也离不开同志们的大力帮助与支持。从内地派到香港工作，是组织上对我的信任，也是自己增长见识、经受锻炼的好机会。人贵有自知之明，回顾自己一年来的工作，确实与公司领导的要求还差得很远，自己还存在很多缺点和不足，主要是工作上不够主动、大胆，存在怕得罪人的思想。今后必须加以纠正。遵照公司董事会一手抓发展一手抓管理的指导方针，本人打算下一步的工作是：

1. 加强财务、资金管理，要逐步制定银行账户、银行担保、开办公司机构等制度，并付诸执行。

2. 强化会计核算工作，集团综合会计报表要做到准确及时，财务分析要深入中肯，当好领导的耳目和参谋。要制定集团统一的会计核算办法，逐步应用电子计算机。

3. 加强国有资产管理，清产核资工作要善始善终，一抓到底，确保国有资产的安全完整和保值增值。

4. 使审计工作经常化、制度化、规范化，树立审计权威，严肃财经纪律，促使企业合法经营，健康发展。

报告人：贺恺
一九九四年十一月五日

（四）述职报告的写作注意事项

1. 实事求是，理论与实际相结合，重点突出。
2. 语言精练，言简意赅。
3. 突出职业特点和工作个性，避免千篇一律。

二、写作训练

请为自己拟写一篇年度个人工作总结，职位自拟，要求内容合理、完整，有特色。

模块三 日常事务文书

项目一 日常事务文书识别能力训练

任务一 日常事务文书基础知识

一、日常事务文书的含义及分类

（一）日常事务文书的含义

日常事务文书是国家机关、社会团体、企事业单位或个人在处理日常事务时用来沟通信息、安排工作、总结经验、研究问题的一种应用文体，是人们日常工作和生活中不可或缺的重要交流方式。

（二）日常事务文书的分类

日常事务文书在社会生活中用途十分广泛，种类繁多。主要有书信、邮件、启事、申请书、介绍信、推荐信、请柬、欢迎词、欢送词、答谢词、贺电、贺信、讣告、悼词、演讲稿等。

二、日常事务文书的特点及作用

（一）日常事务文书的特点

1. 指导性。日常事务文书虽然不具有行政公文的法定权威性，但仍然具有较强的现实指导意义。

2. 规范性。日常事务文书虽然不像行政公文有主管部门的严格规定，但在长期使用的过程中已形成了一般公认的比较固定的惯用格式，具有相对的稳定性，约定俗成，不能随意更改。

3. 灵活性。与行政公文相比，日常事务文书在遵循一定规范的前提下，在谋篇布局上有一定的灵活性。

4. 时效性。日常事务文书往往针对的是具体工作中出现的问题或情况,只有在限定的时间内及时完成,才能发挥日常事务文书的作用。

(二)日常事务文书的作用

1. 宣传教育作用。通过文章的写作和传播,可以起到宣传教育群众、检查督促工作的作用,使人们明辨是非、提高认识、统一思想。

2. 沟通联系作用。日常事务文书是传递信息的有效工具,在工作中发挥了桥梁和纽带的作用。

3. 积累资料作用。日常事务文书中的多数文种,如计划、总结、调查报告等,一旦实际运用就作为归档稿本存档,成为历史资料加以保存。在开展有些工作时可以起到为人们提供参考资料的作用。

4. 规约指导作用。日常事务文书虽不像法律和法规文书那样具有强制性,但由于它产生在管理过程之中,对发文单位来讲也有一种很明显的自律性。

任务二 证明信

一、证明信的含义

证明信是以行政机关、社会团体、企事业单位或个人的名义凭借确凿的证据证明某人的身份、经历或某件事情的真实情况时所使用的凭据类书信体应用文书,简称证明。内容大致有三个方面:一是存档材料所需,二是证实情况所需,三是作为证件所需。

随着电子政务和个人社会信用体系建设进程的加快,信息资源共享共用日益普及。一些不合时宜的,诸如证明"你妈是你妈"的烦琐手续将逐步取消,以免遭人诟病。

二、证明信的写作格式

证明信一般由标题、称谓、正文、结语和落款构成。

1. 标题。一般命名为"证明""证明信""证明书"。

2. 称谓。在标题之下另起一行顶格书写受信者的名称,后加冒号。

3. 正文。(1)被动发往对方的证明信。根据受信者的要求,写清所要证明的事项。如要求证明人物经历,就要写清楚被证明人的主要经历发生的时间、地点和所担任的职务等；如要求证明某一事件，就要写清被证明事件发生的时间、地点、参与者的姓名及其在事件中的地位、作用和事件的前因后果。这部分内容的繁简要根据受信者的要求而定，对方没要求的就不必写。

（2）主动发往对方的证明信。这种证明信多是作为证件使用的，如派遣本单位人员外出活动时开具证明作为机动证件使用，以保证其工作、生活、食宿等事项的正常进行。简要写清被证明人的必要信息和祈请协助事项即可。

4. 结语。一般写为"特此证明"。

5. 落款。在结语的右下方署上证明者的名称。在署名的下方写上开具证明信的日期。

三、证明信的体例展示

工作证明

工商银行云贵分行宝塔支行：

兹证明，胡×锋同志，性别男，政治面貌：中共党员，身份证号码：1100001978××××203×。于2000年7月6日至2015年12月31日在我公司财务部从事财务会计工作，工作积极，团结同事，遵纪守法，各方面表现优秀。

特此证明。

单位名称：××集团有限公司（盖章）

2012年4月19日

贫困证明

皖南工业职业学院：

兹证明贵校学生杜泽彤家长杜雄伟属我村村民，家庭基本情况如下：

一、家庭人口3人，家庭成员：父亲杜雄伟、母亲陈满红。家庭年收入约7000元。

二、主要收入来源：父亲务农。

三、目前家庭主要困难：母亲陈满红患病残疾，丧失劳动能力，家庭经济能力无法负担该生的学习和生活费用。属于特别贫困家庭。

特此证明。

金泉村村委会　　　　美好镇民政部门　　　琼玉县政府民政部门

盖章 　　　　　　　盖章 　　　　　　　盖章
2015 年 9 月 29 日　　2015 年 9 月 29 日　　2015 年 9 月 30 日

任务三　授权书

一、授权书的含义

授权书是授权人把自己的合法权利部分（或全部）授予某人或者某单位代为行使时，向第三方出具的具有法律效力的法律文书。重点是向第三方表明被授权的代理人有权代为履行授权人部分（或全部）合法权利。授权书可以即时生效，也可以指明特定条件下生效。

要注意的是，在实际工作中，授权与委托是两个不同的概念。一般来讲，授权适用于存在上下级管辖关系的情形，如总公司授权分公司，上级机关授权下级机关，单位授权该单位某职员等。委托书则适用于不相隶属的平行关系的个人与个人之间、单位与单位之间或单位与无雇佣关系的个人之间等。

二、授权书的写作格式

授权书一般由标题、第三方名称、正文、授权人信息、被授权的代理人信息和日期构成。

1. 标题。一般命名为"授权书"，也可在前面加上特定的授权事项，如"法定代表人授权书"（法人代表授权书）等。

2. 第三方名称。即授权书出具的对象，某人或某单位（公司）。也有某些授权书，可不写第三方名称。

3. 正文。一般写明授权人（名称、职务等）将某项（或全部）合法权利授予被授权的代理人（名称，职务），该代理人有权在某项工作（活动）中，以授权人的名义履行授权人的某项（或全部）权利。也可再加上授权书的生效时间及截止时间等。

4. 授权人信息和被授权的代理人信息。包括授权人和被授权的代理人的签名和身份证号，涉及单位（公司）的，还需加上单位（公司）盖章。商业授权书中一般不需要签名和身份证号，但必须加盖公章。

5. 日期。即授权书签订的日期。

三、授权书的体例展示

授权书

兹授权李光辉为贵州赖世刚酒业有限公司赖茅系列酒河北衡水地区代理商,授权期限为 2011 年 3 月 10 日起至 2012 年 2 月 29 日止。

贵州赖世刚酒业有限公司(盖章)

2011 年 3 月 10 日

法定代表人授权书

本授权书声明:中和实业有限公司的法定代表人王红军代表本公司授权中和实业有限公司财务总监鲁昊天为本公司的合法代理人,参加中原国际控股有限公司组织的采购项目 DBDQ-IT20130501 的投标、合同签订以及合同执行等活动,其可以本公司名义处理一切与之有关的事务。

特此声明。

法定代表人签字:王红军

职务:总经理

代理人(被授权人)签字:鲁昊天

职务:财务总监

投标人名称(加盖公章):鲁昊天

地址:富津市天顺区中和路 177 号

日期:2013 年 4 月 29 日

任务四　开幕词

一、开幕词的含义

开幕词是在大型会议或活动开始时,会议主持人或主要领导人讲话所用的文稿。它具有宣告性、提示性和指导性。

召开重要会议或开展重要活动,一般都会由主持人或是主要领导人致开幕词。开幕词通常要阐明会议或活动的性质、宗旨、任务、要求和议程安排等，集中体现大会或活动的指导思想，起着定调的作用，对引导会议或活动朝着既定方向顺利进行有着重要的意义。

二、开幕词的写作格式

开幕词一般由标题、称谓和正文构成。

1. 标题。一般有以下三种类型：

（1）会议全称+文种。如"亨元大酒店首届职代会开幕词"。

（2）致辞人+会议全称+文种。如"王语新总经理在职工技能比武大会上的开幕词"。

（3）复合式标题。主题一般揭示会议的主旨，副题则由会议全称加文种构成，如"团结奋进 共创辉煌——亨元大酒店首届职代会开幕词"。

2. 称谓。一般根据会议和活动的性质及与会者的身份来确定称谓，如"同志们""朋友们""各位代表"等，后面用冒号。称谓按照惯例，一般由上到下、由外而内。凡参加会议或活动的人都应点到，不可遗漏。

3. 正文。一般包括开头、主体和结尾三部分。

（1）开头。一般开门见山地宣布会议开幕，以简洁的语言交代会议或活动的目的和重要性，并介绍会议或活动的筹备经过和出席人的情况，向他们表示热烈欢迎，对会议的召开表示祝贺。开头应简短精当，富有号召力，以引起与会人员的重视。

（2）主体。这是开幕词的核心部分。一般包括三项内容：一是阐述会议召开的背景和意义；二是阐明会议的指导思想及主要任务，说明会议的主要议程安排；三是明确会议的奋斗目标及对与会者的要求与希望。为了表述明确且富有条理性，主体部分的内容可以逐条分项叙述。

（3）结尾。一般为预祝会议或活动取得圆满成功。

三、开幕词的体例展示

君航大酒店开业庆典仪式开幕词

尊敬的各位领导、各位嘉宾，女士们、先生们：

　　清风送爽，丹桂飘香。今天是君航大酒店隆重开业的喜庆日子，首先请允许我代表君航大酒店的全体员工，向莅临今天盛会的各位领导、各位嘉宾表示热烈的欢迎和亲切的问候，对在酒店筹备工作期间给予我们关心、帮助与支持的朋友，表示衷心的感谢！我谨代表武华市房产管理局向为酒店建设付出心血和汗水的全体施工管理者和工程建设者表示亲切的问候！

君航大酒店于2012年12月破土动工以来，全体建设管理者和工程建设者克服地质复杂、施工难度大、资金紧缺等方面的困难，经过两年多的奋力拼搏，保证了酒店顺利开业。建成后的君航大酒店，设计新颖、风格别致、功能齐全，无论是主体建筑，还是装饰装修，都构思宏伟、气势恢宏、手笔大气。酒店主体共26层，建筑面积28000平方米，定位于旅游休闲酒店，内有仿真凯旋门、多功能会议厅、中西餐厅、茶室、桑拿保健中心、多种格调的标准房、商务用房和豪华套房。酒店前为1000平方米的喷泉休闲广场，后部设有面积2500平方米、180个泊位的现代化停车场。酒店还有一个独一无二的优势——温泉，含钙、钠、镁、钾、碘等多种有益人体身心健康的元素，直接可泡可饮，是可遇而不可求的龙泉玉水。

汇中华美食，交天下朋友！今天，君航大酒店以崭新的面貌、独特的风格展现在全市人民面前。君航大酒店将通过规范化的管理，做到"卫生环境一流、服务设施一流、菜品质量一流、待宾服务一流"，始终坚持"宾客至上"的服务宗旨和"以人为本"的经营理念，诚心为每一位顾客提供最优质的服务。

"有朋自远方来，不亦乐乎"。酒店开业之后，我们期待各位领导、四方来宾、各界朋友予以更多的支持、关心、重视和理解。同时也要求酒店全体员工强化管理，规范运作，热忱服务，爱岗敬业，尽心尽力把君航大酒店做成有品位、有档次、有影响、有效益的一流酒店。

最后借此盛会衷心祝愿各位领导、各位嘉宾身体健康，生活幸福，事业兴旺！祝君航大酒店开业大吉、生意兴隆、鹏程万里！

任务五　闭幕词

一、闭幕词的含义

闭幕词与开幕词相对应，是大型会议或活动结束时由主要领导人或德高望重者向会议所作的总结性讲话，它标志着整个会议或活动的结束，具有总结性、评估性和号召性。

闭幕词通常要对会议或活动做出正确的评估和总结，充分肯定会议或活动所取得的成果，强调会议或活动的主要精神和深远影响，激励有关人员宣传会议或活动的精神实质和贯彻落实有关的决议或倡议。

二、闭幕词的写作格式

闭幕词一般由标题、称谓、正文和结束语构成。

1. 标题。与开幕词一样，一般有三种类型：

（1）会议全称+文种。如"洲际大酒店第二届职代会闭幕词"。

（2）致辞人+会议全称+文种。如"李运鹏副市长在酒店用品博览会闭幕式上的致辞"。

（3）复合式标题。主题一般揭示会议的主旨，副题则由会议全称加文种构成，如"丰富多元、与时俱进——会展国际大酒店首届职代会闭幕词"。

2. 称谓。称呼要根据参加对象的情况而定，一般是身份从高到低，性别先女后男，并尽可能覆盖全体参加对象。称呼应顶格书写，后面加冒号。称呼对象较多时，可分类别称呼并分行书写，如"尊敬的各位领导""尊敬的各位来宾""女士们、先生们"等。

3. 正文。一般包括开头、主体和结尾三部分。

（1）开头。闭幕词的开头可以对会议的圆满成功表示祝贺，也可以概述会议成功的意义、作用，也可以概括总结会议情况，对会议作简要的评价，使与会者对会议有一个总体的概括性的认识。

（2）主体。概述会议取得的成绩，如通过的决议以及获得的经验等等；论述会议成功的原因、意义及其作用；提出贯彻会议精神的意见，指出今后工作的重点和方向等。

（3）结尾。可向会议承办单位和人员致谢，对与会代表、来宾表示良好的祝愿，最后宣布会议闭幕。

4. 结束语。一般以郑重宣布会议胜利闭幕为结束语。

三、闭幕词的体例展示

信德实业发展有限公司二届六次员工代表大会闭幕词

（二〇一五年元月一日）

郭飞跃

各位员工代表：

信德实业发展有限公司第二届六次员工代表大会，经过全体代表的共同努力，已圆满完成了大会的各项议程，现在就要闭幕了。

在本次大会期间，代表们认真听取并审议了罗本德总经理的工作报告，审议了各职能部门2015年度的工作方案，听取了各公司负责人的述职报告、绩效考核办法和部分员工职务晋升及工资晋升方案，表彰了2014年度优秀员工及先进集体，上述报告和方案通过了大会决议。这次大会让各公司、各部门员工明确了2015年度的工作任务，统一了认识，增强了信心，振奋了精神，必将对我公司今后的发展产生积极而深远的影响。

这次大会，得到了各公司领导和员工的大力支持，他们为大会的顺利进行付出了辛勤的劳动。在这里，我代表大会主席团向各级领导，向全体代表，向大会全体工作人员，表示衷心的感谢！

这次大会自始至终充满了团结、民主的气氛。代表们在讨论中，充分肯定了2014年度的工作，同时也提出了许多建设性的意见，对2015年度工作提出了希望和要求。

这次大会总经理提出了公司今后的奋斗目标，并对2015年度的工作进行了部署，我们的奋斗目标是鼓舞人心的，我们所面临的工作任务是十分艰巨的。大会结束以后，全体员工要积极行动起来，认真学习和贯彻本次大会精神，结合各公司、各部门的具体情况，全面落实本次大会提出的各项任务；开展向优秀员工、先进集体学习的活动，用自己的模范行动，团结和带领全体员工，为公司再上新台阶做出应有的贡献。

祝大家新年快乐、万事如意！

现在，我宣布，信德实业发展有限公司二届六次员工代表大会闭幕！

任务六　会议主持词

一、会议主持词的含义

会议主持词是会议主持者主持会议时使用的带有指挥性、引导性的讲话。一般大型或正规的会议都有会议主持词，使用频率较高。会议主持词具有简要性、朴实性、条理性、统揽性等特点，在会议中起着穿针引线的作用，能够确保会议按既定程序顺利进行，营造良好的会议氛围。

二、会议主持词的写作格式

会议主持词一般由标题、称谓和正文构成。

1. 标题。会议主持词的标题有两种写法，一是直接用文种作标题，即"会议主持词"；二是由会议活动名称和文种构成，如"瑞颐大酒店年度表彰会主持词"。在标题左下方顶格处，可分行写明会议的时间、地点、主持者，或者只在标题正下方中间处注明主持者的姓名。

2. 称谓。称谓是会议主持人对广大听众的称呼。主持人应根据与会人员与会议场合的不同，恰当地选用不同的称呼，一般用泛称。在实际工作中，如果参加会议的人员中，领导职务比会议主持人高，则应称呼"尊敬的某某领导""各位领导"。否则，可直接称呼"各位来宾""同志们"。

3. 正文。一般由开场白、主体部分和结束语构成。

（1）开场白。这一部分主要介绍会议召开的背景、会议的主要任务和目的，以说明会议的必要性和重要性。它主要包括四个方面的内容：一是首先宣布开会。二是说明会议是经哪一级组织或领导提议、批准、同意、决定召开的，以强调会议的规格以及上级组织、上级领导对会议的重视程度。三是对主席台就座的领导及与会人员进行介绍，并对各位来宾的到来表示欢迎和感谢。四是介绍会议召开的背景，明确会议的主要任务和目的，这是开头部分的"重头戏"，也是整篇文章的关键所在。会议主持词的开场白形式多种多样，但无论用什么方法开头，都应该紧扣主题，用精练的语言吸引听众，自然地引出下文，不要兜圈子。

（2）主体部分。在这一部分可以用最简练的语言，按照会议的安排，依次介绍会议的每项议题。在顺次介绍会议的每项议题时，切忌千篇一律，要讲究灵活性和多变性。在一个相对独立或比较重要的内容之后，特别是领导的重要讲话之后，主持人要作一简短的、恰如其分的评价，以引起与会者的重视，加深印象，同时也使各项议题能够自然顺畅地串起来，使整个会议融合为一个有机的整体。

（3）结束语。结束语是主持词的收束，是对整个会议进行总结。它主要包括四个方面的内容：一是宣布会议即将结束。二是对会议作简要的评价，肯定会议效果。三是从整体上重点突出地对会议进行概括总结。四是就如何落实会议精神提出要求。

三、会议主持词的体例展示

2014年瑞颐大酒店上半年工作总结暨下半年重点工作部署大会主持词

（吴志坤）

各位领导、各位同事：

　　大家好！

　　大家都知道2014年对于我们酒店来说是关键的一年，是我们的服务领域不断扩展的一年，也是我们的企业品牌更加深入人心的一年。

　　今天我们在这里欢聚一堂，召开"2014年酒店上半年工作总结暨下半年重点工作部署大会"，主要目的是回顾半年来的工作，总结经验，查找存在的问题，吸取教训，共商酒店未来发展大计，安排部署下半年的工作任务，并动员全体员工进一步认清形势，增强信心，开拓进取，奋力拼搏，扎实工作，确保完成酒店在下半年的各项目标任务，推进酒店全面、协调、可持续发展。

　　首先，为大家介绍出席本次会议的各位负责人，分别有：酒店总经理王逸君女士，行政总监李斌先生，行政办主任姚燕女士，人力资源总监郭淑芬女士，财务总监董明宏先生，市场总监向辉先生，房务部经理陈向阳先生，餐饮部经理周礼琛先生，工程部经理欧阳晨东先生。今天到会的还有酒店各部门管理人员和酒店全体同仁。在此，让我们用最热烈的掌声向他们的到来表示最热烈的欢迎和衷心的感谢！

　　今天的会议议程分为两项：第一项是各部门领导作上半年部门工作总结和下半年工作部署报告，第二项是王总进行会议总结讲话并作工作报告。

　　现在进行第一项，各部门领导作上半年部门工作总结和下半年工作部署报告，首先有请行政总监李斌先生上台汇报，大家欢迎！

　　……

感谢李斌先生的发言，下面有请人力资源总监郭淑芬女士为我们作工作汇报，大家掌声欢迎！

……

感谢各位负责人的精彩发言，我们相信，只有及时进行总结与展望才能看到更美好、更光明的未来。

接下来进入会议的第二个议程：有请王总进行会议总结并做工作报告，大家欢迎！

……

同志们，今天下午的会议开得很圆满，非常成功。王总的总结报告，既对酒店半年来的发展进行了全面、客观、公正的总结，也提出了酒店下半年的发展思路，描绘了酒店美好的未来，使我们每一个人都能感受到酒店的光明前景，更加坚定了我们每个人的信心，是一个振奋人心、催人奋进的大会！

会后，我们要深入学习、深刻领会这次会议的精神，在酒店管理层的正确领导下，团结一心，共同努力，务实开拓，不断创新，共同为酒店的美好未来贡献我们的力量和智慧！

在温暖祥和又催人奋进的氛围里，在对过去总结和对未来的展望中，我们不知不觉地走进了此次大会的尾声。我们充分相信，在酒店领导班子的正确带领下，全体员工同心同德，艰苦奋斗，开拓创新，我们一定会谱写出更加绚烂的新篇章。最后，祝全体员工身体健康，工作顺利。感谢大家的到场。现在我宣布2014年瑞颐大酒店上半年工作总结暨下半年重点工作部署大会到此结束。

任务七　欢送词

一、欢送词的含义

欢送词是指代表国家、政党、企事业单位、群众团体欢送国内外宾客时，或企事业单位、群众团体欢送要离去的同志时所使用的讲稿。

二、欢送词的写作格式

欢送词一般由标题、称谓和正文构成。

1. 标题。外交场合，特别是重要外事活动中的欢送词，一般采用完整的标题，即会议加文种，如"向警予在欢送第八届留法勤工俭学学生会上的致辞"；一般社交场合中的欢送词，标题可省去演讲者。

2. 称谓。外交活动中的欢送词，对主宾的称呼用全称，即姓名后加职位、职称，以示尊重；社交场合中的欢送词，对主宾的称呼一般不加职位、职务，以示亲密友好。有时，在被欢送者的姓名前加上"亲爱的""尊敬的"等修饰语。

3. 正文。开头部分一般直接表达欢送之情意，有时也可对被欢送者表示祝福。主体部分或对来宾访问成功和会谈成功表示祝贺与感谢，评价来宾访问与会谈的意义和影响；或回顾友好交往、合作的过往，评价被欢送者的工作、学习成绩和个人品格，表达惜别之情；或说明被欢送者所面临的新的工作、学习的意义等等。结尾，向被欢送者表示祝愿。

三、欢送词的体例展示

母校为你们祝福　母校为你们给力

——学院院长在 2015 届学生毕业典礼上的致辞

亲爱的同学们：

从今天开始，母校就是你们的粉丝和后盾，将永远聆听你们振翅高飞的声音。请记住：你来，或者不来，学校都在这里；你见，或者不见，老师都在这里；你念，或者不念，牵挂都在这里；你想，或者不想，你都在我们心里。我相信，很多同学将会像珍惜自己的初恋一样，把母校永远珍藏在自己的心里。

同学们，从今天开始，你们将踏上人生的新起点、新征程，从一个消费者转变为一个财富创造者，从一个受教育者升华为一个高素质的劳动者和高技术技能人才。母校为你们祝福，母校为你们喝彩！

同学们，从今天开始，在全国人民齐心协力实现"中国梦"的伟大实践中，我们要振奋精神，开拓创新，倍加珍惜和把握战略机遇期，努力使自己的人生出彩！我们要有精卫填海、夸父追日的神往和梦想；我们要有愚公移山、久久为功的坚守和韧劲；我们要有振衣千山、濯足万里的激情和豪迈；我们要有建功立业、舍我其谁的自信和气概！母校为你们祝福，母校为你们给力！

"雄关漫道真如铁，而今迈步从头越。"今天，是你们人生新的起点。在临别之际，我作为大家的师长，也作为大家的朋友，更进一步提出一些期望：

第一,直面现实,脚踏实地

"吾生也有涯,而知也无涯"。毕业不是学习的终结,而应该是新的学习阶段的开始。我不希望你们过于留恋过去,也不要过于幻想未来,直面现实、脚踏实地才是生活的真实样态。少些牢骚,多些行动,拼搏进取,做生活的强者。学会在困难中修身,踏实做事,诚实为人,立足本职,追求卓越。

第二,甘于奉献,勇于担当

我相信,越是面对困境,越是挑战面前,越是身处危机,越是需要一种不断进取、奋发有为的精神,越是需要开拓创新、勇于担当的勇气。希望你们成为无愧于学校、无愧于社会、无愧于家长,也无愧于自己的人。

第三,热爱生活,宽容自信

海纳百川,有容乃大。希望同学们能够保持积极健康的心态,做到乐观自信、荣辱不惊、从容淡定!期望同学们满怀信心地奔赴人生新的旅程!

相信同学们一定能不负重任,继续发扬"厚德、笃学、重能、砺行"的校风,和母校同成长,与母校共辉煌。亲爱的同学们,二十年后,让我们再相聚!

任务八　启事

一、启事的含义

启事是指国家机关、社会团体、企事业单位或公民个人公开申明某件事情,希望有关人员、相关单位参与或者协助办理而使用的应用文。启事通常张贴在公共场所或者刊登在报纸、刊物上。按其内容,启事可分为不同的类型,主要有招生启事、寻物启事、招聘启事、挂失启事、征集启事、征婚启事、庆典启事等。

二、启事的写作格式

启事一般由标题、正文和落款构成。

1. 标题。一般是内容+文种,如"征文启事"。
2. 正文。说明启事的具体内容,即要向大家说明的情况。
3. 落款。标明启事者的姓名(机关、社会团体、企事业单位)和日期。

三、启事的体例展示

寻人启事

许勇宏,男,64 岁,身高 1.66 米,广西柳州人。瓜子脸,肤色偏黑,身穿蓝色短袖 T 恤,红色针织裤,棕色皮凉鞋。患阿尔兹海默症,神志模糊,2015 年 9 月 11 日从柳州市政府出走,请好心人看到出手相助,将其收留或拨打"110"。也请立即联系我们,必重谢。手机号码:1837827××××,固定电话号码:0772-2855×××

联系人:许文星
2015 年 9 月 12 日

招领启事

本旅社于 2015 年 10 月 18 日上午 11 时,于店内拾得黑色金利来皮包一个,内有华为手机一台、天梭手表一只、身份证一张、票据若干、人民币若干等,望失主前来认领。

红星旅社
2015 年 10 月 18 日

任务九　请柬

一、请柬的含义

请柬是机关、社会团体、企事业单位或个人为了邀请有关人员参加会议、庆典或某些活动而发出的一种礼仪性应用文书,又称为请帖、柬帖或帖子。

二、请柬的写作格式

请柬一般由标题、称谓、正文、敬语和落款构成。

1. 标题。一般命名为"请柬"。
2. 称谓。指被邀请单位名称或个人姓名,后加冒号。
3. 正文。写明活动的内容、时间、地点及其他应知事项。

4. 敬语。一般以"敬请(恭请)光临""此致敬礼""祈请拨冗出席"等作结。"此致"另起一行,空两格;再另起一行,写"敬礼"等词,需顶格。

5. 落款。写明邀请单位或个人姓名。下边写日期。

三、请柬的体例展示

请　柬

徐静蕾小姐:

　　我们定于12月6日12时假座华天饭店紫薇厅举行婚宴。

　　恭请拨冗光临!

张杰、陈丽 谨邀
2015年11月20日

任务十　邀请函

一、邀请函的含义

邀请函是邀请亲朋好友或知名人士、专家等参加某项活动时所发的请约性书信。商务活动邀请函是邀请函的一个重要分支,写作时应注意简洁明了,不需太多文字。

二、邀请函的写作格式

邀请函一般由标题、称谓、正文和落款构成。

1. 标题。一般由活动名称+文种构成,如"公司乔迁答谢会邀请函"。

2. 称谓。一般使用全称,前加敬语。如"尊敬的李沛龙先生"或"尊敬的朱云梯总经理"。

3. 正文。包括举办礼仪活动的缘由、目的、事项及要求,写明活动的日程安排、时间、地点,并对被邀请方发出得体、诚挚的邀请,切忌以通知口吻向受众行文。

邀请之词有的出现在文首,如"国际矿博会会议即将在海川市召开,敬请您/阁下莅临会议";有的出现在文中,如"素仰阁下学养深厚,在内分泌学科领域成绩卓著,特奉函诚邀阁下光临会议";有的出现在文尾,如"专此邀请,敬祈回函"。

4. 落款。落款要写明活动主办单位的全称和成文日期。

三、邀请函的体例展示

华泰永年集团有限公司 2015 年加盟商年会嘉宾邀请函

尊敬的_____加盟商：

您好！感谢百忙之中阅读此邀请函。

承蒙诸位盟友一直以来的鼎力支持，公司的业绩才能蒸蒸日上。为此，特向各盟友致以真诚的感谢！公司总部决定于 2015 年 3 月 18 日，在安徽芜湖安泰国际大酒店举办 2015 年加盟商年会。年会的主题为"整合、分享、共赢"，将共同见证振兴铝材五年来的战略发展历程，并解读门窗致富新趋势。

在此，总部诚挚地邀请您到公司年会现场，并盼请诸位盟友推荐门窗加盟意向客户。如蒙同意，请将贵处同意参加年会的人员名单发送到总部总经办处。

特此函达。

华泰永年集团有限公司总部
2015 年 2 月 2 日

任务十一　聘书

一、聘书的含义

聘书，是聘请书的简称。它是用于聘请某些有专业特长或名望权威的人完成某项任务或担任某种职务时的文体。聘书的适用范围主要有：

1. 学校、工矿企业等单位在需要某方面有特长或有专业技能的人才时，发出聘书。这种情况下，往往是用人单位承担了某项工作，靠自己本单位或现有的人力资源无法顺利完成任务；或者由于企业的发展，事业的扩大，需重新聘用一些有专长，在工作中起重大作用的人。总之，这是一种对专业技术人才所发的聘书。

2. 社会团体或某些重要的活动为了提高自身的知名度、扩大影响力，常常聘请一些有名望的人加盟或参与，以期更好地开展活动。如聘请名人作顾问，作指导，作为某项比赛的评委等均属于这种情况。

二、聘书的写作格式

聘书一般由标题、称谓、正文、结尾和落款五个部分构成。

1. 标题。一般命名为"聘书"或"聘请书",有的聘书也可不写标题,有的是已印制好的聘书标题。

2. 称谓。即受聘人的姓名称呼。印制好的聘书大都在第一行空两格写"兹聘请××"。

3. 正文。

(1) 聘请的原因和请去所干的工作,或所要担任的职务。

(2) 聘任期限。如"聘期两年""聘期自××××年××月××日至××××年××月××日"。

(3) 聘任待遇。聘任待遇可直接写在聘书之上,也可另附详尽的聘约或公函写明具体的待遇。

另外,有时还写上对被聘者的希望。也可不写,而通过其他的途径使受聘人切实明白自己的职责。

4. 结尾。一般写上表示敬意和祝颂的结束用语。如"此致敬礼""此聘"等。

5. 落款。即发文单位名称或单位领导的姓名、职务,并署上行文日期,同时要加盖公章。

三、聘书的体例展示

聘 书

兹聘请赵子威同志为华欣家电集团维修部总工程师、主任,聘期自 2015 年 1 月 1 日至 2019 年 12 月 31 日,聘任期间享受集团高级工程师全额工资待遇。

此致

敬礼!

华欣家电集团(盖章)
2015 年 12 月 15 日

任务十二　感谢信

一、感谢信的含义

感谢信是向帮助、关心和支持过自己的集体（党政机关、企事业单位、社会团体等）或个人表示感谢的专用书信，有感谢和表扬的双重意思。写感谢信既要表达出真切的谢意，又要起到表扬先进、弘扬正气的作用。它广泛应用于个人与个人之间、个人与组织之间、组织与组织之间，用以向给予自己帮助、关心和支持的对方表示感谢。

二、感谢信的写作格式

感谢信一般由标题、称谓、正文、结语和落款构成。

1. 标题。一般有以下三种形式：

（1）文种。如"感谢信"。

（2）感谢对象加文种。如"致×××的感谢信"。

（3）感谢双方加文种。如"××公司致××剧院的感谢信"。

2. 称谓。即感谢的机关、企事业单位、社会团体或个人的名称或姓名。

3. 正文。一般要有以下内容。

（1）感谢的事由。概括叙述感谢的理由，表达谢意。

（2）对方的事迹。具体叙述对方的先进事迹，叙述时务必交代清楚人物、事件、时间、地点、原因和结果，尤其应重点叙述关键时刻对方给予的关心和支持。

（3）揭示意义。在叙述事实的基础上指出对方的支持和帮助对整个事情成功的重要性以及体现出的可贵精神。同时表示向对方学习的态度和决心。

4. 结语。写表示敬意的话、感谢的话。如"此致敬礼""致以最诚挚的敬礼"等。

5. 落款。写单位名称或个人姓名、日期。

三、感谢信的体例展示

感谢信

桂武县农科所：

  在今年五月我乡玉米发生大面积虫害，严重影响生长的紧急时刻，贵所派出全部农业技术人员来我乡根治病虫害，避免了上千亩玉米绝收。目前作物长势良好，丰收在望。谨向你们表示衷心的感谢！我们决心在党的十八大精神指引下，继续努力生产，以实际行动答谢你们的帮助和关怀。

  此致

敬礼！

船湾乡人民政府（公章）
2015 年 6 月 8 日

任务十三　介绍信

一、介绍信的含义

  介绍信是机关团体、企事业单位派人到其他单位联系工作、了解情况或参加各种社会活动时用的函件，具有介绍、证明的双重作用。介绍信的内容包括被介绍人的姓名及身份、随访人的人数、活动目的、对受访单位的请求等。使用介绍信，可以使对方了解来人的身份和目的，以便取得对方的信任和支持。

二、介绍信的写作格式

（一）便函式的介绍信

一般用公文信纸书写，包括标题、称谓、正文、结尾、单位名称和日期、附注。

  1. 标题。一般命名为"介绍信"。

  2. 称谓。一般是收信单位名称或个人姓名，个人姓名后通常加"同志""先生""女士"等称呼。

  3. 正文。一般要写清楚：

(1) 派遣人员的姓名、人数、身份、职务、职称等。

(2) 说明所要联系的工作、接洽的事项等。

(3) 对收信单位或个人的希望、要求等，如"请接洽"等。

4. 结语。写表示敬意的话、感谢的话。如"此致敬礼"等。

5. 落款。写派遣单位名称并加盖公章或个人姓名、日期。

6. 附注。注明介绍信的有效期限，具体天数用大写。

（二）带存根的印刷介绍信

这种介绍信有固定的格式，一般由存根、间缝、文本构成。存根部分由标题（介绍信）、介绍信编号、正文、开出时间等组成。存根由出具单位留存备查；间缝部分写介绍编号，应与存根部分的编号一致，还要加盖出具单位的公章；正文部分基本与便函式介绍信相同，只是有的要标题下再注明介绍信编号。

1. 存根部分简填，以便日后查考。

2. 正文部分要填写详细。

3. 派人联系办理重要或保密的事情，要注明被派人员的政治面貌、职务。

4. 重要的介绍信要经领导过目或在存根上签字，有的还要限制有效期。

5. 除文本部分需加盖公章外，存根与文本的虚线正中亦要加盖公章。

三、介绍信的体例展示

介绍信（存根）

××字 第 37 号

兹介绍朱潇云同志 1 人前往 TCL 空调器（中山）有限公司联系厂区扩建事宜。

2014 年 10 月 20 日

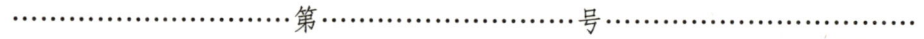

介绍信

××字 第 37 号

TCL 空调器（中山）有限公司：

兹介绍朱潇云同志 1 人，前往你处联系厂区扩建事宜，请予接洽并给予协助。

此致

敬礼！

广建事业集团有限公司（公章）

（有效期7天）2014年10月20日

任务十四　推荐信

一、推荐信的含义

一般来说，推荐信是一个人为推荐自己或是推荐另一个人去接受某个职位或参与某项工作而写的信件。

其特定含义是指本科生或硕士研究生到其他（一般是国外）大学研究生院攻读硕士或博士学位时，请老师所写的推荐信。（一般说来美国大学的研究生院要求提供3封推荐信，信件作者应该熟悉学生，并且有一定知名度）

二、推荐信的写作格式

推荐信一般由标题、称谓、正文、结语和落款构成。

1. 标题。一般命名为"推荐信"。

2. 称谓。一般写收信方领导的姓名和称呼或只写对方领导的职务，如"尊敬的××大学校长"；如推荐人同收信人是熟人，则可用常见的私人信件一样的称呼。

3. 正文。通常包括以下几个部分：

（1）开头。一般先礼貌问候（熟人除外），再说明写此信的意图。

（2）中段。为推荐信的重点，主要是针对推荐的需要，介绍被推荐人的情况。如推荐人与申请人的关系，推荐人是在什么环境下认识申请人的，以及相识多久，申请人希望申请哪一个学期和科系，推荐人对申请人的资格评估，推荐人初识申请人时对他有何特别的印象，举例证实推荐人对于申请人的评估结果等。接着还要介绍推荐人对于申请人个人特质的评估（如沟通能力、成熟度、抱负、领导能力、团队工作能力等），或是有哪些需要改进的地方。

（3）结论。为推荐人对申请人的整体评估。评估申请人完成学业以后，未来在个人和专业上的发展。

4. 结语。写表示敬意的话、感谢的话。

5. 落款。写单位名称或个人姓名、日期。

三、推荐信的体例展示

推荐信

尊敬的刘贤德先生：

您好，我是弘一证券有限公司的总经理。得知我公司优秀员工孙斌先生想要出国深造，我感到非常高兴和无比欣慰。这样一个上进的年轻人应该接受良好的教育，拥有更辉煌的未来。因此，我很荣幸向贵校强烈推荐这位优秀青年。

孙斌曾在大四的时候来我公司实习。他利用闲暇时间大量阅读参考有关业务的书籍，虚心向其他员工请教。很快他精通了各项业务，并取得一定成绩。对此他并没有满足，更没有骄傲自大。相反，遇到难题，他仍然虚心与同事交流讨论直到找出解决方案为止。鉴于他在实习期间的出色表现，我公司招收他为正式员工（通常我公司不予考虑应届毕业生）。

现在，作为我公司的一名业务精英，孙斌先生工作更加认真负责、勤奋努力，为所有同事树立了榜样。付出就有回报，他因此被评为本公司优秀员工，并享有高额奖金。

虽然从某种程度上来说，如此优秀的员工即将踏上留学之途是我公司的损失，但是考虑到他的前途，我依然毫不犹豫地支持他远赴贵校深造。真诚期望贵校能同样支持他，给他一个提升自我、实现梦想的机会。

谢谢。

××证券有限公司总经理　华万伟
2015年3月18日

识别训练

一、不定项选择

1. 日常事务文书是国家机关、企事业单位、社会团体或个人在处理日常事务时用来（　　）的一种应用文体。

A. 沟通信息　　B. 安排工作　　C. 总结经验　　D. 研究问题

2. 日常事务文书的特点有（　　）。
   A. 指导性　　　B. 规范性　　　C. 灵活性　　　D. 时效性
3. 日常事务文书的作用有（　　）。
   A. 宣传教育作用　　B. 沟通联系作用　　C. 积累资料作用　　D. 规约指导作用
4. 下列是由标题、称谓、正文、结语和落款五个部分组成的日常事务文书有（　　）。
   A. 证明　　　B. 启事　　　C. 邀请函　　　D. 会议主持词
5. 下列属于日常事务文书的有（　　）。
   A. 报告　　　B. 制度　　　C. 邀请函　　　D. 纪要

二、判断题

1. 一般来说推荐信是一个人为推荐自己或是推荐另一个人去接受某个职位或参与某项工作而写的信件。　　（　　）
2. 规章制度是日常事务文书。　　（　　）
3. 授权书是委托他人代表自己行使自己的合法权益，委托人在行使权利时需出具的法律文书。　　（　　）
4. 事务文书都不具有法规性和约束力。　　（　　）
5. 申请书也是一种专用书信，它同一般书信一样，也是表情达意的工具。　　（　　）

项目二　日常事务文书写作能力训练

任务一　规章制度

一、情境导入

海川市人民政府为进一步提高工作效率和服务水平，更好地为群众、企业提供高效便捷优质的服务，提高政务服务工作效率，拟出台一份《海川市政务服务规则一次性告知制度》，请你草拟这则制度。

二、理论教学

(一) 规章制度的含义和分类

规章制度是国家机关、社会团体、企事业单位，为了维护正常的工作、劳动、学习、生活的秩序，保证国家各项政策的顺利执行和各项工作的正常开展，依照法律、法令、政策而制定的具有法规性或指导性与约束力的应用文，是各种行政法规、章程、制度、公约的总称。

规章制度的使用范围极其广泛，大至国家机关、社会团体、各行业、各系统，小至单位、部门、班组。它是国家法律、法令、政策的具体化，是人们行动的准则和依据，因此，规章制度对社会经济、科学技术、文化教育事业的发展，对社会公共秩序的维护，有着十分重要的作用。

常见的规章制度有章程、条例、规定、制度、规程、办法、规则、细则、守则、须知、公约等。下面我们主要介绍章程、条例和规定三种。

1. 章程。

章程是政治、经济、文化、科学等党团组织，为所属成员制定的须共同遵守的法规性文件，如《中国共产主义青年团章程》。章程要对一个组织或团体的性质、宗旨、任务、目的、组织、成员、权利、义务、活动方式以及纪律等作明确的说明与规定。它是一种系统性、根本性的规章制度，对组织成员有强大约束力。此外一些企业单位规定其业务性质、活动方式时也采用章程的形式，如公司章程。其他方面的规范一般不用章程。

2. 条例。

条例，是对某方面行政工作做出比较全面、系统规定的文书，如《中华人民共和国治安管理处罚条例》。条例，是具有权威性、法制性和强制性的行政法规文件，只有党和政府的领导机关才能制定。它具有法的约束力，是行政人员执行公务时的具体依据，具有很强的指导性。同时，对被执行对象也具有强制性。

3. 规定。

规定是某个组织针对某项工作或活动提出一定的要求，并制定相应的措施，要下级机关或有关部门贯彻执行的指令性文件。规定具有一定的法规性，是一种应用极为广泛的机关事务文书。凡党政机关、企事业单位和社会团体，如对某方面工作有特定的要求，都可以制定相应的规定，以保证工作的顺利完成和落实。如《国务院关于职工探亲待遇的规定》。比之条例，规定所规范的对象和范围要集中一些，措施要求也要具体一些；比之办法，又显得有原则性一些。

(二) 规章制度的写作格式

规章制度一般由标题、正文、署名和日期构成。

1. 标题。规章制度的标题主要有以下五种类型：

(1) 内容+种类，如《出版物汉字使用管理规定》《服务公约》。

(2) 单位+种类，如《中国作家协会章程》。

(3) 人员+种类，如《中学生守则》《企业职工奖惩条例》。

(4) 单位（地域）+内容+种类，如《中山百货商场服务公约》《中华人民共和国国库券条例》。

(5) 公文式，如《北京市关于禁止燃放烟花爆竹的规定》。如果规章制度在内容上还不够成熟，可以在标题内写明"暂行"。

2. 正文。主要有两种类型：

(1) 章条式的写法。分章、分条目来写。第一章叫总则，简要说明制订本规章制度的依据、目的和总的要求。以下各章叫分则，说明具体要求执行的事项和办法。分章要设小标题，标明本章的主旨。最后一章叫附则，说明本规章制度以及具体实施办法的制订权、修订权、解释权，以及适用对象和生效日期等。适用对象和生效日期也可写在总则内。每章下分若干条，条的序数按整个规章制度统一排列，每条下有时又分若干款。

(2) 条文式的写法。一般适用于内容比较简单的规章制度，只要分条写出规章制度的内容即可，如守则、须知、公约等。有的分三层意思来写，第一层先简单说明订立这项规章制度的目的、意义；第二层分条写出应遵守的事项；第三层补充说明解释权限、生效日期等。也有的把第一层意思作为第一条，接着按序号排列下去，而把第三层意思作为最末一条。

3. 署名和日期。

制订者的名称和实行日期，一般写在正文结尾后面。已在标题中写明单位名称的，这里就不必重复。有的规章制度是由政府机关随文颁发的，也不再署名。有的规章制度从公布起需要长期实行的可以不写日期。有的随文件颁发，文件上已有日期，也可以不再写。凡要写日期的，就应具体写明年、月、日。

(三) 规章制度的体例展示

郴州市城乡建设档案查询利用规定

第一条 为规范本市城乡建设档案（以下简称城建档案）的查询利用工作，使城建档案更好地为城乡规划、建设和管理服务，根据《中华人民共和国档案法》《中华人民共和国档案法实施办法》，住建部《城市建设档案管理规定》《郴州市城乡建设档案管理办法》等相关法律法规规定，按照保守国家秘密、保护城市重要建筑物和基础设施安全的原则，结合本市城建档案管理工作实际，特制定本规定。

第二条　公民、法人或者其他组织查询利用郴州市城乡建设档案馆（以下简称市城建档案馆）的城建档案，应当遵循本规定。

第三条　公民、法人或者其他组织凭身份证、工作证或者介绍信等合法有效证明，可以利用已经开放的城建档案。

外国组织或者个人利用本市已经开放的城建档案，应当经市有关主管部门介绍和市城建档案馆同意。

第四条　查询利用未开放城建档案的办法如下：

（一）建筑物所有权人查询利用建筑物档案，需出具房产证、权利人身份证，代理人还应出具代理证明（如委托书）和本人身份证；权利人是法人或者其他组织的，需出具单位介绍信、房产证和查询人的身份证。

（二）建筑物抵押权、典权的权利人查询利用建筑物档案，需出具权利登记证明及权利人的身份证，代理人还应出具代理证明（如委托书）和本人身份证；权利人是单位的，需出具单位介绍信、权利登记证明和查询人的身份证。

（三）建筑物权利的继承人、受赠人查询利用建筑物档案，需出具发生继承、赠予关系的证明和继承人、受赠人的身份证，代理人还应出具代理证明（如委托书）和本人身份证。

（四）仲裁、诉讼案件中受当事人委托的律师因调查取证利用城建档案的，需出具律师证、当事人委托证明和律师事务所介绍信等证明文件，经市城建档案行政主管部门审核签署意见后，可查阅案件指定的档案内容。

（五）新闻媒体记者查询利用城建档案的，需出具记者证及上级主管部门证明，经市城建档案行政主管部门审核签署意见后，可查阅证明文件中指定的档案内容。

（六）国家安全机关、公安机关、检察机关、审判机关查询利用城建档案的，需出具查询人的工作证、单位介绍信和调取证据通知书等证明文件；纪检监察机关及市、县级人民政府查询利用城建档案的，需出具查询人的工作证和单位介绍信等证明文件，经市城建档案行政主管部门审核签署意见后，可查阅指定的档案内容。

（七）建设单位查询利用本单位移交的建设工程竣工档案，需出具单位介绍信及查询人的身份证。

（八）地下管线（管廊）建设单位和权属管理单位查询利用非本单位移交的地下管线（管廊）工程档案或查询利用地下管线（管廊）信息系统中非本专业管线信息的，除出具单位介绍信及查询人的身份证外，应当经地下管线（管廊）的管理单位和市城建档案行政主管部门审核同意。

（九）因拆迁、拆违查询利用城建档案的，需出具查询人的身份证、拆迁许可证或单位介绍信等证明文件。

（十）其他因项目可行性研究、专题研究或者编纂著书等需要利用档案的，需提供相关行政主管部门批准的研究计划、项目委托书、立项批文等证明文件，与市城建档案馆签订档案查询利用协议，明确档案利用范围及利用方式，以确保档案安全。研究完成后应向市城建档案馆提交一份研究成果归档。

（十一）市城建档案行政主管部门的内设机构、直属单位和派出机构查询利用档案的，需经市城建档案行政主管部门办公室进行统一登记和审批。

第五条 查询利用城建档案，须填写《郴州市城建档案查询利用登记表》，办理登记手续。

第六条 城建档案复制，必须加盖城建档案资料专用章，并有经办人的签名和落款时间。该复印件与馆藏档案具有同等效力。

第七条 为有效保护城建档案原件，可以利用电子档案的，一般不查阅原件。

第八条 城建档案交接时应当对照《郴州市城建档案查询利用登记表》登记的案卷编号交接档案，利用结束后应当完整归还。

第九条 查询利用城建档案，应当在馆内指定地点阅览，不得翻拍、损毁、丢弃、涂改、勾画、抽页、盗窃、变造、伪造。

第十条 查询利用城建档案的单位或个人，对所查询的城建档案负有保密义务。

第十一条 城建档案一般不外借利用，遇有特殊情况确须外借的，须经市城建档案行政主管部门书面批准，并按照有关规定办理外借手续。

第十二条 公民、法人和其他组织利用城建档案的，应当按照价格主管部门核定的标准缴纳费用。

县级以上人民政府有关部门因抢险救灾等公共利益需要利用城建档案的，免收查询费。

第十三条 城建档案工作人员应忠于职守，严格执行城建档案查询利用规定和程序，严格执行有关保密的法律、法规。工作人员违反本规定，玩忽职守、严重失职、出具虚假证明的，提请有关部门依法给予行政处分；构成犯罪的，移交司法机关依法追究刑事责任。

第十四条 查询利用城建档案如违反《中华人民共和国档案法》《中华人民共和国档案法实施办法》，住建部《城市建设档案管理规定》《档案管理违法违纪行为处分规定》等相关法律法规规定，将依法追究责任。

第十五条 本规定自2015年12月1日起施行。

（四）规章制度的写作注意事项

1. 必须符合党和国家的方针、政策、法令，以严肃审慎的态度进行拟制。
2. 必须结合本单位或部门的实际情况，有针对性和可行性。
3. 内容要全面系统。既有原则性，又有具体性。
4. 用词准确，语气肯定。

三、写作训练

请以"华润水务有限公司办公室"的名义拟写一份有关会议室的使用须知。内容要求如下：

保持会议室的干净整洁；会后请带好自己的文件及私人物品，关闭所有电器（请举例），关闭（锁好）会议室所有门窗；其他注意事项（内容自拟）；表示感谢；生效日期：2015年7月1日。

任务二　申请书

一、情境导入

勤劳的刘鑫大学毕业便找到了工作，目前在电力公司担任测试工一职。工作已超过半年，公司却迟迟没有将其转正，他一直拿着实习生的工资。周围的同事让他到人事处递交转正申请书，可理工专业出身的刘鑫不知如何下笔。请你代他拟写一份转正申请书。

二、理论教学

（一）申请书的含义

申请书是个人或集体向国家机关、社会团体、企业事业单位和其他组织等表述愿望、提出请求时使用的一种文书。申请书也是一种专用书信，它同一般书信一样，也是表情达意的工具。

（二）申请书的写作格式

申请书一般由标题、称谓、正文、结语和落款构成。

1. 标题。直接写"申请书"，或者事由加文种，如"入党申请书""调换工作申请书"等。

2. 称谓。接受申请书的单位、组织或有关领导。

3. 正文。首先提出要求，其次说明理由。理由要写得客观、充分，事项要写得清楚、简洁。

4. 结语。一般用"特此申请""恳请领导帮助解决""恳请领导研究批准"等来表达，也可用"此致敬礼"等礼貌用语。

5. 落款。个人申请要写清申请者姓名，单位申请写明单位名称并加盖公章，注明日期。

（三）申请书的体例展示

个人贷款申请书

中国银行河北省保定市白洋淀支行：

本人开源律师事务所执业律师，家庭平均月收入16000元，为购买（万佳房地产开发公司）开发的商品住房壹套，特向贵处申请住房按揭贷款肆拾柒万元，期限15年，并同意以所购房产抵押给贵行，作为偿还与贵行签订的借款合同项下借款保证；同意贵行通过人民银行个人征信系统查询本人信息，了解本人资信情况。本着诚实守信的原则，本人申明该套房产是家庭以贷款（不含公积金贷款）所购的第壹套住房。本人按照贵行要求在所在分（支）行开立了还款账户，账号为29207999801×××328，并保证在每期还款日和贷款到期日前足额存入当期还本付息项，同时授权贷款人于每月还款日和贷款到期日从该账户中扣收贷款本息（包括逾期利息及罚息）；如果更换还款账户，本人将及时提供新的账户资料；如果账户内资金不足并出现拖欠贷款现象，本人接受贵单位（行）的所有合法催收措施并自愿承担一切后果。

附件：身份证复印件

申请人（签字及手印）：×××
××××年××月××日

（四）申请书的写作注意事项

1. 内容要实事求是，合情合理。
2. 态度谦恭，语气诚恳。

三、写作训练

王某在某制鞋厂上班，入厂至今三个多月一直在面控部工作。由于工作量加大，时常加班，无法照顾刚出生的孩子，王某萌生调换工作部门的想法。请你根据王某的情况，代写一份部门调换申请书，内容自拟。

任务三　委托书

一、情境导入

李某大学毕业后，在深圳找到一份工作，想要将户口迁移至深圳，由于工作繁忙无法抽身前去办理，想委托自己的朋友何某代为办理。请你根据李某的情况代写一份委托书。

二、理论教学

（一）委托书的含义

委托书是委托他人代表自己行使自己的合法权益，委托人在行使权利时需出具的法律文书。委托人不得以任何理由反悔委托事项。

（二）委托书的写作格式

委托书一般有标准的格式，一般由标题、第三方名称、正文、委托人信息、受托人信息和日期构成。

1. 标题。一般命名为"委托书"，也可写为授权事项加文种，如"代理报关委托书""司法法医鉴定委托书"等。
2. 第三方名称。一般来说，向何人或何单位出具委托书，称呼就写某人或某单位。也有某些委托书，可不写第三方名称。

3. 正文。委托人（名称、职务等）委托受托人（名称，职务）代为办理某项工作，在某范围内发生的一切法律后果，均由委托人承担等。

4. 委托人信息和受托人信息。委托人和受托人的姓名和身份证号，涉及单位的，需加盖单位公章。

5. 日期。在右下角写下委托书签订的日期。

（三）委托书的体例展示

委托书

丰林县公安局橘子镇派出所：

  本人因工作繁忙，不能亲自到贵所办理户口迁移手续，兹授权委托林玲女士处理代办事项。受托人在授权范围内所签署的一切有关文件，我均承认。由此所造成的一切责任均由本人承担。

  委托人（签名或盖章）：李敏　　　　受托人（签名）：林玲
  委托人身份证复印件　　　　　　　　受托人身份证复印件

委托人：李敏
2015 年 12 月 26 日

毕业证代领委托书

委托人：张平强
身份证号：307261965×××0016　　电话：0732-2891×××
受托人：荣江海
身份证号：4230111973×××0316　　电话：0735-2317×××
委托原因及事项：

  本人因工作原因，无法亲自来校领取本人的毕业证书等毕业材料，本人特委托荣江海（身份证号：4230111973×××0316），代领本人的毕业证书等毕业材料。受委托人所代理领取行为经本人委托，合法有效。代为领取所产生之后果自负，代领过程中所发生的毕业证书、档案材料遗失等事项，责任自行承担。

  特此申明。

  委托期限：自签字之日起至上述事项办完，本人收到毕业证书、档案等资料为止。

附件：1. 委托人身份证复印件
　　　2. 受托人身份证复印件

委托人：张平强
2015 年 5 月 8 日

（四）委托书的写作注意事项

1. 代理人如为自然人的，身份证号码要写上。
2. 授权委托书要有法定代表人的签字。
3. 代理权限如为特别授权的，具体的授权权限要写清楚，如：有权起诉，代为承认、放弃、变更诉讼请求，提起财产保全，有权提起上诉、反诉、撤诉，进行调解、和解，签收法律文书等。

三、写作训练

陈某因个人原因，向公司递交了辞职信，交接完工作后立刻离开了公司所在的城市。由于当月的工资没有结清，陈某想委托公司同事方某代为领取。根据以上情况，请你代陈某写一份委托书，内容自拟。

任务四　建议书

一、情境导入

盛夏来临，彭某所在小区楼下饭店营业时间延长至深夜，喧嚣吵闹，垃圾成堆，臭气熏天。饭店的行为对小区环境造成了极大的污染，也对居民的生活造成了影响。请你根据上述情况，代彭某写一份建议书。

二、理论教学

（一）建议书的含义

建议书是指个人、单位或集体向有关单位或上级机关和领导，就某项工作提出某种建议时使用的一种常用书信。

建议书面对群体时，虽然也带有建议，但主要是宣传、鼓动对方去做，具有一定的号召性；建议书面对领导和有关部门时，一般是中肯地提出自己对对方工作的意见和自己的建议，没有要求对方去做的意思，不具有号召性。

（二）建议书的写作格式

一般由标题、称谓、正文、结语和落款构成。

1. 标题。通常只写"建议书"三个字，有时为了突出建议的具体内容，可以写《关于×××的建议书》。

2. 称谓。提出的建议希望得到哪些人的响应，称谓就写哪些人。

3. 正文。即建议的内容，先写这个问题是什么，再写提出建议的理由，最后写建议的具体内容。如果内容较多，可以分条写。

4. 结语。可写可不写，视具体情况而定。

5. 落款。在右下角写出建议人的姓名，即提出建议的团体的名称或个人的名字。日期则写在建议人姓名的下方。

（三）建议书的体例展示

关于保护城市环境的建议书

敬爱的市民们：

你们好！我是明德中学的一名高二学生。

我们生长在这个美丽而又富饶的地球上，是地球母亲给了我们一个温暖的家。然而，在此同时，我们却不顾后果地破坏各种资源，不但使他们不能再生，还造成了一系列的生态灾难。在大街上，乱扔垃圾的人比比皆是，还有一些不讲卫生的人随地吐痰，一个个细菌蔓延开来，使人胆战心惊。攀枝花近几年来，气温在逐渐上升，不再是冬暖夏凉之地，这还不是人们滥用电资源造成的?! 夏天，每家每户都开着空调，虽然解决了一时的危机，但给许多人都造成了危害。来到江边，江上漂浮着许多杂物，有罐头、水果皮、食品包装袋，甚至还有一些居民扔掉的剩饭和剩菜。大江也不是以前的模样了，在汽油的污染下，原本蓝色的海水变成了黑乎乎的了，见了使人害怕。这些汽油是渔民捕鱼时留下来的。唉，真是可怜了这江水！为此，我向您诚恳地提出以下建议：

1. 请让垃圾回到自己的家。乱扔垃圾不但影响市容，还污染了环境，请市民们不要乱扔垃圾，更不要扔到江边。

2. 建议市民们自己组织一个环保队，去寻找身边乱扔垃圾的人，并进行教育和提醒。

3. 建议市民们在马路周围多多植树，树会吸收二氧化碳吐出氧气，使空气更清新。

4. 建议渔民们使用一些好渔船，使汽油不会漏到海里去。

如今，创卫口号喊得响响的，可是这些不文明的举动却常常出现在我们身边，希望以后广大市民能够爱护、珍惜自然资源，让我们的地球母亲不再哭泣，焕发以前年轻美丽的容颜。

建议人：×××
2015 年 7 月 8 日

致校长的建议书

敬爱的校长：

您好！

转眼间三个春秋过去了，我即将要离开亲爱的母校，度过人生的另一个阶段。三年的时光，我和学校一起成长，有欢笑，也有泪水。在毕业之前，我想为母校的发展提几点建议：

1. 修建运动场。既能提升办学条件，又可美化校园环境。

2. 开放电脑室、实验室和图书室。既能拓宽学生自主学习的渠道，又能提升学院教育教学服务水平。

相信有此变化，学院的未来将会更加美好。以上便是我对学院提出的建议，恳请采纳！

祝您：

身体健康

工作顺利

××省××学院
××系××班×××
2015 年 11 月 18 日

（四）建议书的写作注意事项

1. 从实际出发，实事求是。

2. 内容具体、实在，具有可行性。

3. 语言精练。

三、写作训练

在生活中,你是否遇到过这些情况:周围的环境被污染,社区购物不方便,供少年儿童活动的场所太少,我们大学生,是社会的未来,我们每一个人都有责任、有义务向有关部门反映情况,提出自己的建议。为社会的进步做出贡献。针对社会某一方面存在的问题,请你写一份建议书。要求格式正确,内容自拟。

二　专业篇

模块四　财经应用文

项目一　财经应用文的识别能力训练

任务一　财经应用文基础知识

一、财经应用文的定义及分类

财经应用文是指在财经活动中经常使用的一种专业性应用文书，是国家机关、企事业单位、社会团体以经济现象及经济工作为反映对象，传播有关经济工作信息，为解决有关经济工作实际问题所采用的格式相对固定的专用文书的总称。

财经应用文按照性质不同一般可分三类。

一是规则制度与岗位职责类文书：固定资产管理制度、费用报销管理办法、会计人员岗位职责、会计主管岗位职责、财务总监岗位职责等。

二是资金运作常用文书：借款申请书、借款申请报告、银行借款担保函、银行资信证明、信用证申请书、借款合同等。

三是财务管理基本工具类文书：财务情况说明及分析、财务收支计划、年度财务预算、年度财务决算等。

二、财经应用文的写作要点

1. 财经应用文是为解决某个特定的经济问题或处理某项具体的经济工作而撰写的文种，它的内容同经济活动密切相关，是经济活动内容，特别是资金收支活动的反映和体现。财经应用文的撰写，必须措辞准确，避免产生歧义。例如，还欠款100万元，既可以理解为尚欠款100万元，又可以解读为偿还欠款100万元。如果是后者，则必须使用"偿还"或"归还"，一个字都不能省略。否则，将会带来巨大的麻烦。

2. 财经应用文大都有着固定的体式，带有一定的程式化特点。格式上要求简洁明了、准确、得体。

3. 财经应用文通常有明确的写作目标，以满足一定的经济活动需求为目的，有很强的实用性和针对性。

任务二　会计主管岗位职责

一、会计主管岗位职责的含义

我国会计法规定，各单位根据会计业务的需要设置会计机构，或者在有关机构中设置会计岗位，配备财务会计人员并指定会计主管人员。可见，会计主管是指未单独设置会计机构的小型单位的财务会计工作的具体负责人，是该单位会计工作的具体领导者和组织者。会计主管岗位职责是指对会计主管岗位的具体职责的详细规范。

二、会计主管岗位职责的写作格式

会计主管岗位职责一般由标题、正文和落款构成。其中，正文部分主要包括会计主管的主要工作范围、工作方法和要求等。具体包括：

1. 负责财务预算的编制、呈报及执行。
2. 组织单位会计核算及会计监督。
3. 有效地管理固定资产和资金运用。
4. 审核单位往来账和费用开支。
5. 做好会计账目、财务报表工作，并妥善保管会计凭证、账簿、报表及其他档案资料。
6. 审核会计凭证和上报的各种会计报表及纳税申报表。
7. 定期检查财务收支计划、费用预算的执行情况，监督检查单位所属各部门的财务活动。
8. 严格执行审批制度，按规定的开支范围和标准报销费用。
9. 负责单位财务人员的业务培训和考核监督。
10. 定期汇总单位的经济运作情况，向单位主要负责人提出合理化建议，并完成领导交办的其他工作。

三、会计主管岗位职责的体例展示

会计主管岗位职责
1. 按照会计制度及有关规定，结合本企业的具体情况，组织制定本企业的具体会计核算制度及实施办法，经批准组织执行；
2. 检查各项财务制度的执行情况，对出现的问题及时制止、纠正；
3. 组织会计人员及时准确地进行企业有关业务的会计核算、决算工作；
4. 审核相关报表，确保财务报告的准确性，并按时提交；
5. 根据权限审批相关的费用支出；
6. 协调各岗位间的核算关系，负责期末结账、财务成果核算、总账与分类账对账工作，编制财务会计报表；
7. 编写财务情况说明书，分析财务状况和经营成果，为管理层提供经营决策分析。 　　　　　　　　　　　　　　　　　　　　　　　　凯利贸易有限公司 　　　　　　　　　　　　　　　　　　　　　　　　2015 年 7 月

任务三　财务总监岗位职责

一、财务总监岗位职责的含义

财务总监，亦叫首席财务官，简称 CFO（Chief Financial Officer），它是现代公司中最重要、最有价值的顶尖管理职位之一。财务总监岗位职责是对财务总监岗位的具体职责的规范。

二、财务总监岗位职责的写作格式

财务总监岗位职责包括标题、正文和落款三部分。其中，正文部分主要包括财务总监的职权、责任、工作范围、工作方法以及要求等。具体来说，它主要体现管理体制和机制，与董事会和管理层的关系，财务运作和会计工作的内容等。

1. 在董事会和总经理领导下，总管公司会计报表、企业预算体系建立、企业经营、计划、企业预算编制、执行与控制工作。

2. 组织协调企业财务资源与业务规划的匹配运作，公司财务战略规划的制定与实施。

3. 负责制定公司利润计划、投资计划、财务规划、开支预算或成本费用标准。

4. 建立健全公司内部核算的组织、指导和数据管理体系以及会计核算和财务管理的规章制度。

5. 建立企业内部控制制度，完善财务治理、公司财务控制和会计机构，对会计人员实施有效管理。

6. 负责现金流量管理、营运资本管理及资本预算、企业分立或合并相关财务事宜、企业融资管理、企业资本变动管理（管理者收购、资本结构调整）等。

7. 会同经营管理部门开展经济活动分析，组织编制公司财务计划、成本计划，努力降低成本、增收节支、提高效益。

8. 监督公司遵守国家财经法令、纪律和董事会决议。

9. 负责与政府财税部门联系，落实财税政策。

10. 完成董事会和总经理交办的其他工作。

三、财务总监岗位职责的体例展示

财务总监岗位职责
1. 负责公司财务管理整体战略，包括会计管理、财务计划、财务程序、财务成本控制等；
2. 建立、健全财务管理体系，对财务部门的日常管理、年度预算、资金运作等进行总体控制；
3. 负责融资渠道的发掘、维护，投资项目的前期规划；
4. 对公司税收进行整体筹划与管理；
5. 监督资金的运用及合理调度，提高资金使用效益。
广州曙光科技有限公司 2015 年 2 月

任务四　借款合同

一、借款合同的含义

借款合同是借款人向贷款人借款,到期返还借款并支付利息的合同。其中,提供货币的一方称贷款人,受领货币的一方称借款人。

二、借款合同的写作格式

借款合同一般由标题、正文和落款构成。

1. 标题。一般命名为"借款合同"或"××借款合同"。

2. 正文。

(1) 左上方一般有贷款方(乙方)、借款方(甲方)在抵押(质押)、担保方式下,借款合同左上方往往还有保证方。

(2) 借款种类。

借款种类主要是按借款方的行业属性、借款用途以及资金来源和运用方式进行划分的。一般情况下,它指的是银行账号借款合同。否则,一定要注意其是否合法。如果借款利率超过法定标准,则不受法律保护。借款合同一定要写明借款种类,它是借款合同必不可少的主要条款。

(3) 借款币种、借款用途、借款数额、借款利率、借款期限、还款方式、违约责任、落款及成文日期。

3. 落款。正文左下方一般署名借款人(甲方)、签字盖章、签约日期。右下方署名贷款人(乙方),有的还署名地址、电话号码。

三、借款合同的体例展示

中国建设银行借款合同

借款方：郴州造船厂

法定代表人：陈宏

地址：北湖路 48 号

贷款方：中国建设银行仰天湖支行

地址：北湖路 12 号

根据国家法律规定，借款方为进行基本建设所需贷款，经贷款方审查发放。为明确双方责任，恪守信用，特签订本合同，共同遵守。

第一条　借款用途：用于扩建厂房

第二条　借款金额：借款方向贷款方借款人民币叁拾万元整（大写）

第三条　借款利率：自支用贷款之日起，按实际支用数计算利息，并计算复利。在合同规定的借款期内，年息为 5%。借款方如果不按期归还贷款，逾期部分加收利率 20%。

第四条　借款期限：借款方保证从 2008 年 1 月起至 2010 年 12 月止，就国家规定的还款资金偿还全部贷款。贷款逾期不还的部分，贷款方有权限追回贷款，或者商请借款单位的其他开户银行代为扣款清偿。

第五条　因国家调整计划、产品价格、税率等原因，需要变更合同条款时，由双方签订变更合同的文件，作为本合同的组成部分。

第六条　贷款方保证按照本合同的规定供应资金。因贷款方责任未按期提供贷款，应按违约数额和延期天数，付给借款方违约金。违约金的计算与银行规定的加收借款方的罚息计算相同。

第七条　贷款方有权检查、监督贷款的使用情况，了解借款方的经营管理、计划执行、财务活动、物资库存等情况。借款方应提供有关的统计、会计报表及资料。

借款方如果不按合同规定使用贷款，贷款方有权收回部分贷款，并对违约使用部分按照银行规定加收罚息。借款方提前还款的，应按规定减收利息。

第八条　本合同条款以外的其他事项，双方遵照《中华人民共和国合同法》的有关规定办理。

第九条　本合同经过签章后生效，贷款本息全部清偿后失效。本合同一式五份，签章各方各执一份，报送主管部门、总行、分行各一份。

借款方：　　　　　　（盖章）　　　贷款方：　　　　　　（盖章）

代表人：　　　　　　　　　　　　　代表人：

2007 年 12 月 20 日　　　　　　　　2007 年 12 月 20 日

任务五　银行借款担保函

一、银行借款担保函的含义

指第三人为债务人做担保而向银行出具的保证函。担保函的担保人根据法律规定必须承担相应的法律责任。担保是指法律为确保特定的债权人实现债权，以债务人或第三人的信用或者特定财产来督促债务人履行债务的制度。担保包括保证、抵押、质押等行为。

二、银行借款担保函的写作格式

银行借款担保函一般由标题、正文、落款和成文日期构成。

1. 标题。一般命名为"担保函""××担保函"。

2. 正文。一般包含借款金额、借款期限、担保第三方承诺、担保范围以及担保有效期。

3. 落款及成文日期。担保函最后必须由担保人签字，下方署名成文日期。

三、银行借款担保函的体例展示

[示例一]（中英文对照）

阿拉伯银行新加坡分行：

日期：2010 年 6 月 7 日

Re：展期协议

敬启者：

针对担保函 LG9700058-95，我们修改如下：

1. 将未结清的 250 万美元的有效期限，在原先的基准日期上，再延长 36 个月。

2. 将原先契约书中关于利率浮动幅度的条款（A）删除，并重新设定为 1.15%。

3. 其他事项保持不变。

上述法律费用和风险将由华光酒店负担。

致以最亲切的问候

深圳华光酒店

总经理李坪沙先生

To: Arab Bank Plc Singapore Branch

Date: 7th June, 2010

Re: Amendment Extension Agreement

Dear Sirs:

Refer to our letter of Guarantee LG 9700058-95, We amend it as follows:

1. We extend the USD2,500,000 of the outstanding to be valid thereon on the date falling ninety-six (96) months from the date of the advance.

2. The Margin in Clause (A) of the Facility Agreement shall be deleted and shall be replaced by 1.15 percent.

3. Others remain unchanged.

The above legal expenses and risks herein would be burdened by our Hotel.

Best Regards

Mr. Ping Sha Li

General Manager

Huaguang Hotel, Shenzhen.

[示例二]

申请保函延期的报告

中国银行广东省分行:

　　为筹措酒店二期工程建设资金,由贵行担保,2005年10月18日我店与阿拉伯银行新加坡分行签约借入外债350万美元。几年来双方合作良好,按时付息,并于去年依约归还了本金100万元。为提高酒店竞争力,今年我店将再斥资数千万元资金用于客房更新改造。为缓解资金压力,经与阿拉伯银行协商同意,拟将我店所欠贷款余额250万美元延期三年归还。为此,特向贵行申请开具展期履约保函。根据贵行要求,我店现已办妥有关物业抵押手续。经与阿拉伯银行新加坡分行协商,我酒店同意该行展期协议有关条款，保证按期还本付息，其中2011年底归还50万元美元，2012年底归还50万元美元，2013年底归还150万美元。在担保期内，一旦发生本保函项下的索赔，考虑到保函付款条件为见索即付，我店不可撤销地授权贵行主动扣划我店任何账项直至索赔金额并对外赔付。不足部分我店保证在三个银行工作日内补足，存入贵行指定账户。我店自愿放弃一切抗辩权利。本担保项下发生的一切费用和有关法律责任概由我店承担。

深圳华光酒店
2000年6月7日

任务六　银行资信证明

一、银行资信证明的含义

资信证明业务指银行接受客户申请，在银行记录资料的范围内，通过对客户的资金收支记录及相关信息的收集整理，以对外出具资信证明函件的形式，证明客户信誉状况的一种咨询见证类中间业务。其英文称呼为Bank Letter。

二、银行资信证明的写作格式

银行资信证明一般由标题、正文、落款和成文日期构成。

1. 标题。一般命名为"银行资信证明"。
2. 正文。一般包括以下内容：
（1）接受方。如招标单位。
（2）开户公司名称。
（3）开户日期。
（4）账号。
（5）账户性质。如一般账户。
（6）开具日期。如2009年12月1日。
（6）编号。
（7）说明。如开户公司自开户日起至开具前一个工作日内，结算无不良记录。
3. 落款和成文日期。署银行名称（盖章）和成文日期。

三、资信证明的体例展示

资信证明书

编码：A2023700040007　　　　日期：2015／11／6

佛山市顺德区名派办公家具制造有限公司委托我行对其资信状况出具证明书，经确认具体情况如下：该单位在中国工商银行广东省分行顺德龙江支行开立结算账户，账号201501519201006892，自2015年2月14日起到2015年11月16日止，该账户资金往来中，未发生违反我行结算纪律情况。仅此证明，下无正文。

中国工商银行广东省分行

行（部）（章）

负责人或授权代理人（签名）：李路安

证明人声明：

1. 我行（部）只对本证明书所指明期间内，被证明人在我行（部）偿还贷款及利息、资金结算和执行结算纪律情况的真实性负责。我行（部）对本证明书所指明期间之前或之后上述情况发生的任何变化不承担责任。

2. 本证明书只用于前款特定用途，不得转让，不得作为担保、融资等其他事项的证明。

3. 本证明书为正本，只限送往证明接受人，涂改、复印无效。我行（部）对被证明人、证明书接受人运用本资信证明书产生的后果，不承担任何法律责任。

4. 本证明书经我行（部）负责人或授权代理人签字并加盖公章后方能生效。

6. 本证明书适用中华人民共和国法律。

7. 本证明书的解释权归我行（部）所有。

任务七　财务情况分析报告

一、财务情况分析报告的含义

财务情况分析报告是反映一个单位财务状况和经营成果的一种财经文书，也是财务报表分析的主要内容之一。它主要是对公司目前资产、负债和所有者权益的各个方面进行评价，分析企业资产结构、债务结构、变现能力、偿债能力、资本保值增值能力和现金流量，为投资者、债权人、国家有关政府部门以及其他相关单位提供财务信息。

二、财务情况分析报告的写作格式

从财务情况分析报告的内容来看，它包括标题、正文两个部分。其中，正文部分一般包括说明、分析、评价、建议四个部分。分析部分主要是针对企业偿债能力、企业盈利能力、企业营运能力、企业成本费用的分析。财务分析的主要方法有：比率分析法、比较分析法、因素分析法。

从财务情况分析报告的写作要求来讲，它突出体现如下特点：一是文字与数字相结合。二是语言准确简练，言之有物。

三、财务情况分析报告的体例展示

南海工贸有限公司财务情况分析报告

南海工贸有限公司简称南海公司，注册资金108万元，主要从事生产、销售A、B两种产品，该公司主要的销售业务在国内，同时也具有外贸权，公司共计管理人员及职工150人。截至2008年12月31日，南海公司总资产为3774962.00元，公司总资产构成为：流动资产1195322.21元，可供出售金融资产359140.00元，长期股权投资30000.00元，固定资产净值1772901.68元，无形资产68570.63元，其他资产79027.48元。其中流动资产主要构成内容如下：货币资金176152.07元，交易性金融资产314400.00元，应收票据45000.00元，应收账款402499.10元，其他应收款17432.00元，存货439839.04元。从以上数据我们可以计算出：应收账款周转次数为13.12次，应收账款周转天数为27.82天。南海公司存货周转次数较大，周转天数较短，表明主业存货结构合理，质量较高，超储积压现象较少。负债情况：截至2008年12月31日，南海公司负债总额为2437783.19元，主要构成为：短期借款1930000.00元，应交税费97002.41元，应付票据27160.00元，应付利息4500.00元，应付账款144986.00元，其他应付款9980.00元，应付股利145786.00元，递延所得税负债13600.00元，应付职工薪酬64768.14元。根据以上数据可以计算出：流动比率为0.49，速动比率为0.39。南海公司流动比率、速动比率都较低，表明企业偿还短期债务的能力偏低。

2008年南海公司全年经营情况：营业收入3504100.00元，营业成本753646.00元，营业税及附加29539.50元，资产减值损失21800.00元，价值变动净收益60415.00元，所得税59584.00元，销售费用114712.00元，管理费用359751.02元，财务费用698581.13元，营业利润269884.75元。营业外收入16280.00元，营业外支出24129.00元，利润总额262035.75元，净利润202481.45元。根据以上数据，我们来进行盈利能力分析：销售利润率为6%，销售营业利润率为6%，净资产收益率为15%，实收净资产收益率为18%，总资产利润率为5%。

从以上计算数据可以看到，南海公司销售利润率、销售营业利润率、净资产收益率都偏低，企业盈利能力偏低，实收净资本收益率、总资产利润率也偏低，说明企业投入获得的收益不理想。

从以上分析，我们可以看出南海公司虽然应收账款周转次数、存货周转次数较高，但短期偿债能力、盈利能力都偏低，说明企业销售额不高，营业利润也不高，生产销售有些保守。建议南海公司今后工作中应扩大生产，提高销售量，降低成本，提高营业利润。

任务八　财务收支计划

一、财务收支计划的含义

财务收支计划是指根据预算或者有关的计划，结合所在单位的有关情况编制的，用以确定一定时期内资金筹集、运用和分配的打算。合理编制和有效实施财务收支计划，是单位有计划地筹集和分配资金的主要手段，是单位做好资金运作和管理的常用工具。

二、财务收支计划的写作格式

财务收支计划书一般有两种形式：一是采用文书形式，二是采用表格形式。

（一）文书形式的财务收支计划

1. 标题。说明财务收支计划的制订单位和实施时间。
2. 正文。包括引文、生产经营指标、财务指标、完成计划的措施等。
3. 落款。计划编制单位或部门，计划制定的时间。

（二）表格形式的财务收支计划

通常使用收入项目和支出项目两大类，并对它们做出合计。除编制表格外，有时还附加简要的文字说明，如计划编制依据、指标变化原因以及增收节支、实现计划的措施等。

三、财务收支计划的体例展示

[示例一]

西光信用社 2015 年财务收支计划

根据《广济市市郊农村信用合作联社 2015 年度工作意见》的相关精神，我社将切实转变经营观念，端正经营方向，服务"三农"，认真贯彻市郊联社"统一核算、分级管理、监督制约、量入为出、分配挂钩、勤俭办社"的财务管理办法，降低核算成本，提高收益。我社认真制定了全年财务收支计划，并按照收支配比原则，将全年收支计划分解到月。具体措施如下：

一、利息收入。全年计划利息收入确保 150 万元，力争 235 万元，赶超 320 万元，已分解到人。针对我社实际情况，要增加利息收入，就必须克服畏难情绪，一是加大力度清收不良贷款，盘活存量，以此增加利息收入；二是严格执行贷款按月（季）结息制度，贷款余额在三万元以上的必须坚持按月结息，确保利息收入均衡增长；三是扩大有效贷款投放，增加黄金客户营销，降低贷款风险，抓好增量贷款利息收入；同时严格执行贷款利率政策规定，严格执行加罚息制度，杜绝降低利率以及缓收、减免利息。

二、全年计划中间业务收入 16 万元，已分解到人。第一季度计划收入 1.5 万元，第二季度计划收入 8 万元，第三季度计划收入 12 万元，第四季度计划收入 16 万元。要大力宣传，拓宽收入渠道和品种，增加中间业务收入。首先，加强"安贷宝"代理业务的办理，防范信贷业务意外风险，同时也增加代理业务手续费收入；其次，加强通存通兑业务和银行卡业务宣传，增加汇兑、农民工卡等业务的办理，方便客户，增加中间业务收入。

三、营业费用。联社根据收支配比原则给我社制定了四项费用，全年限额控制 22500 元，其中邮电费 3500 元，水电费 12000 元，公杂费 4000 元，差旅费 3000 元。我社对各项开支应本着勤俭节约、收支配比的原则，提倡艰苦奋斗、勤俭办社的精神，坚决杜绝不合理、不需要的费用支出，严格控制四项费用的开支，按照联社《财务管理暂行办法》的规定，节支奖励，超支自付，反对铺张浪费。

四、全年财务收支计划。全年财务收支计划已分配到月、到人，我们将根据考核办法，严格考核，增收节支，将费用控制在联社核定的限额内，争取全面完成各项业务收入计划，提高综合效益，促进各项业务快速发展。

西光信用社
2015 年 1 月 7 日

[示例二]

华光酒店财务收支计划
2016 年第二季度

项　　目	金额（人民币万元）	说　　明
一、期初结余	3600	
1. 银行存款	3250	
2. 其他（包括库存现金、有价证券等）	350	
二、本期收入		
1. 本期经营活动预计净现金流量	2900	
2. 本期新增银行借款	3000	从华融湘江银行借入
3. 本期收回长期投资	1600	
小　计	7500	
三、本期支出		
1. 本期归还到期银行借款	3800	
2. 本期新增对外投资	900	收购永光旅行社股权
小　计	4700	
四、期末结余	6400	

任务九　年度财务预算

一、年度财务预算的含义

年度财务预算是单位或部门在充分考虑现有状况，参照历史资料，根据未来发展的需要，对今后一年要进行的一项活动或要实施的一个项目的财务收入和支出情况进行预先的匡算。财务预算是为现代企业的发展做好战略规划和决策的重要环节。

二、财务收支计划的写作格式

年度财务预算一般由标题、正文、落款和成文日期构成。

1. 标题。

一般由单位、时限、文种构成，如"××2015年财务预算报告"。

2. 正文。通常包括：

（1）称谓。顶格写在标题的下一行。如"各位代表""各位股东""局财政处"等。

（2）前言。编制财务预算的概况总述。主要写编制预算的根据，总收入和总支出的情况及各项收入和支出。

（3）主体。主要写预算编制的具体说明和完成预算的措施。主体部分实际上是财务预算前言部分的具体展开和深化。要写出各项数据编制的依据，要说明增加和减少的原因，要提出完成预算的具体措施。

（4）结尾。一般作总的表态，并写"以上预算，请予审议"类似的字样。如开头已写，结尾不再重复。

3. 落款和成文日期。写明制定预算的组织名称和日期。

三、年度财务预算的体例展示

中原特钢：2015年度财务预算报告

公告日期 2015/04/10

中原特钢股份有限公司（以下简称"公司"）对2015年的预算工作进行了认真的研究和部署，编制形成2015年度财务预算报告。本财务预算报告并不代表公司对

2015年度的盈利预测，能否实现取决于市场状况变化、经营团队的努力等多种因素，存在很多的不确定性，请投资者特别注意。

一、预算编制基础

（一）预算报表合并范围

2015年度财务预算涵盖范围包括：公司本部及其下一级子公司。财务预算报表合并范围包括：母公司和一个全资子公司（河南兴华机械制造有限公司）两级，无未纳入合并报表范围的子公司，预算期内合并报表范围未发生变化。

（二）预算的编制依据

公司结合2014年生产经营完成情况，在客观分析2015年宏观经济形势及行业发展趋势的基础上，经过认真的研究讨论，编制完成了公司2015年度财务预算。

1. 宏观经济形势的分析与判断

从国际看，世界经济总体复苏疲软态势难有明显改观；低附加值产品贸易摩擦频发，要求企业必须加大力度拓展高附加值产品的海外市场。从国内看，"三期"叠加，新常态伴随经济增速放缓、发展方式转向、经济结构深度调整、发展动力转向，要求企业必须更加注重综合效益的提升、探索新的经营模式。从行业看，全行业微利运行局面短期难以改善，行业两极分化速度加快，博弈市场的利器是结构调整、产品创新、质量提升、管理创新的程度和速度。从自身看，主导产品进入成熟期，遭遇激烈的市场竞争。

同时，面对世界经济疲软和国内经济下行压力，中央明确将继续实施积极的财政政策和稳健的货币政策，继续实施区域发展总体战略，将进一步加大军工、铁路、风电等基建投资，并支持国有企业以"发展混合所有制""完善现代企业制度"为方向深化改革。

2. 主要产品市场预测分析

（1）石油钻具

a. 市场趋势：受国内外开发石油和页岩气的影响，石油钻具产品市场需求将趋于平稳，其中无磁钻具在大规模的定向井和水平井的技术使用中将有大幅增长。但钻具产品生产能整体依然过剩，竞争依然十分激烈。

b. 价格趋势：近年来，中石油和中石化石油钻具通过采购招标后价格均呈下降趋势，每年下降4%左右。

（2）铸管模

a. 市场趋势：随着城镇供水管网的全面建设，铸管模市场需求将会稳中有升。由于管模生产已经没有加工瓶颈和大规格挤压管的出现，致使管模市场处于低价竞争状态。

b. 价格趋势：由于钢铁行业的价格低迷，铸铁管厂家为保利润压低采购成本，预计 DN1200 以下管模价格会小幅下降，DN1400 以上管模市场价格将维持在合理区间。

（3）限动芯棒

a. 市场趋势：芯棒市场竞争更加激烈，国内钢管厂产能下降，并且芯棒堆焊技术的成熟导致新芯棒需求量无明显增加；国内芯棒生产商逐步向国际市场拓展，欧元持续贬值，芯棒采购向欧洲转移，加剧了市场竞争。

b. 价格趋势：国内市场低价竞争、国外竞争加剧，加之欧元贬值的影响，价格竞争更加激烈，预计 2015 年芯棒价格将有 5%~10% 的降幅。

（4）精锻件类产品

a. 市场趋势：市场竞争激烈，国内需求低迷。其中石油机具、冶金轧辊行业需求相对稳定，其他如煤机、电站、塑机、化工等重点行业的需求仍处于下滑趋势中。国际市场受国内钢铁价格下降的影响，竞争更加激烈，尤其是小规格锻件受轧材冲击严重。

b. 价格趋势：根据当前钢铁行业仍处于供大于求的形势，招标、比价采购模式被越来越多的厂家采用，预计 2015 年销售均价将有 5% 左右的降幅。

（5）连铸坯

a. 市场趋势：高洁净钢立式连铸大圆坯铸机特别针对弧形连铸机不能连铸的易裂、不易弯曲矫直的特钢高端产品设计建造。经过前期调研，国内适于立式铸机生产的高端特钢产品市场总量在 100 万吨/85 亿元左右，目前多为模铸生产，其中约占市场总量 1/4 的高端轴承用钢、高压锅炉管钢、模具钢需进口。高洁净钢项目投产后公司可生产立式连铸大圆坯，由此替代模铸抢占国内市场，并替代进口进行市场开发。

b. 价格趋势：受到原材料价格变化的影响，连铸坯的价格有进一步下调的趋势，但高端连铸坯还存在着较大的利润空间。

3. 主要原材料采购预测分析

根据 2014 年市场价格变动情况和供求状况，预计 2015 年随着国内稳增长政策措施逐步发挥作用，需求可能出现微增。但钢铁行业受产能过剩的影响，难有大的起色，供大于求带来钢材价格继续低位运行。

2015 年预计公司主要材料价格将延续 2014 年的弱势低位运行，同时不排除部分材料价格触底反弹的可能性。

二、主要经营指标预算说明

通过对影响公司发展的内、外部形势和生产经营中可能出现的有利、不利因素进行认真分析，2014年主要经营指标预算如下：营业收入160 000万元，利润总额2 000万元。详见以下预算利润简表：

单位：万元

项　目	2015年预算	2014年实际	增减比率（%）
一、营业总收入	160 000.00	121 850.18	31.31
其中：主营业务收入	159 000.00	116 966.50	35.94
二、营业总成本	161 835.12	128 514.80	25.93
其中：主营业务成本	136 460.30	100 988.08	35.13
营业税金及附加	234.82	278.18	-15.59
销售费用	4 295.00	4 308.41	-0.31
管理费用	17 200.00	16 023.01	7.35
财务费用	2 285.00	1 581.45	44.49
资产减值损失	460.00	865.49	-46.85
投资收益	650.00	667.18	-2.58
三、营业利润	-1 185.12	-5 997.43	80.24
加：营业外收入	3 246.00	1 618.05	100.61
减：营业外支出	60.88	89.57	-32.03
四、利润总额	2 000.00	-4 468.95	144.75

1. 收入预算说明

由于行业竞争的加剧，预计2015年产品价格在2014年的价格水平上小幅下降或基本维持。2015年预算营业收入160 000万元，较2014年121 850.18万元增加31.31%，其中主营业务收入159 000万元，较2014年116 966.50万元增加35.94%。2015年度主要产品收入预算明细如下：

单位：万元

产品类别	2015年预算	占比（%）	2014年完成	占比（%）	同比变动（%）
1. 石油钻具	33 800.00	21.26	23 514.00	20.10	43.74
2. 铸管模	16 500.00	10.38	12 243.00	10.47	34.77
3. 限动芯棒	17 000.00	10.69	13 092.00	11.19	29.85
4. 精锻件类等产品	42 100.00	26.48	60 622.00	51.83	−30.55
5. 风机轴	10 000.00	6.29	7 496.00	6.41	33.40
6. 连铸坯	39 600.00	24.91			
合　计	159 000.00	100.00	116 967.00	100.00	35.94

2. 成本费用预算说明

2015年预算成本费用占营业收入的比重为100.86%，较2014年的104.76%降低3.9%。预算期间费用为23 780万元，较2014年21,913万元增加1 867万元，其中：管理费用中的研发费用增加614万元，财务费用中利息支出增加784万元。期间费用占营业收入比重为14.86%，较2014年占比17.98%下降3.12%。

3. 利润预算说明

2015年度利润总额预算为2 000万元，较2014年增加6 469万元，增幅144.75%。其中：营业收入增加和毛利率上升增加利润5 726万元，期间费用增加降低利润1 867万元，营业外收入增加增加利润1 628万元。

特此报告。

中原特钢股份有限公司董事会

2015年4月10日

任务十　年度财务决算

一、年度财务决算的含义

年度财务决算是单位或部门在参照原先的预算基础上，对本单位或部门一年已进行的一项活动或已实施的一个项目的财务收入和支出情况进行核算。财务决算是对已发生的经济活动的总结和归纳。

二、年度财务决算的写作格式

年度财务决算一般由标题、正文、结尾、落款和成文日期构成。

1. 标题。一般是单行式标题，由单位、时限、文种构成，如《××股份公司2014年度财务决算报告》。有的单位前加上"关于"两字，如《关于××股份公司2014年度财务决算的报告》。

2. 正文。（1）称谓。顶格写在标题的下一行，如："各位代表""各位股东""局财务处"等。

（2）前言。一般写决算的总体状况，要求开门见山，运用对比分析方法，对单位财务状况总貌进行说明，如："2014年，××公司销售收入达到××万元，较2013年增长40%，较计划提高25%；实现利润××万元，较2013年增长50%，较计划提高30%"。

（3）主体。在内容安排上，一般包括主要指标完成情况、对指标的分析和相应措施三个部分。可以将这三个部分分开来写，也可以将销售收入、利润情况等几个主要的财务指标并列，每一个指标都按指标完成情况、对指标的分析来写，最后再总写措施。指标分析要突出重点，要运用对比分析、因素分析、综合分析等多种方法。措施要有针对性，要简明扼要。

（4）结尾。财务决算的结尾可以写今后的努力方向，并加上"以上报告请各位股东审议"等字样，也可写完主体即自然收束。

3. 落款和成文日期。写明单位名称和日期。

三、年度财务决算的体例展示

华灿光电股份有限公司2014年度财务决算报告

2014年在公司董事会的领导下,通过公司管理层与全体员工的共同努力,公司全年实现销售收入70 608.16万元,比上年同期增长了123.30%;净利润9 090.62万元,比上年同期增长了1 155.01%。现根据2014年财务数据编制2014年财务决算报告。报告如下:

一、财务状况

单位:万元

序号	项目	2014-12-31	2013-12-31	增减
一、资产				
1	总资产	377 855.8	246 570.26	53.24%
2	流动资产	139 734.42	77 015.10	81.44%
3	应收账款	41 220.05	27 036.06	52.46%
4	固定资产	203 409.44	94 359.58	115.57%
二、负债				
1	负债合计	201 040.70	78 845.71	154.98%
2	流动负债	109 145.90	55 338.98	97.23%
3	短期借款	18 939.53	32 738.99	42.15%
4	应付账款	44 913.93	19 460.50	130.80%
5	长期借款	75 692.03	21 461.09	252.69%
三、所有者权益				
1	所有者权益合计	176 815.17	167 724.55	5.42%
2	股本	45 000.00	30 000.00	50.00%
3	资本公积	104 387.20	119 387.20	-12.56%
4	盈余公积	2 104.69	1 748.68	20.36%
5	未分配利润	25 323.28	16 588.67	52.65%

二、经营成果

单位:万元

序号	项目	2014年		2013年		增减
		金额	占收入	金额	占收入	
1	营业收入	70 608.16	100.00%	31 620.25	100.00%	123.30%
2	营业成本	49 984.06	70.79%	30 655.40	96.95%	63.05%
3	销售费用	1 365.63	1.93%	750.02	2.37%	82.08%
4	管理费用	10 202.66	14.45%	10 582.05	33.47%	-3.59%
5	财务费用	5 755.93	8.15%	158.01	0.50%	3 542.81%
6	利润总额	10 706.96	15.16%	1 026.95	3.25%	942.59%
7	所得税费用	1 616.34	2.29%	1 888.62	5.97%	-14.42%
8	净利润	9 090.62	12.87%	-861.66	-2.73%	1 155.01%
9	归属于母公司股东的净利润	9 090.62	12.87%	-861.66	-2.73%	1 155.01%
10	基本每股收益(元)	0.20		-0.03		1 100.00%

三、现金流量情况

单位:万元

序号	项目	2014年	2013年
1	经营活动产生的现金流量净额	-12 992.69	7 188.68
2	投资活动产生的现金流量净额	-62 167.56	-78 353.21
3	筹资活动产生的现金流量净额	73 322.43	48 710.61
4	现金及现金等价物净增加额	-1 749.56	-22 537.68

四、所有者权益变动情况

单位：万元

序号	项目	2014年期末	2013年期末	变动
1	所有者权益合计	176 815.17	167 724.55	5.42%
2	股本	45 000.00	30 000.00	50.00%
3	资本公积	104 387.20	119 387.20	−12.56%
4	盈余公积	2 104.69	1 748.68	20.36%
5	未分配利润	25 323.28	16 588.67	52.65%

五、主要财务指标

序号	指标范围	主要指标	2014年	2013年
1	偿债能力	资产负债率	53.21%	31.98%
2		流动比率	1.28	1.39
3		速动比率	0.93	1.10
4		利息保障倍数	3.26	2.75
5	发展能力	总资产增长率	53.24%	32.68%
6		销售增长率	123.30%	−4.19%
7		净利润增长	1155.01%	−109.87%
8	盈利能力	销售利润率	15.16%	3.25%
9		全面摊薄净资产收益率	5.14%	−0.51%
10		全面摊薄净资产收益率（扣除非经常性损益）	0.91%	−6.59%
11		基本每股收益（元）	0.20	−0.02
12		基本每股收益（扣除非经常性损益）	0.04	−0.25

13	经营效率	应收账款周转率（次）	2.07	1.25
14		存货周转率（次）	1.84	1.88
15		总资产周转率（次）	0.23	0.15
16	现金能力	每股经营活动产生的现金流量（元）	-0.29	0.24
17		每股净现金流量（元）	-0.04	-0.75
18	其他	每股净资产（元）	3.93	5.59

华灿光电股份有限公司董事会
2015 年 3 月 16 日

任务十一　财务情况分析说明书

一、财务情况分析说明书的含义

财务情况分析说明书是对单位一定会计期间内财务、成本等情况进行分析总结的书面文字报告。财务报告说明书全面提供企业和其他单位生产经营、业务活动情况，分析总结经营业绩，指出存在的问题及不足。它是财务会计报告使用者，特别是单位负责人和国家宏观管理部门了解和考核各单位生产经营和业务活动开展情况的重要资料。

二、财务情况分析说明书的写作格式

企业财务情况分析说明书一般由标题和主体构成，其中标题由单位名称和文种构成，主体包括：

（一）企业的生产经营情况

1. 企业主营业务范围和附属其他业务，纳入年度会计决算报表合并范围内企业从事业务的行业分布情况；未纳入合并的应明确说明原因；企业人员、职工数量和专业素质的情况；报表编报口径说明。

2. 本年度生产经营情况，包括主要产品的产量、主营业务量、销售量（出口额、进口额）及同比增减量，在所处行业中的地位，如按销售额排列的名次；经营环境变化对企业生产销售（经营）的影响；营业范围的调整情况；新产品、新技术、新工艺开发及投入情况。

3. 开发、在建项目的预期进度及工程竣工决算情况。

4. 经营中出现的问题与困难以及需要披露的其他业务情况与事项等。

（二）利润的实现和分配情况

1. 通过计划数与上年实际数对比说明本年利润的实现情况。

2. 计算销售净利率、总资产报酬率、净资产收益率等财务比率来说明企业的获利能力。

3. 根据有关财务法规和制度、企业章程说明利润分配的合理性。

（三）资金增减和周转情况

通过企业资产、负债和资本的增减变动情况，了解企业资金来源和运用情况，判断是否合理和科学，风险程度如何。同时，对资金的使用情况还可通过一些比例来考核，如存货周转率、应收账款周转率、总资产周转率。

（四）偿债能力情况

通过流动比率和资产负债率来考核。

（五）税金缴纳、税负、毛利率情况

说明依法纳税情况，如应纳税款、已纳税款、税款减免等情况和原因，反映企业对我国税法和有关法规的遵守情况。

（六）所有者权益（或股东权益）增减变动情况

1. 会计处理追溯调整影响年初所有者权益（或股东权益）的变动情况，并应具体说明增减差额及原因。

2. 所有者权益（或股东权益）本年初与上年末因其他原因变动情况，并应具体说明增减差额及原因。

3. 所有者权益（或股东权益）本年度内经营因素增减情况。

4. 对国有资本保值增值产生影响的主要客观因素情况及增减数额。

（七）报表附注情况

1. 报表编制基础是否根据持续经营原则编制。

2. 遵循企业会计准则全部或部分的说明。

3. 重要会计政策的说明，包括财务报表项目的计量基础（历史成本、可回收金额还是公允价值）和会计政策的确定依据等。

4. 重要会计估计的说明，包括下一会计期间内很可能导致资产、负债账面价值重大调整的会计估计的确定依据等。

5. 会计政策和会计估计变更以及差错更正的说明。

6. 对已在资产负债表、利润表、现金流量表和所有者权益变动表中列示的重要项目的进一步说明，包括终止经营税后利润的金额及其构成情况等。

7. 或有事项及承诺，资产负债表日后非调整事项、关联方关系及其交易等需要说明的事项。

8. 在资产负债表日后、财务报告批准报出日前提议或宣布发放的股利总额和每股金额（或向投资者分配的利润总额）。

9. 其他。

三、财务情况分析说明书的体例展示

山西兴盛化工厂财务情况分析说明书

一、企业概况

山西兴盛化工厂，性质为国有企业，属于一般纳税人。本企业共设两个基本生产车间，其中一车间生产A产品，二车间生产B、C两种产品。各种产品生产为单步骤大批大量简单生产，材料生产开始时一次投入。本年生产A产品100箱，其中完工50箱；生产B产品105箱，完工45箱。企业在职职工共计240人，法定代表人刘大林。本年企业销售A产品90箱，销售B产品80箱。本年在财产清查中，发现盘亏木箱4个，成本80元；盘亏机器一台，原价80000元，已提折旧76000元。本年末企业资产总额为6155664.20元，负债为2127317.85元，所有者权益4028346.35元，本年所取得的所有者权益及负债总额6155664.20元，其中主营业务利润1920000元，营业利润934815.06元，利润额954315.04元，上交国家所得税308323.96元，净利润为645991.08元，向投资人分配净利润163044.78元。与年初相比较，企业的净资产额净增加1415681.20元，负债增加1462417.85元，所有者权益增加-46736.65元。

二、企业本年所采用会计政策说明

本企业在2003年度会计核算中采用科目汇总表登记总账处理程序，使用汇总方法，每半月汇总一次。开户银行所规定的库存现金金额为3000元，各部门科室和个人备用金采用一次报销制。企业在存货核算中，甲乙两种材料采用计划成本核算法，

其他存货采用实际成本核算法。对实际成本计价法核算的发出存货核算方法，采用先进先出法；包装物领用时采用一次摊销法；企业固定资产折旧采用分类折旧率计提折旧；本厂职工工资按计时工资付，并按14%计提福利费，2%计提工会经费，1.5%计提教育费。企业采用备抵法来核算坏账，并计提坏账准备金，于年末按应收账款余额5‰来计提坏账准备金金额。在产品成本中选用品种法，在计算产品成本时，将总成本在完工产品与在产品之间分配，采用约当产量法，并确定在产品的完工程度为50%。企业对长期投资中的股权投资采用成本法核算，收入的确认标准严格按照国家统一会计制度规定标准确认，在会计核算中遵守国家会计制度规定的13项原则，并按照《财务会计报告条例》的规定编报会计报表，并按期向信息需求人报送会计报表。

三、企业主要财务指标

（一）企业偿债能力

1. 流动比率：本企业流动比率为310.58%。2. 速动比率：本企业的速动比率为155.04%。3. 现金比率：本企业现金比率为1.28。4. 资产负债率：本企业资产负债率为0.35。

（二）企业营运能力：

1. 应收账款周转率次数为24.93（次），应收账款周转天数为14.64（天）。2. 存货周转次数为1.08（次），存货周转天数为337.96（天）。3. 流动资产周转天数为1.24（次）。4. 总资产周转次数为0.60（次）。

（三）企业盈利能力分析

1. 销售利润率为19.6%。2. 成本费用利润率为39.09%。3. 资本金利润率为28.36%。4. 所有者权益报酬率为15.95%。

优点：

1. 从总体上看本企业产品成本下降幅度比较大，其原因是生产过程中通过开源节流，材料耗资下降，人工工资及单位成本降低。企业应总结经验，继续加强成本核算管理。

2. 企业采用谨慎原则，对应收账款进行核算，防止了坏账给企业带来的损失。

3. 企业的盈利水平提高，无论是盈利的绝对数还是相对数都高于社会平均盈利率，表明企业处于成长期。

缺点：

1. 本年度的管理费用畸高，其原因是发生坏账10000元，补提坏账准备，增加了管理费用。企业在今后的生产经营中，应该加强应收账款管理，制定切合实际的收账政策，降低坏账风险。

2. 企业在甲、乙两种材料计划成本核算中，计划成本的单价与实际有较大差异。建议修订计划成本，重新预测，使得计划成本接近实际水平，同时加强采购过程的业务管理，防止采购人员人为抬高价格。

识别训练

一、判断题

1. 出纳不得兼任稽核、会计档案保管和收入、支出、债权债务账目的登记工作。
（ ）

2. 在银行开户立账往来正常、无不良信用记录的企事业单位法人和其他经济组织均可向银行提出申请，填写资信证明业务申请表并提交相关文件资料。（ ）

3. 决算是预算执行的结果，是对收入和支出结果的总结。（ ）

4. 预算报告属于财务计划性质，决算报告属于财务总结性质，两者都应依法编制。
（ ）

5. 财务情况分析说明书是对经济运行重点、热点以及变动指标比较大的情况进行定性和定量分析后的书面文字报告。（ ）

二、多选题

1. 财经应用文的特点有（   ）
A. 目的实用性　B. 写作时效性　C. 语言简明性　D. 政策性

2. 以下哪些部分属于借款合同的内容（   ）
A. 借款用途　B. 借款利率　C. 借款期限　D. 还款方式

3. 银行资信证明包括（   ）
A. 开户公司名称　B. 接受方　C. 账户性质　D. 编号

4. 财务预算报告采用单行式标题，包括（   ）
A. 单位名称　B. 时限　C. 文种　D. 编号

5. 财务情况分析说明书的正文主要包括下面几个部分（   ）
A. 说明　B. 分析　C. 评价　D. 建议

项目二　财经应用文的写作能力训练

任务一　会计人员岗位责任制

一、情景导入

公司名称：广州通达有限公司

公司规模：20~99人

公司性质：民营

公司行业：零售/批发

任职资格：

1. 中专以上学历，会计学或财务管理专业毕业；
2. 具有一年以上出纳工作经验；
3. 熟悉操作财务软件以及 Excel、Word 等办公软件；
4. 记账要求字迹清晰、准确、及时，账目日清月结，报表编制准确、及时；
5. 工作认真，态度端正；
6. 了解国家财经政策和会计、税务法规。

请思考：

1. 出纳岗位职责的内容有哪些？
2. 如何根据上述公司背景，编制该公司出纳岗位职责？

二、理论教学

（一）会计人员岗位责任制的含义

会计人员岗位责任制是指在会计机构内部按照会计工作的内容和会计人员的配备情况，将会计工作划分为若干个岗位，并按岗位规定职责进行考核的责任制度。

会计人员岗位责任制一般把会计工作岗位分为财务总监、会计机构负责人、出纳、材料会计、成本会计、往来账会计、总账会计、税务会计、稽核等。下面我们以出纳岗位责任制为例展示其写作格式。

（二）出纳岗位责任制的写作格式

出纳岗位责任制一般由标题、正文、落款和成文时间构成。

1. 标题。一般命名为"出纳岗位职责"。

2. 正文。通常情况下，出纳岗位有以下职责和权限：

（1）办理现金和银行结算业务。严格按照国家有关现金管理制度的规定，进行复核，办理款项的收付业务。收付款后要在收付款凭证上签章，并加盖"收讫""付讫"戳记。库存现金不得超过银行核定的限额，超过部分要及时存入银行，不得以"白条"抵充库存现金，不得任意挪用现金。

（2）办理银行结算业务。严格按照国家有关银行结算制度的规定对收付款凭证进行认真的审核，办理款项收付。收付款后，要在收付款凭证上签章，并加盖"收讫""付讫"戳记。支票遗失时，要立即向银行办理挂失手续。

（3）根据已办理完毕的收款凭证，逐笔顺序登记现金和银行存款日记账，并结出余额。对于现金要做到日清月结，现金的账面余额要同实际库存现金核对相符，银行存款账面余额及时与银行对账单核实，月末编制"银行存款余额调节表"，对于未达账款要及时查询；不准将银行账户出租、出借给任何单位或个人办理结算。

（4）办理现金及银行存款的支付业务，必须经过总经理及财务负责人的审批，方可办理。

（5）保管库存现金和各种有价证券。对于现金和各种有价证券，要确保其安全和完整无缺。如有短缺，要负赔偿责任。要保守保险柜密码的秘密，保管好钥匙，随身携带，不得任意转交他人。

（6）保管有关印章、空白收据和空白支票。出纳人员所管的印章，系指企业在开户银行的预留印鉴，必须安全保管，严格按照规定用途使用。对于空白收据和空白支票必须安全保管，使用要设登记簿，严格办理领用注销手续。

3. 落款。一般写单位名称，有的还会写上成文时间，也可以不写。

（三）出纳岗位责任制的体例展示

华光酒店前台收银员岗位职责

前台收银员须遵守收银纪律、酒店员工守则及服从上司工作安排，按制度做好以下本职工作：准时签到交接班，作好备用金、发票交接记录及控制，检查本班工作所领发票、散钱是否充足。

1. 翻阅 LOG-BOOK（登记簿），了解须注意事项。
2. 按电脑操作程序及工作制度入数、退房，按规定程序接收付款（包括现金、信用卡、支票、挂账、公司账等）；按制度发放、回收现金代用券。
3. 按有关规定交接押金，为客人提供外币兑换。
4. 遵守 REBATE（酒店消费折扣单）、PAIDOUT（客人提取现金）制度，并及时将有关单据交由当值收银主任复核。
5. 按制度开启和回收保险箱，作好各部门锁匙的领取、归还记录和控制。
6. 退房时，如 RC（住客信息资料登记表）上附有通知单，须根据内容及时知会客人或有关部门。
7. 交接班前，打印出当班报表，加纸带核对单据总额是否和报表中相符，并将每笔更正（冲减）注明原因交由当值收银主任复核。
8. 保持工作环境清洁，了解酒店有关设施情况。
9. 按规定上缴营业款，交由主管复核，由下一班前台收银见证投入保险箱。

（四）会计人员岗位责任制的写作注意事项

1. 不相容职务的分离：材料等物资的请购、采购、验收和结算工作必须由不同的人员担任，不得由一人包办；实行钱、账、物分管；出纳不得兼任稽核、会计档案保管和收入、支出、债权债务账目的登记工作；会计核算岗位人员不得兼管出纳工作的现金收付、有价证券的保管等专项工作。

2. 电算化系统管理：系统管理员负责系统运行环境的设置，分配每个网络用户的工作，负责系统的安全与保密，不得兼任其他账务处理工作。

3. 印鉴管理：严禁一人保管支付款项所需的全部印章。财务专用章由专人保管，有的单位系由财务负责人保管，临时出差时，由其指定委托人代管；银行印鉴私章必须由持有人自行保管。

4. 工资核算：建立单位劳资部门、工资输入人员、工资核算人员、财务负责人等多环节的监督体制。

5. 票据管理：票据由出纳人员妥善保管，实行重要空白票据的领购、使用登记制，严密手续，防患于未然。

6. 收据管理：收据管理建立"票章分管"、领用登记和年内定期检查、回收，前账不收，新本不领制度。收据管理人员不得直接对外开具收据。

7. 稽核检查：建立稽核制度。稽核制度是指由会计主管人员指定专人（专职或兼职），对本单位的会计凭证、会计账簿、会计报表及其他会计资料进行审核的制度，包括事前审核和事后复核。稽核人员应该由政治思想好、业务水平高、敢于坚持原则和事业心强等条件的会计人员担任，不能随意指派。在制定科室负责人的岗位职责时，应充分赋予科室负责人对本科室职责范围内的工作的稽核职能。

8. 会计档案管理：会计档案管理，要求做到制度化、条理化、科学化。按照"妥善保管、存放有序、查找方便"的原则，做好会计档案的收集、整理、归档工作。明确会计档案的交接手续，严格会计档案调阅登记制度和借还手续。

三、写作训练

公司名称：湖南杨裕兴面业有限公司

公司行业：快速消费品（食品、饮料、化妆品）

公司性质：合资

公司规模：150—500人

具体要求：请根据材料所提供的信息，结合实际需求，编制湖南杨裕兴面业有限公司出纳岗位职责。

任务二 借款申请报告

一、情景导入

2015年市场的趋好给南昌市小宇食品工程有限公司创造了难得的发展机遇。公司决定同时进行设备挖潜和新技术改造，扩大产能，以满足市场不断增长的需求。今年主要原材料价格涨幅较大，同时公司预计2015年下半年销量会有一定增加，库存原材料无法满足扩大产能后的生产需求，需要增加流动资金以扩大原材料库存，保障生产。因此，需要向南昌银行借款人民币伍拾万元整（50万元），用于购进原燃料储藏物资。公司用新增销量所增加的收益作为还款来源，借款使用期为半年（6个月）。

请思考：怎么写该公司借款申请报告？

二、理论教学

（一）借款申请报告的含义

借款申请报告是企业向银行申请贷款时填写的文书。企业由于自身资金周转或经营需要等原因，造成生产经营过程中资金短缺的，可向银行申请流动资金贷款。

（二）借款申请报告的写作格式

借款申请报告一般由标题、正文、落款和成交时间构成。

1. 标题。一般命名为"借款申请报告"。

2. 正文。包含以下内容：

（1）企业基本情况介绍。可以包括成立时间、企业类型、注册地址、注册资本、经营范围、行业资质等级、人员结构、部门设置、高管人员、主要业绩和荣誉、近两年的经营情况，尤其是财务状况如资产、负债、利润、现金流等。企业情况介绍时可着重说明企业的盈利能力和还款能力。

（2）申请借款的币种、金额、期限、用途、用款计划（是一次用款还是分次提款）、还款来源、还款计划（一次还是分次）。可着重说明贷款的用途和预期效益。

（3）担保方式。包括保证、抵押、质押等行为。若为保证，须写出保证人名称，保证人为单位的须介绍该单位基本情况尤其是财务状况；若为抵押，须写出抵押物名称、位置、现有状态、所有权人、价值。

（4）结尾。一般写"特此报告，恳请支持"。

3. 落款和成文时间。

在报告末页的右下端署上企业（单位）名称，借款申请书成文时间。加盖企业（单位）公章。

（三）借款申请报告的体例展示

借款申请报告

南昌银行：

南昌市小宇食品工程有限公司创建于1999年，至今已有16年多历史。公司主要经营加工米制品、固体饮料、预包装食品。严密完善系统的管理体系，确保了公司能连续稳定生产各系列高质量产品，并不断创新，提升企业竞争力。

公司获得食品卫生生产许可证，生产的产品销售到全国20多个省地市，应用于食品行业。目前产品价格有一定上涨，处于供不应求的局面，公司盈利水平明显提高。公司现有员工 120 人，各类专业技术人员 20 人。注册资本 120 万元，年销售额可达 1800 万元，实现利润总额 50 万元，公司发展已经迈入新一轮快速发展的新平台。

2015 年市场的趋好给公司创造了难得的发展机遇。公司决定同时进行设备挖潜和新技术改造，扩大产能，以满足市场不断增长的需求。今年主要原材料价格涨幅较大，同时公司预计 2015 年下半年销量有一定增加，库存原材料无法满足扩大产能后的生产需求，需要增加流动资金以扩大原材料库存，保障生产。因此，特向贵行借款人民币伍拾万元整（50 万元），用于购进原材料储藏物资。我公司保证用新增销量所增加的收益作为还款来源，按时还本付息，借款使用期为半年（6 个月）。希望贵行给予我公司授信和借款支持，帮助我公司实现新的发展！

特此报告，恳请支持！

南昌市小宇食品有限公司
2015 年 4 月 12 日

（四）借款申请报告的写作注意事项

1. 借款公司的基本情况要写清楚、具体，尤其是涉及财务状况的数据要准确无误。

2. 借款理由要充分、合理、实事求是，不能虚夸和杜撰。

3. 语言要准确、简洁，态度要诚恳、朴实。

三、写作训练

绵阳市宏达建筑工程有限公司于 2013 年 11 月份在北川羌族自治县擂鼓镇猫儿石村吉娜羌寨农民永久性住房工程中承接了部分浆砌毛石挡土墙分项工程。现该公司已按要求完成了所有工程，总工程量约 16200 余立方米，工程总造价 560 余万元。在施工过程中该公司先后在北川县农村信用社借支工程款 60 万元。由于该工程施工工期短、工程量大，该公司垫支较多，该公司须将该工程所有务工人员工资、材料费、机械费等全部结清。由于该工程竣工结算尚未按要求审计，该公司又急需支付以上工程费用，因而希望北川县农村信用社再次给该公司借支工程款人民币 80 万元，以解决相应工程费用。借款期限为半年。

具体要求：根据上述公司背景，编制借款申请报告。（行文时间为 2015 年 1 月 20 日）

任务三　经济合同管理制度

一、情景导入

湖南涉外经济学院毕业生小王经学校介绍去华光酒店实习，华光酒店领导要求小王代拟人一份该酒店的合同管理制度初稿。

二、理论教学

（一）经济合同管理制度的含义

经济合同管理制度是为了增强风险意识，控制企业经营风险，维护公司合法权益而撰写的重要的经济管理规章制度。

（二）经济合同管理制度的写作格式

经济合同管理制度一般包括制度目标、范围、种类、运作程序及方法、审批审核权限、生效日期和制度解释执行权等内容。

（三）经济合同管理制度的体例展示

华光酒店合同管理制度

第一条　为了加强酒店合同管理，使各类合同符合国家法律要求，以达到加强内部管理及成本、费用控制，提高经济效益之目的，依照《中华人民共和国合同法》，特制定本制度。

第二条　经济合同是指法人之间为了实现一定经济目的，明确双方权利和义务而签订的协议与合约，包括因购销、建筑工程承包、加工、承揽、仓储保管、货物运输、供用电、财产租赁、科技协作及其他内容而订立的合同。

第三条　酒店除补仓及小金额零星购置商品外，其他经济活动均应订立合同。其内容包括：合同主体、标的、数量、质量、价格、双方的权利和义务、合同期限、付款方式、验收方法、保修条款、违约处罚等。

第四条　酒店设立合同管理小组，由酒店总经理、总会计师、财会部、工程部、稽核部、总办等有关人员组成，日常工作由总经理办公室和财会部负责执行。为便于合同执行与考核，酒店聘请专业技术人员参与合同审核。

第五条　合同申办实行归口管理，合同申办部门对合同规定的质量、数量、工期负有监管、验收的责任。部门之间须良好协作，密切配合，保证合同的经济合理性和条款的合法性。

物资采购——由需要或使用部门申请，其合同（含报价单）由采购部申办；

工程合同——由工程部申办；

广告合同——由公关部、营业部申办；

物业租赁合同——由物业部申办；

借款、保险合同——由财会部申办；

维修、水电合同——由工程部申办；

绿化、清洁合同——由管理部申办；

其他合同由与之相关部门申办。

第六条　合同订立应遵循以下程序：

（一）部门根据需要提出书面立项申请，报请合同管理小组审议。立项申请书须说明立项原因、用途，明确数量及金额，并对实物使用期限做出合理估测。

（二）由合同管理部门对合同立项申请进行初步审查，着重审核价格、支付条款及经济可行性。物资采购合同必须在招标工作结束后与招标评审委员会或评审小组确认中标的单位签订。合同管理部门根据每月的合同文件，编制月份资金计划。

（三）由合同管理部门填写《经济合同审核表》，并签署初步意见，转稽核部复核，重大合同应经酒店法律顾问审查把关。

（四）稽核部接到送达的合同审核资料后，一日内签出复审意见，返回合同管理部门。

（五）合同管理部门将复审后的合同稿本连同《经济合同审核表》报总会计师签署意见后按合同审批权限报批。

（六）经批准后的合同稿本返回合同管理部门。

（七）合同管理部门将批准的合同稿本进行登记、编号，送业主办公室加盖合同专用章，并及时将成立生效的合同送达各有关部门立卷、归档，同时由合同管理部门填制合同管理台账、卡片。对未经审核、登记的合同文本，业主办公室不得盖合同专用章。

第七条　合同的执行具体由合同申办部门和使用部门负责，对合同规定的条款（质量、数量等）负有监管、验收的责任；对不符合合同规定的条款，应尽快通知合同管理部门协商处理，保证合同的顺利执行。

第八条　凡酒店投资性支出的项目在主办部门组织验收时，须通知合同管理部门派员参与验收，共同出具资产验收报告。财务结算时，附上述之资产验收报告，方可付款。对于金额较大的工程维修安装合同，应通过中介机构对工程造价进行审核，凭以支付工程款项。

第九条　合同日常结算实行计划管理。《合同结算计划表》由合同管理部门根据合同执行情况每月填制，报总会计师，作为付款依据之一。

第十条　合同文本必须规范严谨，不得以报价单、发票、收款收据或收款通知单以及无合同条款内容的文书信件等形式代替合同，否则一律不予登记立项。

第十一条　合同审批权限：

属于酒店经营运作的经济合同，总金额五万元以下的由管理公司总经理审批；五万元以上（含五万元，下同）的须经业主总经理审批；合同总金额50万元以上的须经董事长审批；100万元以上的须经董事会审批。

属于酒店固定资产投资、技改等资本性支出的，均须业主总经理审批。

第十二条　本制度从2013年1月1日起执行。酒店以前有关合同管理规定与本制度有抵触的以本制度为准。

第十三条　本制度由财会部负责执行、解释和修订。

（四）经济合同管理制度的写作注意事项

从写作要求来看，经济合同管理制度的起草，必须遵循一般公认的规章制度的写作规范，遵循合理审慎原则、统一管理和防控风险等原则。

三、写作训练

某县将建成一座中型商务宾馆，请你代拟一份合同管理制度，以供该宾馆开业营运使用。

模块五　商贸应用文

项目一　商贸应用文的识别能力训练

任务一　商贸应用文基础知识

一、商贸应用文的含义及分类

商贸应用文是指在商业贸易活动中经常使用的一种专业性应用文书，是企业和个人在从事相关的商贸活动时为传播相关信息、规范相关行为及处理相关事务所采用的格式相对固定的专用文书的总称。

商贸应用文按照性质不同可以分为四类。

一是市场文书：如市场调查问卷、市场调查报告、可行性分析等。

二是企业宣传文书：如商业广告、商业策划书、产品说明书等对外宣传企业及品牌、商品等的文书。

三是法律契约文书：如购销合同、招标书和投标书等涉及企业相关法律活动的文书。

四是进出口贸易专用文书：如报关单、进出口商检报告等涉及企业商品进出口需办理报关手续的专用文书。

二、商贸应用文的写作要点

（一）了解政策，善于学习

商贸应用文是国家商务政策的具体体现。一定时期的商贸应用文，反映了党和国家在这一时期的方针政策。只有深刻领会党和国家的方针、政策，明确方向，才能写出好的应用文。

（二）熟悉业务，学好专业

专业知识是从事专业应用文写作的必备条件。商贸应用文写作要理论联系实际，懂得相应的市场经济知识，熟悉本行业企业和本部门的工作规律，才能写好商贸应用文。

（三）辨识体式，掌握写法

商贸应用文主要有法定格式和惯用格式。这是商贸应用文与其他文体的本质区别，从事商贸应用文写作必须遵循一般公认的惯例，不能随心所欲地更改或违背应用文的格式。否则，就不容易被理解和接受，甚至会延误工作。

（四）斟酌词句，反复修改

商贸应用文撰写要做到准确、规范和得体。由于商贸应用文具有宣传、贯彻执行党和国家的方针政策，作为书面指导，以及凭证和依据等作用，所以，写作商贸应用文要具有高度的负责精神和严谨的写作态度。

任务二　商业广告

一、商业广告的含义

商业广告是指以盈利为目的的广告，通常是商品生产者、经营者和消费者之间沟通信息的重要手段，或企业占领市场、推销产品、提供劳务的重要形式，主要目的是提高经济效益。

二、商业广告的写作格式

（一）标题

广告的标题是广告诉求的中心内容，它必须鲜明、突出、引人入胜。读一则广告，首先映入眼帘的是标题，如果题目不鲜明、突出，便无吸引力，正文也就不愿去读了，广告的宣传作用顿失。

标题方式一般有三种类型：

1. 直接标题。以开门见山的方式，一语道破广告内容的最重要部分。例如：法国雷诺汽车的广告标题是"雷诺：因为科技，所以安全"，又如"东方达酒店温馨到家"等。

2. 以委婉含蓄且饶有兴味的语句反映所销售商品的信息，引人入胜，以探究竟，刺激欲望。例如：国际瑜伽协会湖北学院招生广告标题"学瑜伽不只为自己，还为何人？"；成都恩威集团推介"好娃友"洗液时，广告标题为"有一种情感叫关心"等。

3. 正副标题。此类广告利用正题突出主旨，利用副题补充说明，以期达到完美而醒目地推荐产品或服务的目的。例如："美生之道（正题）/华中唯一山水湖景温泉（副题）"。

（二）正文

广告正文是广告文稿的核心部分，通常由以下三部分构成：

1. 引言，即开头。引言紧接标题，它起着解题的作用。比如：安徽市混凝土制品一厂做的广告，标题为"安徽市混凝土一厂向您提供新型建筑材料钢纤维"，正文开头写道："您想使高速公路平坦无隙，飞车急奔吗？您想使繁忙的码头千年永固，往来如梭吗？请选用新型建筑材料——钢纤维。"

2. 主段。它以有力的论据说明广告商品的优点和特征，提出推荐购买的理由。

3. 结尾。这部分通常是敦促人们去购买广告商品。

事实上，不一定每则广告正文都由这三部分组成，有的是两段或一段，还有的广告以图画为主，文字很少。广告正文的写法也有各种体式，如布告体、推介体、问答体、描写体、证书体和相声体等等。

三、商业广告的体例展示

下面以"车"为例，分享不同品牌的汽车企业是如何在商业广告上凸显其产品特色的。

1. 奔驰：领导时代，驾驭未来。强调奔驰车在豪车市场的霸主地位。

2. 奥迪：突破科技，启迪未来。突出了轿车科技先进的特点。

3. 帕萨特：惊世之美，天地共造化；修身，齐家，治业，行天下；帕萨特，成就明天。早期突出车身造型之美，强调视觉刺激，但随着竞争对手车型也在向美观发展，于是强调国人追求成功的心态，突出车的人文内涵。

4. 雅阁：起步，便与世界同步；进步，就是永不停步；激活新力量——新雅阁，新力量，新登场。强调技术与世界同步，高性价比。

在制作商业广告的时候，一定要注意产品的市场定位、产品的特点及与竞争者的不同之处。

任务三　购销合同

一、购销合同的含义

《中华人民共和国合同法》规定："合同是平等主体的自然人、法人、其他组织之间设立、变更、终止民事权利义务关系的协议。"合同多用于经济活动，订立经济合同不仅是一种经济活动，更是一种法律行为。经济合同是商品交换在法律上的体现，是实现商品交换、合作成功的法律保证。

二、购销合同的写作格式

购销合同一般由标题、条款和落款构成。

1. 标题。一般命名为×××合同，接下来是甲方和乙方公司名称。
2. 条款。该部分为购销合同的具体内容，一般可分为十条。第一条为协议依据，第二条为工作内容和方式，第三条为商务内容，第四条为双方责任，第五条为其他约定（奖励或处罚），第六条为违约责任的界定，第七条为争议的解决办法，第八条为合同生效与失效的判定，第九条为合同的附件，第十条为合同的份数。
3. 落款。一般分为三个内容，其一是甲、乙双方公司盖章，其二为法定代表人签字，其三为签订合同的日期。

三、购销合同的体例展示

购销合同

供方：胜利柴油机厂　　　　　　　　合同编号：00032
需方：新华机电有限公司　　　　　　签订地点：胜利柴油机厂
　　　　　　　　　　　　　　　　　签订时间：20××年6月×日

为保护供需双方合法权益，经协商签订本合同，以资共同遵守。

一、产品名称、商标、型号、数量、金额、供货时间及数量

产品名称	品牌商标	规格型号	计量单位	数量	单价	金额	交提货时间及数量			
							合计	7月25日	8月25日	9月25日
柴油机	大力	135A	台	300	8500	2550000	300	100	100	100
合计人民币金额（大写）贰佰伍拾万圆整										

二、质量要求：按部颁标准。

三、供方对质量负责的期限：自交货日起三年。

四、交提货方式、地点：供方送货到广州市需方所在地。

五、运输方式及费用负担：汽车运输，运费由需方负担。

六、合理损耗及计算方法：无。

七、包装标准、包装物的供应与回收及费用负担：木箱包装，由供方负责，不计价，不回收。

八、验收方式及提出异议期限：货到后，需方按合同标准验收，如有异议，在货到一个月内通知对方。

九、随机备品、配件工具数量及供应方法：详见装箱清单，不另行供应。

十、结算方式及期限：合同生效之日，需方以银行汇票交付供方货款总额的10%；其余货款及运费在每批货验收合格后，15日内以银行汇款结算。

十一、如需提供担保，另立合同担保书，作为本合同附件。

十二、违约责任：供方不能交货或需方退货时，向对方偿付不能交货或退货部分货款总值5%的违约金；供方不能按时交货或需方不能按时付款时，每迟一日向对方偿付500元违约金。

十三、解决合同争议的方法：双方协商不成时，向需方所在地工商行政管理局申请仲裁。

十四、本合同自签订之日起生效。

十五、本合同一式三份，供需双方各执一份，鉴（公）证机关一份。

供方	需方	鉴（公）证意见
单位名称：胜利柴油机厂	单位名称：新华机电有限公司	本合同符合有关法律规定，同意鉴证生效。
单位地址：广西玉林市××区××路××号	单位地址：广州市××区××路××号	
法定代表人：×××	法定代表人：×××	经办人：×××
电话：×××	电话：×××	
开户银行：××银行	开户银行：××银行	鉴（公）证机关（章）
账号：5678432	账号：4678472	20××年×月×日
邮政编码：510000	邮政编码：537000	

任务四　商品检验报告

一、商品检验报告的含义

由国家设立的检验机构或向政府注册的独立机构对商品的品质、规格、重量、数量、包装、安全性能、卫生方面的指标及装运技术和装运条件等项目实施检验和鉴定，以确定其是否与贸易合同、有关标准规定一致，是否符合有关法律和行政法规规定的商品资质证书。

二、商品检验报告写作格式

1. 商品检验报告一般有约定俗成的格式，没必要自行创作。特别是用于出口的商品检验报告，必须符合国际惯例。

2. 从内容上来看，要着重对数字、文字的表述，要求以写实的方式来撰写，做到文风朴实、一目了然。

三、商品检验报告写作的注意事项

1. 出境物品与入境物品必须在指定地方或区域进行检验；特别注意有关动植物的条款。

2. 异地施检报检时，应提供口岸签发的《入境货物调离通知单》。

3. 须注意报检地点与时限。

4. 报检时提供的有关单据，如按合同条款需提供商业票据、保险单等。

5. 特别注意特殊物品的申报。

6. 入境货物报检单填制的专项要求，特别是原产地证明要符合国际惯例。

7. 装箱单、发票等单据因全是英文，必须慎重，不要因疏忽大意造成单据的无效。

四、商品检验报告的体例展示

中华人民共和国海关进出口货物化验鉴定书

鉴定书编号： GZ2012073938　　　　报关单号：520220121022045208

货物申报名称		乙烯丙烯共聚物				
送验海关及部门		黄埔新港海关	收样日期	2012.07.13	完成日期	2012.08.06
样品特征及有关描述： 白色颗粒							
化验项目及化验方法： 1. 红外光谱分析（JY/T001-1996） 2. 核磁共振分析（JY/T007-1996）（分包）							
化验结果： 样品主要成分：丙烯-乙烯共聚物，其中丙烯单体含量较高。							
鉴定结论及说明： 送检样品为初级形状的丙烯-乙烯共聚物							
化验人	丁林伟	负责人（签字）					
复核人	莫正娟	海关化验中心或者委托化验机构（章）					
备注		签发日期　　　2012年8月6日					

注：本《鉴定书》仅适用于送验样品

任务五　报关单

一、报关单的含义

出口货物报关单是由海关总署规定统一格式和填制规范，由出口企业或其代理人填制并向海关提交的申报货物状况的法律文书，是海关依法监管货物出口、征收关税及其他税费、编制海关统计报表以及处理其他海关业务的重要凭证。

二、报关单的写作要求

1. 报关单填制时最好是电脑输入式，防止手写的弊端；如若是手写，改正的地方要加盖必要的签章。
2. 了解报关的地点与时限，特别是注意事项。
3. 许可证的获得事项、条款。
4. 有关文件的备案注意事项。
5. 对于一些免征货物的申请与认证需要的文件证明。
6. 保险、运输方式、运输工具、提单等的要求与规范。

三、报关单的体例展示

中华人民共和国海关进口货物报关单

出口口岸 东渡海关（3711）	备案号	出口日期 20140629	申报日期 20140701
经营单位 厦门市××化工有限公司 （350216799）	运输方式　运输工具名称 水路运输　YM IMMENSE/136S		提运单号 380400068105
收货单位 厦门市××化工有限公司 （350216799）	贸易方式 一般贸易	征免性质 一般征税	征税比例

许可证号	启运国（地区） 韩国（133）		装货港 韩国仁川（133）	境内目的地 厦门特区（35021）
批准文号	成交方式 CIF	运费	保费	杂费
合同协议号 MEV14053004	件数 3440	包装种类 _____包	毛重（公斤） 86344	净重（公斤） 86000
集装箱编号 BSJU366260*5（5）	随附单证 原产地证明		用途 外贸自营内销	

标记唛码及备注

备注：原产地证号：001-14-0462136

随附单证号：<01：1>

集装箱号：TEMU3733120 TGHUO925610 TRHU1968840 TRHU1975535

项号 商品编号 商品名称 规格型号 数量及单位 原产国（地区）单价总价 币制 征免

乙烯—乙酸乙烯酯 86000 千克 韩国

共聚物（EVA）透 86 吨

乙酸乙烯酯共聚物

100%｜VA16.5-19.5%

税费征收情况

透明颗粒状｜乙烯—乙酸乙烯酯共聚物100%｜VA16.5-19.5%，乙烯80.5-83.5%｜发泡级｜LG牌｜型号：ES18002｜签约日期：2014-6-3｜厂商：LG CHEM LTD｜牌号：ES18002｜用于鞋材发泡

录入员 录入单位 8930000009918	申明以上申报无误并承担法律责任	海关审单批注及放行日期（盖章）	
报关员		审单	审核
单位地址	申报单位（盖章）		
		征税	统计
邮编 电话	编制日期 2014.07.01	查验	放行

任务六 产品产地证明书

一、产品产地证明书的含义

产品产地证明书即"原产地证明书",是出口商应进口商要求而提供的、由公证机构或政府或出口商出具的证明货物原产地或制造地的一种证明文件。

产地证书是贸易关系人交接货物、结算货款、索赔理赔、进口国通关验收、征收关税的有效凭证,它还是出口国享受配额待遇、进口国对不同出口国实行不同贸易政策的凭证。

二、产品产地证明书的写作格式

产品产地证明书包含的主要内容有:

1. 进出口商的名称及地址;
2. 运输方式及航线;
3. 商品唛头和编号;
4. 商品名称、数量和重量;
5. 证明文字等。

三、产品产地证明书的体例展示

海峡两岸经济合作框架协议原产地证明书

出口商(名称、地址) 台湾化学维维股份有限公司 台北市敦北路201号 电话:02-27122211 传真:02-27120431 电子邮件:tchia @ fpg.com.tw	编号: EB14AE05605 签发日期: 2014/12/12 有效期至: 2015/12/11
2. 生产商(名称、地址) 台湾化学维维股份有限公司 台北市敦北路201号 电话:02-27122211 传真:02-27120431 电子邮件:tchia @ fpg.com.tw	5. 受惠情况 依据海峡两岸经济合作架构协议给予优惠关税待遇 拒绝给予优惠关税待遇(请注明原因)

3. 进口商（名称、地址） 中国化工进出口有限公司 北京丰台区广外大街莲花池中央大厦西塔 10 楼 电话：86-10-83063578 传真：86-10-63272383 电子邮件：无	进口方海关已获授权签字人签字
4. 运输工具及路线： 离港日期：预计 2014/12/15 船舶/飞机编号等：TAIPING 023W 装货口岸：台中	6. 备注：

7. 项目编号	8. HS 编号	9. 货品名称、包装件数及种类	10. 毛重或其他计量单位	11. 包转开头或编号	12. 原产地标准	13. 发票价格、编号及日期
1	39023010	乙烯-丙烯共聚物 ETHYLENE-PROPYLENE COPOLYMER GRADE NO. B8001，9600 包	240 公斤	无	PSR	USD 3799204AS4C050Q 2014/12/12

14. 出口商声明 本人对于所填报原产地证明书内容之真实性与正确性负责： 本源产地证明书所载货物，系原产自本协议一方或双方，且货物属符合海峡两岸经济合作架构协议之原产货物。 出口商或已获授权人签字 台北 2014/12/12 地点和日期	15. 证明 依据海峡两岸经济合作框架协议临时原产地规则规定，兹证明出口商所做申报正确无误。 台北 2014/12/12 地址和日期、签字和签证机构印章 电话：02-2581-2832#117 传真：02-2567-9375；2567-5427 地址：台北市松江路 164 巷 17 号 1 楼

产证真伪验证网址（CO Verify Website）–https://cocp.trade.gov.tw/tbmc/public/coe0160.jsp

产证辩证码（Verification Code）94189665B

识别训练

一、判断题

1. 非商业广告是以经济利益为直接目的。（   ）
2. 合同条款不能违反国家法律和政策，也不能违反社会公序良俗的基本要求。
（   ）
3. 报关单填制时最好手写，方便修改。（   ）

二、不定项选择

1. 在商业广告中，广告主通常是（   ）
  A. 政府机关   B. 社会团体   C. 消费者   D. 企业
2. 合同一般由（   ）组成。
  A. 标题   B. 正文   C. 结尾   D. 引言
3. 出口货物报关单由（   ）规定统一格式和填制规范。
  A. 海关总署   B. 企业主   C. 工商总局   D. 行业

项目二　商贸应用文的写作能力训练

任务一　产品说明书

一、情景导入

复方板蓝根颗粒说明书

【药品名称】

品名：复方板蓝根颗粒　　汉语拼音：Fufang Banlangen Keli

【成分】板蓝根、大青叶。

【形状】本品为棕色的颗粒；味甜、微苦。

【功能主治】清热解毒，凉血。用于温病发热，出斑，风热感冒，咽喉肿烂，流行性乙型脑炎，肝炎，腮腺炎。

【用法用量】口服，一次15g（一袋），一日3次，重症加倍；小儿酌减。预防流感、乙脑，一日15g（一袋），连服5日。

【规格】每袋装15g（相当于原生药15g）

【贮藏】密封，防潮。

【包装】15g/袋×10袋/盒，塑料袋装。

【产品批号】见包装盒

【生产日期】见包装盒

【有效期】2年

【批准文号】国药准字Z32020475

【生产企业】

名称：南京厚生药业有限公司

公司地址：南京经济技术开发区新港大道86号3楼

生产地址：江苏省句容市石山头

电话：0511-7706306　7706356

请思考：

1. 以上复方板蓝根颗粒说明书的内容是否正确，并说明理由。

2. 产品说明书一般应该包含哪些内容？

二、理论教学

(一) 产品说明书的含义

产品说明书，也称为商品说明书或使用说明书，简称说明书，其作用是向消费者介绍产品的特点、性能、作用以及使用方法、保养与维护等。目的在于让消费者了解产品，指导消费，还有利于扩大销售。

(二) 产品说明书的写作格式

产品说明书一般由标题、正文和落款构成。正文是产品说明书的核心部分。

1. 标题。通常有三种模式：

（1）产品名称加文种。文种名称常用的"简介""须知"，如"××牌木制地板说明书"。

（2）产地名加产品名称。如"沈阳味精"。

（3）产品的品牌、型号、产品名称加文种。如"海尔 QG70-1000J 滚筒洗衣机说明书"。

2. 正文

正文是产品说明书的核心部分，是对产品本身的说明。各种商品不同，需要说明的内容也不同，有的说明产品的用法，有的说明产品的功能，有的说明其构造等，千差万别，各有侧重。一般情况包括以下几个方面的内容：

（1）产品的概述（如名称、产地、规格、发展史、制作方法等）；

（2）产品的性能（状态、性质、功能）及特点；

（3）产品的安装和使用方法；

（4）产品的保养和维修方法；

（5）产品的附件、备件及其他需要说明的内容。

3. 落款

落款要写明产品制造厂家的名称、地址、邮编、E-mail 地址、电话、传真、电挂及产品的批号、生产日期、优质级别等。不同的产品说明书、落款的项目有所不同，应根据实际需要落款。

（三）产品说明书的体例展示

贝亲婴儿透明香皂

● 长年积累婴幼儿领域的专有技术。

● 严格的安全性、安定性检测评价体系。

● 完全采用日本配方、品质温和纯正。

● 对敏感皮肤、弱质皮肤的成人亦推荐使用。

【产品特长】

源于植物的低刺激脂肪酸皂用成分。

香皂中蕴含丰富的保湿成分。

均衡的配方在洗净皮肤的同时不过分带走婴幼儿的皮脂并能保持肌肤的滋润。

【配合成分】

植物性皂用成分、保湿成分、微香料。

【使用方法】

取适量于手中并涂抹皮肤，后用清水冲洗干净

【保存方法】

置阴凉干燥处常温保存和运输，请放置在婴幼儿的手够不着的地方以避免发生意外。遇有异常或不适请停止使用。

【执行标准】Q/TFHF12

【生产日期】见包装盒

【净含量】70g

【生产企业】

名称：贝亲婴儿用品（上海）有限公司

公司地址：上海市外高桥保税区泰谷路185号2层

咨询热线：800-820-3376　400-820-3376

公司网址：www.pigeon.sh.cn

产地：中国

（四）产品说明书的写作注意事项

1. 内容要真实。

产品说明书的内容只有真实可靠，才能赢得消费者的信赖。撰写产品说明书要客观真实，介绍产品要实事求是，实话实说，不夸大优点，不隐瞒缺陷，不得欺骗消费者。

例如：汪力先生与某农机有限公司签订一份买卖榨油机的协议。在汪力新购的机器说明书中有这样的介绍：本机出油率高，比一般榨油机提高3%；节约能耗，比一般榨油机节约电量26%。然而汪力先生试用后发现该机出油率并不高，和说明书所称存有差距，在与销售方联系并且调试后依然没有达到预期效果。汪力先生遂向法院起诉厂家，最后法院令被告返还汪力全部购机款并赔偿损失20000元。

2. 说明要准确。

产品说明书必须抓住产品的特点、重点，准确地说明产品的性能，基本情况，要把消费者最关心、最想知道的东西说明清楚。

例如：北京某餐厅发生一起卡式炉爆炸事故。经调查，燃气罐使用不当引发了此次事故。该燃气罐的英文说明书提及"Never refill gas into empty can"（空罐绝不能再次充气），而其中文说明书却翻译为"若本罐使用无损坏，可再次充气"。事主按照中文说明书的意思，对燃气罐进行了再次充气，所充进的非专用燃气导致燃气罐爆炸，在场的一位17岁少女脸部被严重烧伤。

3. 条理要清楚。

产品说明书的书写要合乎一定的顺序，材料安排要合乎逻辑，或合乎规律，或根据产品本身发生、发展过程及相关联的顺序，或根据产品顺序，使其内容清楚明白。

例如：李佳的爸爸买了一台微波炉，虽然货很平常，但说明书却厚厚一本。因为是头一次摆弄现代化厨具，爸爸耐着性子读了大半夜，反反复复地操作了好多次，微波炉就是没反应。他不得不拿起电话向厂家请教，两分钟交谈后，再来试用，微波炉就顺利地工作了。原来，微波炉的说明书结构没条理性，对产品的功能、使用方法、注意事项混为一团，反而让李佳的爸爸茫然不知所措，不知要阅读什么了。

三、写作训练

有这样一份有趣的"产品"说明书：

【产品名称】理想

【主要功能】理想是动力，推动你向前迈进，鼓励你继续向前；理想是鞭子，提醒你不要松懈，鞭策你再次踏上征程。

【使用方法】把目标牢记心间，或张贴醒目处，时刻提醒自己。

【注意事项】①不能制定太高不符合实际的理想，也不能制定太低没有追求价值的理想。②追求理想不能急功近利，操之过急会适得其反，要一步一步踏踏实实地往前走。

请思考：这份说明书中的哪一个方面对你最有启发？针对这一方面，运用所学知识谈谈你的感受。

任务二　营销策划书

一、情景导入

腾飞公司是生产和经营营养麦片的专业公司，其生产的"人人爱"牌营养麦片在市场享有较高的声誉，占有率一度达20%以上。另一家公司推出一种新型营养麦片，其质量不比"人人爱"营养麦片低，每包价格却比它低1元。

面对此种情况，按照惯常做法，腾飞公司将采用三种对策：第一，降低1元，以保住市场占有率；第二，维持原价，通过增加广告费用和推销支出与竞争对手竞争；

第三，维持原价，听任其市场占有率降低。

然而该公司的营销人员经过深思熟虑后，却采取了对手意想不到的第四种策略，即将"人人爱"的价格再提高1元，同时推出一种与竞争对手新营养麦片价格一样的"人人乐"营养麦片和另一种价格低一些的"人人爽"营养麦片。其实这三种营养麦片的味道、营养成分和成本相差不大。但该项策略却使该公司扭转了不利局面：一方面提高了"人人爱"营养麦片的地位，使竞争对手的新产品成为一种普通的品牌；另一方面不影响公司的销售收入，而且由于销量大增，使得利润大增，令人拍案叫绝。

请思考：

1. 你认为腾飞公司的价格调整策划如何？我们能从中得到哪些有益启示？
2. 如果由你来运作，你将会如何进行？为什么？

二、理论教学

（一）营销策划书的含义

营销策划书，是在市场销售和服务之前，为使销售达到预期目标而进行的各种销售促进活动的整体性策划。一份完整的营销方案应至少包括三方面的主题分析，即基本问题、项目市场及优劣势。

（二）营销策划书的写作格式

营销策划书一般由封面、前言、目录、正文和附件构成。

1. 封面。一般包括策划书的名称、策划者的姓名和策划书完成时间。
2. 前言。通常介绍三个方面的内容，即：
（1）简要交代接受营销策划委托的情况。
（2）进行营销策划的原因。
（3）策划过程的概略介绍和策划实施后将要达到的理想状态。
3. 目录。通常情况下，中小型营销策划项目可不单列目录。
4. 正文。一般包括以下内容：
（1）策划的目标。
（2）SWOT分析。
（3）营销战略和具体营销措施。
（4）方案策划、方案各项费用预算表、策划方案进度表（行事历）。
5. 附件。

（1）参考的文献资料。
（2）其他注意事项。

（三）营销策划书的体例展示

Great value（惠宜）葡萄糖盐汽水的五一促销方案

一、前言

当今的市场可以说是瞬息万变，波烟云诡。整个饮用水市场面临着一次更新的考验。中国饮料市场历经多年的发展，已由当年单一的矿泉水发展到今天的喝水也要喝健康。作为超市行业的龙头，沃尔玛认为，要想保持巅峰状态，就必须比其他企业更敏锐。凭着信心、专业素质、敬业精神以及一切为顾客着想的宗旨，惠宜公司全力开发出了一种更适合现代居民饮用的葡萄糖盐汽水。于是经过深入细致的调查研究及分析，沃尔玛同意惠宜公司入驻商场，大力推广本产品。

二、活动简介

（1）活动主题：惠宜引领跨越新时代——喝活力，喝卓越
（2）活动时间：2012年5月1日至2012年5月3日
（3）活动目的：本次活动从健康角度出发，为树立消费者科学健康养生观念、宣传品牌形象、创造品牌价值效应并推广本产品。

三、市场背景与分析

（一）产品简介

惠宜系列葡萄糖盐汽水，2010年新上市，属于新产品，性价比高。口感好、质量佳，在炎热的夏季解体渴、补体能！葡萄糖是生命活动中不可缺少的物质，它在人体内能直接参与新陈代谢过程，能补充体内水分和糖分，具有补充体液、供给能量、补充血糖、强心利尿、解毒等作用。盐有解毒、清热、润燥的功效，最有力的说明就是用盐擦洗伤口可以消炎，有清热、凉血、解毒的作用。夏天和运动的时候，应该多喝淡盐水补充身体的盐分，人在运动和天气热的时候会大量排汗，身体的养分大量流失，可通过喝淡盐水来补充有机盐。

（二）产品分析

1. 现有饮料产品分析：市面上产品共性太强；品牌杂乱；调节体内盐糖平衡的饮料很少。

2. 产品生命周期分析：盐汽水市场在2000年已被发掘，但是市场不完善，所处阶段不同，市场空间和拓展策略也有差异，本产品刚投入市场，属于婴幼期，品牌知

名度还不够，企业可以通过分销渠道和拓展市场知名度来取得效益增长。

3. 产品的品牌分析：惠宜是沃尔玛创出的新品牌之一，品牌诞生于 2010 年，通过国家 ISO 9000 系列标准，是沃尔玛现阶段重点推广的 3 个自有品牌之一。专卖品牌商品的成本与零售价格一般明显低于同类型的全国性品牌商品，专卖品牌商品的质量和提供的价值往往等同或胜于全国性品牌。

（三）产品的定位

目前我国饮用水行业总体发展势态良好，饮料市场又稳中有升，老品牌矿泉水占有很大比重，通过各方面调查资料总结，将惠宜葡萄糖盐汽水定位介于饮用水与饮料之间。

（四）竞争对手状况分析

1. 企业竞争对手有娃哈哈、怡宝、康师傅、农夫山泉、雪菲力以及其他市场占有率较小的品牌。其主要竞争对手是娃哈哈、怡宝、雪菲力盐汽水。

2. 企业在竞争中的地位：本产品在市场中属于优势型公司，在一定的战略中能利用较多的力量，并有较多机会改善其竞争地位。

3. 企业的竞争对手优势：民族品牌优势；价格优势；中小城市及农村市场网络优势；广告促销优势；消费者忠诚度优势。

（五）4Ps 分析

1. 产品（Product）分析与定位：本产品口味独特，内含成分也使其略胜于其他饮品，本产品充满着活力，更适合运动饮用；

2. 价格（Price）定位：主要目标消费人群为青年、青少年，该类人群消费水平较低，所以本产品定价为 1.9 元；

3. 营销渠道（Place）分析与策略：本产品还在试销阶段，目前只投放在沃尔玛卖场内，因该卖场在全球覆盖面积广泛，人流量大，而且惠宜本身属于沃尔玛自有品牌；

4. 促销（Promotion）策略：活动期间内免费品尝、特价销售，联合促销、设置自动贩卖机。

（六）SWOT 分析

优势（Strength）分析：

（1）价格定位较低，容易被消费者接受；

（2）功能性好，补水补盐，恢复体力；

（3）营销渠道成熟；

(4) 营养成分略胜于同类产品。

劣势（Weakness）分析：

(1) 目前市场普及性低；

(2) 消费者对盐汽水认知程度不够；

(3) 营销渠道单一；

(4) 消费者的习惯与忠诚度。

机会（Opportunity）分析：

(1) 沃尔玛遍及率高，市场庞大；

(2) 健康饮品普及，高热量饮品淡出；

(3) 满足季节性、地域性需求；

(4) 喝饮料已经成为一种时尚趋势，市场十分富有活力，产品性价比高，消费者有足够的购买力。

威胁（Threat）分析：

(1) 其他公司仿制盐汽水容易；

(2) 饮料市场本身竞争激烈；

(3) 消费者偏好的转移；

(4) 品牌竞争白热化。

四、活动流程与评估

（一）前期准备：2012年4月28日至2012年4月30日

1. 通过沃尔玛墙体广告、车厢广告开展宣传惠宜引领跨越新时代——喝活力，喝卓越活动。利用广告媒体进行有效宣传，利用公交移动电视播放30秒"惠宜引领跨越新时代——教你喝健康"广告，利用公交车车体广告刊登活动主题信息。反复持续3天。

2. 赞助五连冠俱乐部，在五连冠俱乐部举办比赛或参加比赛时免费提供参赛人员饮用水，并成为五连冠供应商，长期提供五连冠饮用水，价格优惠。

3. 招募临时员工20名，男女各10名，要求具有亲和力，有积极心态，有处理突发事件的能力。4月27日培训1天，由业务部负责。

4. 预防雨季准备、20张工作证、10本记录本、10只记录笔、备用电源、地贴、10张横幅、宣传单6000张、（印有惠宜葡萄糖盐汽水的说明以及五连冠俱乐部项目宣传）、充气拱门、幸运大转盘的设计与制作、租借印有本产品的雨棚、租借柜台、备好5000库存和1000隐形库存，备好活动赠品（杯子、沃尔玛购物券、太阳帽、T恤衫、"饮水小贴士")、试尝一次性杯子，做好现场设计。

（二）具体行动：2012年5月1日至2012年5月3日

1. 在兴隆步行街、人民路、罗家井等市区人群密集处以及苏仙岭、万华岩、王仙岭等旅游景点搭设10个卖点，每个卖点放置宣传单、一袋试尝杯子和一箱试尝惠宜葡萄糖盐汽水、一本记录本和一支记录笔，让临时促销员记录购买惠宜产品的消费者的简单资料（如年龄、性别等），凡购买惠宜系列葡萄糖盐汽水的消费者可凭3个瓶盖重新兑换一瓶，5个瓶盖可获得一次抽奖机会，一等奖可获得沃尔玛购物券价值88元，二等奖可获得沃尔玛购物券38元，三等奖可获得精美礼物一份（印有惠宜系列葡萄糖盐汽水说明的杯子），抽奖概率一等奖为5%，二等奖为25%，三等奖为70%。

2. 活动期间每天17点至18点在沃尔玛卖场室外摆放幸运大转盘，兑奖处，由4名工作人员负责，在沃尔玛购买20元以上，凭购物小票可获得一次转动幸运大转盘机会，幸运大转盘奖品为10个，有太阳帽（惠宜标识）、T恤衫（惠宜标识）、惠宜葡萄糖盐汽水、价值10元沃尔玛购物券、"惠宜小贴士"，概率为20%，送完为止。

3. 经费预算（单位：元）

项 目	单价	数量	费用
沃尔玛墙体广告	300	1	300
公交移动电视	100	3	300
公交车车体广告	200	3	600
宣传单（32k、157kg铜版纸）	0.1	6000	600
工作人员	150	20	3000
充气拱门的制作	0	1	0
幸运大转盘设计与制作	0	1	0
促销台、雨棚	50	11	550
POP	30	11	330
赠品杯子	1	500	500
太阳帽	5	150	750
T恤衫	8	150	1200
饮水小贴士	0.5	150	75

10元购物券	10	150	1500
38元购物券	38	80	3040
88元购物券	88	20	1760
其他费用			200
合计			14705

(三) 效果评估

1. 本次广泛的宣传与促销，使目标消费群对品牌及产品内容得到广泛的了解，将产品体现得生动化，使品牌在消费者心中建立牢固形象。

2. 从销量提升上来看，本次促销更中意宣传，由于在五一黄金周，销量会有明显的提升。惠宜目前在市面上属非知名品牌，又联合五连冠联合销售，因此销量的增长应从活动之后几个月的销量增长度和促销当月的实际销量综合来评价。

3. 按投入产出的比例计算当前销量，目前新产品市场占有率有15%~20%，惠宜品牌将在此次宣传之后不断进行品牌维护和推进市场的工作，则以后每月应有20%的增长，旺季时应会超过此目标量，12月至2月份可能勉强达到此目标。

4. 除销量的直接增长外，品牌资产的累计将远远超出促销投放意义，同时在阻击竞争对手，巩固现有市场，为长久性市场占有率奠定基础。

(四) 营销策划书的写作注意事项

1. 逻辑思维性强。

营销策划的目的在于解决企业营销中的问题，按照逻辑性思维的构思来编制策划书。首先是设定情况，交代策划背景，分析产品市场现状，再把策划目的全盘托出；其次进行具体策划内容详细阐述；三是明确提出解决问题的对策。

2. 方案简洁朴实。

要注意突出重点，抓住企业营销中所要解决的核心问题，深入分析，提出具有可行性的相应对策，针对性强，具有实际操作指导意义。

3. 具有可操作性。

编制的营销策划书是要用于指导营销活动，其指导性涉及营销活动中的每个人的工作及各环节关系的处理。因此其可操作性非常重要。不能操作的方案创意再好也无任何价值。不易于操作也必然要耗费大量人、财、物，管理复杂、显效低。

4. 内容新颖有创意。

要求营销策划的"点子"（创意）新、内容新、表现手法也要新，给人以全新的感受。新颖的创意是营销策划书的核心内容。

三、写作训练

四川奶奇乐乳业有限公司是一家经四川省对外贸易经济合作厅、四川省工商行政管理局批准，集"生产、加工乳及制品、奶牛饲料、提供种用奶牛的繁殖及其技术推广服务，及销售本公司产品"为一体化的新兴综合性中外合资企业。企业注册资本1945万元。

公司构成：奶牛技术服务中心、奶牛饲料加工厂、乳品加工厂、营销中心。

公司定位：高起点、高标准、高质量。

公司形象：诚、信、美。

公司理念：创立名牌、振兴乳业，为人类的营养、健康和幸福做贡献。

公司宗旨：以质量求生存；以管理求效益；以信誉求发展。

公司精神：团结、拼搏、求实、创新。

员工座右铭：自尊、自信、自强。

公司始终坚持"高标准、严要求、创一流"的原则，以一流的资源、一流的厂房、一流的设备、一流的技术、一流的人才、一流的管理创造一流的产品，以一流的服务真情回报社会。

产品主要包括：

纯奶系列：袋装纯奶、盒装低脂奶、袋装鲜奶等；

酸奶系列：大红枣酸牛奶、原味塑杯、草莓塑杯、袋装草莓奶、原味乳酸饮料等；

果奶系列：香橙奶、核桃奶、早餐奶、巧克力奶等；

精品系列：盒装精品奶；

无菌奶系列（百利包）：核桃奶、原味乳酸饮料、纯奶等。

请思考：请根据以上背景资料，为该企业制定一个2016年在你所在家乡县城的完整的国庆节促销方案。

任务三 招标书

一、情景导入

某市职业技术学院重点专业电子商务综合实训室教学设备项目总投资额为 32 万元。该单位决定对该项目采取公开招标的方式,并由其自行组织招标。2012 年 6 月中旬,该学院在当地媒体刊登招标广告,招标公告明确了本次招标对象为本市内有相应资质的采购代理机构。由该学院组建的资格评审小组对申请投标的 10 家采购代理机构进行资格审查,8 家机构通过了资格审查,获得了投标资格。2012 年 6 月 30 日,该学院向上述 8 家机构发布了招标文件,招标文件确定了各投标单位的投标截止日是 2012 年 7 月 10 日。7 月 1 日,该学院曾向政府有关部门发出参与招标活动的邀请,该项目于 7 月 10 日 13 时公开开标。该次评标委员会是由该学院直接确定的,共由 7 人组成,其中招标人 4 人、技术专家 2 人、经济专家 1 人。当日下午至次日上午,投标委员会对 8 家投标企业递交的标书进行了审查,并向学院按顺序推荐了中标候选人。该学院提出应让名单之外的某采购代理机构中标,原因是该机构提出的优惠条件较好(实际上是垫资采购)。

请思考:

1. 该代理采购招标存在哪些方面的问题?
2. 请为该代理采购拟定一份招标公告。

二、理论教学

(一)招标书的含义

招标,是招标单位法人在决定发包建筑工程、购进大宗物品、引进新的技术和设备时,先期公告社会或发出邀请书招人承揽的一种行为。它可以利用投标者之间的竞争达到优选买主和承包者的目的。招标书就是这种商品交易行为所形成的书面文件。一般通过报刊、广播、电视等公开传播媒介发表。在整个招标过程中,它是属于首次使用的公开性文件,也是唯一具有周知性的文件。

(二)招标书的写作格式

1. 封面

题目、招标项目名称及编号、招标单位(盖章)、法定代表人或其委托代理人

（盖章）。

2. 供应商须知（1. 说明；2. 采购文件；3. 报价文件编写；4. 报价文件递交；5. 公开报价与谈判；6. 授予合同；7. 成交服务费与公证费；8. 解释权）

3. 项目说明

4. 合同格式

5. 项目验收单

6. 附件（附件1. 报价函；附件2. 法定代表人授权委托书；附件3. 报价一览表；附件4. 分项报价表；附件5. 报价偏离表；附件6. 经营业绩一览表；附件7. 报价文件密封件正面和封口格式）

7. 补充说明：1. 调研与预测的方法；2. 局限性（样本规模的局限、样本选择的局限、其他局限）

8. 备查资料：调研问卷、技术性附件、其他附件（如调研对象所在地地图、参考资料等）

（三）招标书的体例展示

××大桥工程施工招标广告

为加快全省农村公路建设，科学控制工程造价，确保工程质量，促进公路工程建设管理体制的改革，××市交通局决定对××大桥实行施工招标，要求如下：

一、工程地点。本工程位于××—××（由××公路段拟建的二级公路上，中心里程为5K+465）。

二、工程规模与工程结构。大桥上部为普通钢筋混凝土T型支架，跨径20米、计7孔，桥面行车道宽9米，两侧各设1米宽人行道；下部结构为钢筋混凝土钻孔灌桩基础，双柱式桥墩，框架式桥台；桥梁全长144米。此外尚有截水坝等防护工程（详见施工设计）。

三、工程开竣工日期。2015年4月份开工，2016年11月竣工。

四、工程建设实行五包。即包工程数量、包工程造价、包工程质量、包工期、包工程材料。

五、凡本省内交通系统驻××地区内的各施工企业以及几年来参加交通系统公路桥梁建设水利三、四工程处或市政一、二公司等单位，均可参加投标。

六、参加投标者，请携带本单位介绍信，于2015年1月25日上午9时到市交通局报名登记，领取招标文件及施工图，收成本费30元。逾期不予办理。

××市交通局基本建设科（招标办）

××年××月××日

（四）招标书的写作注意事项

1. 周密严谨。招标书是签订合同的依据，是一种具有法律效应的文件。内容和措辞都要周密严谨。

2. 简洁清晰。招标书没有必要长篇大论，只要把所要讲的内容简要介绍，突出重点即可，切忌没完没了地罗列堆砌。

3. 注意礼貌。招投标行为是一种公开公正公平的经济活动，要遵守平等、诚信的原则，切忌盛气凌人，居高临下，更反对低声下气。

三、写作训练

××省机电设备招标公司招标公告

××省机电设备招标公司受××区政府采购中心委托就电教设备项目进行国内公开招标，邀请有兴趣的合格投标人参加投标。

招标编号：0612C2010011

招标名称及数量：投影机13台，电动银幕13张，电脑13台。详细技术规格参阅招标文件中的用户需求。

交货时间：所购设备合同签订后10日内交付。

购买标书时间：2010年2月27日至2010年3月7日。

购买标书地点：金鹰大厦10楼。

投标截止及开标时间：2010年3月10日上午10点。

联系方式：有关此次招标事宜，可按下列联系方式向招投标机构查询。

地址：西城区

电话：6243258

传真：×××××××

网址：×××××××

联系人：张先生

开户银行：×××××××××

账号：××××××××××

××省机电设备招标公司

2010年2月17日

请思考：请指出该文书的错误之处，并根据写作要求改写。

任务四 投标书

一、情景导入

培训楼工程投标书

根据××铜矿兴建培训楼工程施工招标书和设计图的要求，作为建筑行业的二级企业，我公司完全具备承包施工的能力与条件，决定对此项工程投标。具体说明如下：

一、综合说明

工程简况（工程名称、面积、结构类型、跨度、高度、层数、设备）：培训楼一栋，建筑面积10700m^2，主体6层。框架结构：楼全长80m，宽40m，主楼高28m，二层部分高9m。基础系打桩水泥浇筑，现浇梁柱板。外粉全部，玻璃马赛克贴面、内粉混合砂浆采面涂料，个别房间贴壁纸。全部水磨石地面，教室呈阶梯形，个别房间设空调。

二、标价（略）

三、主要材料耗用指标（略）

四、总标价

总标价3408395.2元，每平方米造价370.23元。

五、工期

开工日期：2014年2月5日

竣工日期：2015年8月20日

施工日历天数：562天

六、工程计划进度（略）

七、质量保证

加强全面质量管理，严格操作规程；加强各分部分项工程的检查验收、上道工序不验收，下道工序决不上马；加强现场领导，妥善保管各种设计、施工、试验资料，确保工程质量达到全优。

八、主要施工方法和安全措施

安装塔吊一台、机吊一台，解决垂直和水平运输；采取平面流水和立体交叉施工；关键工序采取连班作业，坚持文明施工、保障施工安全。

九、对招标单位的要求

对招标单位提供临时设施占地及临时设施40间，我们将合理使用。

十、坚持勤俭节约原则，尽可能杜绝浪费现象

附件：本公司基本情况介绍

电话：0731-28921168

传真：0731-28921166

手机：13908452127

投标单位：××建筑工程有限公司（公章）
负责人：李立（盖章）

请思考：

1. 该投标书主要介绍了哪些内容？其格式完整、规范吗？
2. 请总结一份完整、规范的投标书应该包含哪些内容？

二、理论教学

（一）投标书的含义

投标书（bidding documents），是指投标单位按照招标书的条件和要求，向招标单位提交的报价并填具标单的文书。它要求密封后邮寄或派专人送到招标单位，故又称标函。它是投标单位在充分领会招标文件，进行现场实地考察和调查的基础上所编制的投标文书，是对招标公告提出要求的响应和承诺，并同时提出具体的标价及有关事项来竞争中标。

投标书是招标工作时甲乙双方都要承诺遵守的具有法律效应的文件，因此逻辑性要强，用语要精练准确。

（二）投标书的写作格式

1. 封面：题目、投标单位名称（公章）、法定代表人或授权代表（印鉴或签字）和投标书制作时间

2. 第一章：开标一览表

3. 第二章：法人资格证明
4. 第三章：授权书
5. 第四章：供应商简介
6. 第五章：投标货物服务承诺函
7. 第六章：投标人情况表
8. 第七章：投标货物分项报价表
9. 第八章：备品备件清单
10. 第九章：投标规格响应表
11. 第十章：技术规格响应表
12. 第十一章：技术规格偏离表
13. 第十二章：商务条款偏离表
14. 附件：（1）营业执照；（2）组织机构代码证；（3）质量体系认证书；（4）图纸。

（三）投标书的体例展示

投标书

致：_____（业主地址）

_____（业主单位名称）

先生们：

此投标书是对于_____工程的投标。

业主要求的完成期限为_____个月。

一、在考察了工程现场以及研究了上述指定工程的图纸、条款、技术规范、补充资料表和工程表之后，并根据投标者须知，我们作为签署人，愿意以_____人民币（或某外币），按照所述图纸、合同条件、技术规范、补充资料表和工程量表，承担上述全部工程的施工建设和维修工作；并根据投标者在上述工程将承担的施工建设和维修工作的图纸、合同条件、技术规范、补充资料表和工程量表中业已指定、标明、描述和暗示过的，或将被推断出的要求，提供全部劳务、材料、设备和各类物品。根据所述条件，上述应付款中有百分之_____（_____%）为补充资料表中所列的一种或多种外币。

二、我们保证：如果我们的投标被接纳，我们将自签署合同协议书60天起_____个月内建成并交付在本招标文件中所指定的全部合同工程。

三、如果我们的投标被接纳,当需要时,我们将在中标通知书规定的时间内,按照合同条款提供一份为我们联合担保和分别担保的保证金数额不小于上述合同总价10%的银行(由你们认可的)履约保函或一份保证金数额不小于合同总价30%的担保公司的履约担保。

四、我们同意自开标之日起180天内遵守此投标书条款,在期满之前本投标书将始终对我们具有约束力。我们同意按照本投标书投标者须知14条要求,随同投标文件提供一笔在投标有效期内有效的投标保证金。

五、直到签署正式协议止,本投标书连同你们的中标通知书将构成我们双方之间具有约束力的合同。

六、我们同意投标者须知、合同条款、我们已标价的工程量表、补充资料表、技术规范和图纸对我们具有约束力,我们还同意根据合同条款的规定、经过修正后的工程表和补充资料表作为结算经过修改的和任何工程变动的,以及工程师随时指定的额外工程取费的依据。

七、我们理解,你们并无义务必须接受标价最低的投标或受任何一份投标书的约束。

日期_____年_____月_____日

签字_____以_____的身份,经正式授权并代表(投标者单位)全权签署投标书

地址:_____

证人:_____

地址:_____

职务:_____

(四)投标书的写作注意事项

1. 情况要了解清楚。起草投标书前一定要了解清楚各方面的情况:一是全面了解招标公告的内容,特别是其所提供的招标项目的有关情况,如招标范围、规定、招标方式等。二是全面了解招标项目的市场情况,要对招标项目进行周密的调查研究和准确分析。

2. 自我介绍要实在,投标者对自身条件和能力的介绍要实事求是,不虚夸,不溢美。投标书中提出的措施、办法要切实可行。

3. 内容表述要规范。投标书的内容关系到中标机会,要满足商务标书和技术标书的具体要求,要注意与招标书相对应,对招标条件和要求做出明确的回答和说明,数

字要精确,单价、合计、总报价均应仔细核对,投标书的体式也要完整无缺。

4. 要堵塞漏洞。要防止投标书中出现漏洞,比如未密封或未加盖公章,或负责人未盖印章,或采取活页式文件装订,或保证完成的时间与招标规定不符等问题,看似细枝末节,但若不注意,就可能成为无效投标书。

5. 要遵守法律法规。投标者不得互相串通投标报价,不得与招标者串通投标,也不得以低于成本的报价竞标。

三、写作训练

××市永昌建筑工程有限公司水泥招标公告
(政府采购编号:CSSCG-2010-10)

永昌建筑工程有限公司购买水泥项目经××市发展与改革委员会×计(2010)103号文件批准,现进行公开招标采购,热忱欢迎合格的供应商前来投标。

一、采购项目名称及内容

水泥:60000 吨

二、投标人资格要求

(一) 投标人必须是在中国境内注册,有独立法人资格和承担民事责任能力;

(二) 投标人必须符合《中华人民共和国政府采购法》第二十二条规定的内容;

(三) 注册资金1000万元(含1000万元以上);

(四) 符合采购文件关于资质的其他要求。

三、采购文件发售时间、地点

采购文件从即日起,每天8:30—12:00,14:30—17:30在永昌建筑工程有限公司大楼二楼办公室(202室)发售。

四、采购文件售价

采购文件每份售价为400元人民币,售后不退。

五、投标截止时间和开标时间及地点

投标保证金截止时间:2014年3月1日上午9:00

投标截止及开标时间:2014年3月1日上午9:30

投标及开标地点:永昌建筑工程有限公司大楼二楼会议室

六、采购人名称、地址及联系方式

名称:永昌建筑工程有限公司   地址:××市友谊路78号

联系人：许小姐 　　　　　　　　　　联系电话：8882486

永昌建筑工程有限公司
二〇一四年二月一日

请根据以上背景资料，以××水泥厂的名义撰写一份投标书。

模块六　旅游酒店应用文

项目一　旅游酒店应用文识别能力训练

任务一　旅游酒店应用文基础知识

一、旅游酒店应用文的含义及分类

旅游酒店应用文是旅游酒店业从业人员在管理、经营、学习、生活中，处理各项公务和日常事务、交流信息、解决具体问题时经常使用的具有一定惯用格式的规范性应用文体。它具有很强的实用性、针对性和行业性，既有一般应用文体的基本性质，又有旅游酒店行业工作及活动的特性。

旅游酒店应用文的文种、体裁繁多，根据不同的分类标准有不同的分类方法。本书本着实用、够用、管用且不与其他章节内容重复的原则，根据旅游酒店行业具体工作应用实际，对旅游酒店应用文进行分类介绍。

（一）旅游业务类文书的种类

1. 旅游介绍类文书。是指对旅游景区和景点进行介绍说明，最终达到引起游客关注、兴趣目的的应用文书。包括导游讲解词、景区景点介绍、旅游指南等。

2. 旅游策划类文书。是指对未来的某个旅游活动或事件进行策划的应用文书。这里主要介绍旅游广告文案策划书和旅游专题活动策划书。

3. 旅游宣传类文书。是指利用电视、报纸、网络等新闻媒体进行旅游信息传播和宣传报道的应用文书。包括旅游消息、通讯和评论等。

4. 旅游礼仪类文书。是指在与旅游相关的社交场合用以表示礼节的格式相对固定的应用文书。包括导游欢迎词、欢送词等。

5. 旅游业务表格。是指旅游行业为了提高业内工作效率而制定的各种业务表格。

包括旅行社派团单、团队接待计划确认书、旅行社订房计划单等。

（二）酒店业务类文书的种类

1. 酒店例会纪要文书。是指用于记载、传达酒店各种例会会议情况和议定事项的应用文种。包括备忘录、酒店经理早会纪要、周会纪要等。

2. 酒店住房契约文书。是指酒店与客户之间为保障双方合法权益而签订的契约性文书。这里主要介绍酒店长包房协议。

3. 酒店营销策划文书。是指酒店为达到预期销售目标而制定的整体性策划文书。

4. 酒店业务表格。是指酒店为提高工作效率而制定的各种业务表格。包括做房记录单、房间流量控制表、散客订餐单、旅行社团队预订卡等。

二、旅游酒店应用文的写作要点

旅游酒店应用文除了具备一般应用文的特点外，还具有自己的特点：

1. 一般性应用文在语言上要求朴实得体、严谨庄重，一般不宜运用辞藻华丽的文学语言，而旅游酒店应用文并不排斥合理的文学性内容和语言表达方式。例如在进行导游讲解词写作时便经常运用比喻、拟人等修辞手法对景物进行描摹，使景点讲解更加形象生动、引人入胜。

2. 一般性的应用文写作要求体裁格式正确、结构严谨、直述不曲，但旅游酒店行业内部使用的非专业性应用文，在格式上没有过于严格的要求，不需要固定体式，可以体现出奇特、新颖、灵活。比如在写作旅游评论时，可以有生动、形象的描述，可以有诙谐、幽默、风趣的调侃，甚至可以融入笔者的主观情感和价值取向。

任务二　旅游广告文案策划书

一、旅游广告文案策划书的含义

旅游广告是旅游企业或相关旅游机构通过各种媒介向旅游者宣传旅游产品、旅游服务等有关信息的活动，广告内容的文字化表现即旅游广告文案策划书。

二、旅游广告文案策划书的写作格式

旅游广告文案的创作，一般没有固定的格式，写法相对灵活。从结构上讲，一般包括标题、正文、广告标语和随文四个部分。

（一）标题

标题是旅游广告的精髓，是旅游广告的眼睛，可谓"题好文一半"。出色的广告标题不仅能吸引受众的眼球，诱发人们阅读全文，而且还能起到画龙点睛的作用。

广告标题可分为直接标题、间接标题和复合标题三种。

1. 直接标题。直接点明广告主题，写出要宣传的旅游景点或景区，使人一目了然。例如："璀璨明珠——张家界""中国东北游，中国冰雪之旅"。

2. 间接标题。标题中并未直接点明要宣传的旅游景点，而是通过富有趣味性的语言含蓄委婉地传达旅游信息，激起人们的好奇心。例如："悠久的历史积淀，丰厚的文化珍存"（西安阿房宫遗址广告宣传标题）、"露天博物馆"（意大利旅游广告标题）。

3. 复合标题。是直接标题和间接标题的综合运用，通常用破折号隔开，双行表示。例如："姑苏城外寒山寺，夜半钟声到客船——全国十大旅游城市苏州"。

（二）正文

正文是广告文案的中心和主体，它对旅游产品及服务进行详细的介绍。广告的绝大部分信息都是依靠正文来传达的。

广告正文写作格式不拘，一般包含以下几个方面的内容：

1. 产品介绍。详细介绍产品，一般用事实和数据介绍产品的特点、特色、功能等，以激发消费者的购买欲望。

2. 产品评价。一般通过产品的获奖证明或名人的赞扬来提高产品的可信度。

3. 产品情感。用产品来与消费者进行情感沟通，增加广告的艺术感染力，从而让结尾达到耐人寻味的目的。例如：

菲律宾旅游广告——"十大危险"

小心购物太多，因为这里的货物便宜；小心吃得过饱，因为这里的食品物美价廉；小心被晒得一身古铜色，因为这里阳光充足；小心潜入海底太久，记住勤出水换气，因为这里的海底世界特别瑰丽；小心胶卷不够用，因为名胜古迹太多；小心上山下山，因为这里的山光云影常使人顾不了脚下；小心爱上好客友善的菲律宾人；小心坠入爱河，因为菲律宾的姑娘实在热情美丽；小心被亚洲最好的餐馆宠坏；小心对菲律宾着迷而舍不得离去。

(三) 广告标语

广告标语也称广告口号、广告词，是广告中长期、反复使用的一种简明扼要的口号性语句，往往强调当地旅游特色和地域色彩。它可以出现于广告的任何一个部位，一般独立于正文之外。它高度概括凝练，具有很强的号召力和感染力，且朗朗上口，好读好记，可以加深人们对旅游产品的理解和记忆，具有鼓动与诱导作用。

许多产品往往因为一句经典的广告语而深入人心、家喻户晓，因此广告标语的写作非常重要。它不仅要求用语简洁精练，更在于构思的巧妙灵动。

1. 一些旅游广告标语着眼于深厚的历史文化积淀，以文化吸引游客。例如："金戈铁马三千年，碧水青山襄阳城。"（襄阳旅游广告语）

2. 一些旅游广告标语生动活泼，以情感鼓动游客。例如："精彩湖南，浪漫潇湘。"（湖南旅游广告语）。

3. 一些旅游广告以特色旅游产品为主题，以此来招揽游客。例如："花格子呢和威士忌之乡。"（苏格拉旅游广告语）

4. 一些旅游广告以当地特色景观为切入口，激起游客的审美兴趣。例如："空气，阳光，海水浴。"（突尼斯旅游广告语）

(四) 随文

随文是正文的附属，又称附文、落款，是对正文的补充，是广告诉求的最后推动。单位名称及地址、网址、联系方式、注意事项等信息一般都放在随文部分。

三、旅游广告文案策划书的体例展示

荆州古城墙

闻听三国事，每欲到荆州。荆州古城墙，屹立在荆州土地上，见证着荆州的发展和走过的岁月。宾阳楼、城上三山、雄楚楼、仲宣楼、明月楼，一个个伫于城楼上，看着古代城下人们的匆匆而过，也目睹着今人的来来去去。打马走过的岁月，匆匆而过的时光。荆州古城墙，等着你的抚摸，等着你的触及。

广告标语：游一趟荆州，梦一回三国

随文：荆州，地处湖北中南部，江汉平原腹地。自古就有文化之邦、鱼米之乡的美誉，为国务院首批公布的国家历史名城。

任务三　旅游专题活动策划书

一、旅游专题活动策划书的含义

旅游专题活动策划书是指在旅游领域召开的新闻发布会、庆典活动、社会赞助活动、节日庆祝活动等场合，为突出一个主题、达到一个目的而制订的活动计划方案。

二、旅游专题活动策划书的写作格式

旅游专题活动策划书行文较为灵活，格式不拘，一般由策划名称、背景、主题和内容构成。

（一）策划名称

策划名称一般由具体专题活动名称和文种构成，如"××旅游活动策划书"；详细的策划书名称还包括时间、主题等因素，如"2014年9月'聊城美食文化之旅'专题活动策划书"。

（二）策划背景

根据策划书的主题阐述活动开展的环境、原因、基本情况、组织部门、达到的效果等，其分析重点因活动目的而异。

（三）策划主题

根据活动所要达到的具体目的来设计专题活动的主题，并用主题来统领整个活动。活动的主题既可以是一句口号，如"展现饮食文化魅力，打造名城旅游品牌"，也可以简单地陈述表白。

（四）策划内容

旅游专题活动策划具体内容可以从活动的人员安排、时间地点、工作环节、费用预算、安全措施、预期效果等几方面进行分析。

1. 人员配置：专题活动策划与实施过程中的相关部门、人员配置及其相应的责任。

2. 时间地点：策划人员应选择合适的时间、便利的地点、舒适的环境，便于活动的顺利开展。

3. 工作环节：应按照时间的先后顺序排列，详细写出活动前、活动中以及活动结束后的具体工作安排，并指出各部门、各环节沟通衔接的注意事项。

4. 费用预算：成本费用是专题活动策划需要考虑的一个重要因素，制订策划方案时应周密计算每个环节的资金预算。

5. 安全措施：对活动过程中可能出现的突发情况进行预测并制订预防措施。如情况不明，则应该通过调查研究等方式进行分析补充。

6. 预期效果：指在旅游专题活动开展之前，活动策划方对其最终的效果进行预先的期望和猜想。旅游专题活动举办的预期效果多从扩大社会影响、增加经济收入等方面进行分析。

7. 附件：一些大型的旅游专题活动策划书有附件，其中包括一些参考资料、备注以及需要强调的细节部分，以此对资料进行补充完善。

三、旅游专题活动策划书的体例展示

巴蜀大学首届旅游文化节专题活动策划书

【活动目的】

传承旅游文化，体验旅游魅力，展示旅游风采，丰富校园文化生活，提高大学人文素质，引导在校大学生对旅游及旅游文化重新审视。在校园中推行大众旅游、时尚旅游、健康旅游和低碳旅游。同时也借助活动的开展，传承旅游文化知识，开拓新的旅游发展的模式和途径，更好地将校园文化活动与旅游产业相结合，努力创造复合型的创新人才，提升巴蜀大学的形象，扩大巴蜀大学的影响。

【活动名称】

巴蜀大学首届旅游文化节

【活动主题】

传承文化 魅力旅游 拓展素质

【活动时间】2015 年 3 月——2015 年 6 月

【活动机构】

主办单位：教务处、学生工作部

承办单位：旅游学院、都江堰校区教务部、都江堰校区团委

协办单位：各学院

支持单位：广之旅集团

领导小组：

组　　长：秦自强 庄天慧 杨文钰

副 组 长：李武生　李 天　卢昌泰　杨启智

成　　员：秦之香　魏俊益　屈智成　向劲松　周荣华　罗 燕　郭 凌

　　　　　耿宝江　樊玉良　朱 翔　廖忠英　陈红君　刘少宇　杨 珩

【活动内容】

一、巴蜀大学首届旅游文化节开幕式

1. 时间：4月

2. 地点：旅游学院茶艺长廊

3. 简介：邀请学校领导、校区领导和各学院领导参加。开幕式由剪彩仪式、专家讲座、自行车环保游活动等活动组成。开幕式用旅游风景名胜、非物质文化遗产、风物特产等内容的图片来烘托气氛；专家讲座邀请旅游业知名专家；自行车环保游以"健康、快乐、绿色、低碳"为主题，着统一文化衫，展示巴蜀学子的青春魅力，宣传健康、快乐、绿色、低碳旅游。

二、旅游讲坛

1. 时间：4—6月

2. 地点：待定

3. 简介：旅游讲坛由专家讲坛、草根讲坛、学术科研活动等内容组成。专家讲坛邀请校内外知名专家、学者以及旅游企事业知名人士进行旅游文化、行业动态与趋势、旅游策划、旅游规划等相关讲座，以增进对旅游文化的了解，推动旅游产业的发展；草根讲坛于在校学生中选拔推荐优秀学生来开展；学术科研活动以"传承旅游文化·发展旅游产业"为主题，以思考、探索、实践、发展和创新为目的，让每一位参与的同学都得到一定的学术科研创新训练和专业实践运用锻炼。

三、"健康之旅"导游大赛

1. 时间：2015年5月19号

2. 地点：活动中心

3. 简介：结合5.19国际旅游日，面向全校同学开展"健康之旅"导游大赛，参赛选手应选择以"健康、快乐、低碳"的主题旅游进行展示。大赛评分分为VCR实景现场讲解和模拟导游两个部分。

四、旅游产品设计大赛

1. 时间：4—6月

2. 地点：待定

3. 简介：

比赛项目：旅游线路设计、特色旅游项目设计、节庆活动设计等。

比赛形式：①旅游产品设计方案的撰写，内容分为市场调研、策划创意、组织实施、产品包装、营销推广、风险预估与防范等六个部分。②旅游产品设计方案的阐述，各代表队分别以 PPT 的方式演示产品设计方案。③现场答辩。

五、旅游游记展示

1. 时间：3—6 月

2. 地点：待定

3. 简介：活动内容包括"旅游天下，小相片，大世界"旅游摄影展以及旅游游记视频展。

六、"传承旅游文化·发展旅游产业"班级活动

1. 时间：3—6 月

2. 地点：待定

3. 简介：以班为单位，以"传承旅游文化·发展旅游产业"为主题，开展形式多样、丰富多彩的班级活动，并以 DV、照片等形式进行记录。组委会将对各班活动进行评比，并给予奖励。

七、巴蜀大学首届旅游文化节颁奖典礼暨闭幕式

1. 时间：6 月

2. 地点：学生活动中心

3. 简介：举行颁奖典礼晚会，以各种形式展出旅游文化节成果，对获奖个人及团队颁发奖品及证书。

【经费预算】

序号	活动名称	金额（元）	备注
1	巴蜀大学首届旅游文化节开幕式	10000	
2	旅游讲坛	10000	
3	"健康之旅"导游大赛	5000	
4	旅游产品设计大赛	8000	
5	旅游游记展示	5000	
6	"传承旅游文化·发展旅游产业"班级活动	10000	
7	巴蜀大学首届旅游文化节颁奖典礼暨闭幕式	20000	
	合计	68000	

【预期效果】

1. 在校园里倡导一种时尚、健康的旅游新观念，影响大学生旅游目的地及出游方式选择的多样化。

2. 服务大学生课余生活，充分展现当代大学生的旅游情结，让未来的社会中坚群体对旅游及旅游文化的概念有个新的认识。

3. 为塑造和传播巴蜀大学新形象贡献力量，提升学校的知名度。

4. 提升学生动手实践能力，使理论教学与实践活动相结合，使学生在提高实践能力的同时对理论知识有一个更深层次的理解和认识。

2015 年 3 月

任务四　旅游消息

一、旅游消息的含义

消息是用概述的方式，以简明扼要的文字，迅速及时地报道最新事实的短篇新闻。因其在新闻媒体中使用频率最高，使用数量最多，是新闻报道中最常用的文体，故人们也常把消息称为新闻。

旅游消息是指对新近发生或发现的与旅游有关且具有新闻价值和社会意义的事实进行迅速及时、简明扼要的报道。

消息写作多采用"倒金字塔"式结构，即把最为重要、最为精彩、最吸引人的消息事实放在前面，最不重要的放在最后。这种结构便于记者写稿，便于编辑修改文稿，也便于受众阅读消息。

二、旅游消息的写作格式

旅游消息一般由标题、导语、主体、背景和结语构成。

（一）标题

撰写旅游消息标题，应力求做到"准、鲜、活"，具有强烈的吸引力。旅游消息的标题有主题、引题、副题之分。主题是对旅游消息里面的主要事实与内容的概况与提炼，是标题的主体，主题要新颖、醒目；引题在主题的上方，是对主题的引导、说明；副题在主题的下方，是对主题的补充、注释。一般情况下，在新闻中无须三个全具备。特殊情况下主题不能完全表达作者意图时，会用引题和副题。因此，旅游消息的标题又分以下三种形式：

1. 单行标题。例如：

阿联酋借邮轮新政吸引中国游客（主题）

2. 双行标题。例如：

2015 年全国旅游工作会议在南昌召开（主题）

确定今后 3 年旅游业发展 "5 大目标" "10 大行动" "52 项举措"（副题）

3. 三行标题。例如：

旅游业对经济的贡献仅仅是消费吗？（引题）

增强产业自信、行业自信、事业自信（主题）

促进旅游业改革发展需要树立五个新认识（副题）

（二）导语

导语是旅游消息的头一句或第一段，它反映消息中最有价值、最核心的事实。它一般包括消息头和导语主体两部分。

1. 消息头。消息头是消息的外在标志，也是版权所有的标志。它一般用括号或显著字体标出（正文文字是宋体，消息头为楷体或黑体），置于稿件开头，表明稿件发出的单位、地点、时间。消息头主要有"讯"和"电"两类。"讯"指通过邮寄或书面递交的形式向媒体传递的报道，"电"指通过电报、电传、电话、计算机等传输的报道。

2. 导语主体。消息头之后紧接导语主体。导语主体是消息的开头，是以简练而生动的文字介绍新闻事件中最重要、最精彩的内容，揭示消息的主题，并引起读者阅读兴趣的部分。例如：

新华网山东频道 4 月 27 日电 4 月 27 日，山东省旅游新闻协会在济南召开年会，并表彰了 70 篇山东旅游好新闻。

（三）主体

主体是消息的躯干，是导语的展开或续写部分。主体承接导语对新闻事实进一步报道，是对导语的铺延和展开，全面具体地叙写消息的内容，回答或者具体说明导语提出的问题，以充实印证导语中的内容，满足读者进一步了解事实的需要。行文时应做到内容充实、层次清楚、语言精练。

（四）背景

背景是消息发生的历史情况和环境条件。背景材料是用来帮助读者理解消息内涵的，一般有三类：对比性材料、说明性材料和注释性材料。交代消息背景时应紧扣主题。

（五）结语

结语是旅游消息的最后一句话或最后一个自然段，常对全文内容作概括性小结，或对新闻事件的发展趋势做出预测，或根据所报道的事实提出值得深思的问题。当然，有时消息是没有结语的，事实叙述完毕就自然结尾了。虽然不是每一则消息都有单独的结语，但好的结语无疑对表现事物的完整性和逻辑的严密性、对突出和深化主题均有重要作用。

三、旅游消息的体例展示

诗传千古情——成都诗圣文化节在杜甫草堂开幕

中新网成都2月15日电（记者 杨杰）诗传千古情，花重锦官城。2月15日，由成都市文广新局、青羊区人民政府主办的第六届成都诗圣文化节——乙未年"人日游草堂"系列文化活动正式拉开帷幕。

"杜甫草堂的气氛真不错，诗圣文化节的内容很有特色。"一位携家人来蓉旅游的广州游客汪先生对当天上午的开幕式做出如上评价。

伴着优美的琴声，绽放的红梅，在阳光明媚的活动现场大雅堂，来自外地的游客和此间市民近千人共同见证了第六届成都诗圣文化节活动的开启。优雅的舞姿和着婉转悠扬的古典音乐，一段独舞《诗圣情怀》拉开了开幕式序幕，将人引入当年诗圣杜甫寄情于浣花溪畔的生活雅趣，舞者挥毫泼墨的身影，拨动着人们心灵深处的丝弦。

杜甫草堂博物馆馆长贾兰在致辞中介绍了成都最具特色的传统民俗活动——人日游草堂系列文化活动，并特别推荐了今年该馆与中国美术馆共同策划的"诗圣著千秋——杜甫成都诗作书画作品邀请展"，希望参观者借此领略到杜甫在成都居住时的闲情雅致和伟大情怀，感受到中国诗歌文化的独特魅力。

据介绍，自清代何绍基肇始，在每年农历正月初七的人日，凭吊诗圣，赏梅祈福，成为成都市民新春伊始的重要文化活动。2011年，"人日游草堂"活动正式入选四川省人民政府公布的第三批四川省非物质文化遗产名录。本届活动内容丰富，包括人日祭祀、草堂唱和、书画精品展、国学乐园、创意集市等传统文化活动。

今年人日，除了将传承源自于清光绪年间的祭拜活动外，还邀请到江油李白纪念馆、眉山三苏祠、崇州陆游祠等蜀地诗人博物馆的同仁齐聚一堂，举行"草堂唱和"诗歌朗诵会。

当天开展了"诗圣著千秋——杜甫成都诗作书画作品邀请展",历时一年筹备,展出近二十位当代书画艺术家精心创作的杜甫成都诗作书画作品六十余幅。参展的部分作品将捐赠给杜甫草堂博物馆永久收藏。

任务五 旅游通讯

一、旅游通讯的含义

旅游通讯,也称风貌通讯,是运用叙述、描写、抒情、议论等多种手法,具体、生动、形象地反映旅游新闻事件或旅游典型人物的新闻报道方式,是一种比消息更详细和深入地报道旅游事实的新闻体裁。旅游通讯具有容量大、样式多、写法活等特点。报刊上标有"见闻""巡礼""侧记""纪行"一类字眼的通讯文章,大都属于旅游通讯。

二、旅游通讯的写作格式

旅游通讯的写作格式灵活,一般由标题、开头、主体和结尾构成。

(一)标题

旅游通讯的标题可以直接揭示旅游新闻事实,也可以曲笔达意,拟写时应讲究文采。

1. 直述新闻事实。例如"春风回暖高原纳客 拉萨旅游与气温同升",虽然不事雕琢,却有大巧若拙的风范。

2. 提出问题,引发思考。例如"'卡通市长'能否'炒'热张家界旅游?",用一个问题做标题,成功地引起人们的关注和思考。

3. 设置悬念,含蓄隽永。例如"'失落'的阿卡普尔科",用"失落"这个词语成功地激起了读者的兴趣,耐人寻味。

(二)开头

旅游通讯的开头可以开门见山,也可以娓娓道来,其表达方式多姿多彩、不拘一格。概括起来,主要的开头方式有直起式和侧起式两种。

1. 直起式。笔者在通讯的开头直接交代自己的行程,开门见山,简洁明快。如:"2011年8月5日,在闵总的带领下,我们带着欢天喜地的心情,在公司门口搭乘了旅游公司的汽车来到了具有浓郁历史文化气息的古村落——诸葛八卦村。诸葛村是历史上的著名军事家、学者诸葛亮的后裔族人最集中聚居的村镇，其九宫八卦结构的村落布局，堪称江南古镇中独具魅力的一隅风物。当你身处诸葛村那玄妙、优美的古镇风景中时，'宁静致远，淡泊明志'的诸葛氏传统遗风将充斥心灵最深处。"（《三清山旅游通讯》）

2. 侧起式。笔者在通讯的开头利用名人典故、侧面描写等铺垫的方法，慢慢进入正题。如："'海外有一国土，名傲来国。国近大海，海中有一名山，唤为花果山。此山乃十洲之祖脉，三岛之来龙，真个好山……'家乡大儒吴承恩描写的花果山，其原型就是连云港的花果山。"（《一次有意义的党团活动——愉快的"连云港一日游"》）

各地风貌的不同，决定了旅游通讯的写作各具特色。因此，我们不仅要对所写的地方的自然美景能够说出美在哪里，还要能对其历史沿革、地理变迁、文化掌故、诗词题咏、民间传说等有所了解，以把握全篇基调，选取适当的"横断面"加以表现，使旅游通讯的开头显得富有变化和立体感，为读者所喜闻乐见。

（三）主体

旅游通讯应围绕主题，但不要求围绕一个人物或一个中心事件，最好涉及各方面的风貌和特色，特别注重反映某些地方的山川景物、风土人情和民俗习惯。

（四）结尾

1. 自然收尾。新闻事实描述完后不再拖泥带水，而应干净利落收尾。
2. 卒章显志。在通讯的收尾部分再次点明主旨，增加文章的深刻性。
3. 出人意表。有意将一些新闻事实留到最后交代，使文章余韵绕梁，言有尽而意无穷。

三、旅游通讯的体例展示

海内外游客情迷贵州千年岜沙苗寨

岜沙是贵州省从江县丙妹镇的一个行政村，由宰戈新寨、王家寨等五个自然寨组成，村里居住着500多户2200余名苗族同胞。因为寨中成年男子常常枪不离身，因此被称为"中国最后一个枪手部落"；加上秦汉服饰的装束，被海内外喻为"一尊尊活的兵马俑"。

正因为岜沙苗寨神秘而独特的习俗，吸引了成千上万的海内外游客到访。每逢假日或周末，岜沙苗寨里游人如织，游客们或聚集在郁郁葱葱的古树林下欣赏曼妙的岜沙苗歌苗舞，或漫步在村里古朴的石板路上感受岜沙苗寨的古风古韵，在蓬勃的绿色中体会着岜沙的神秘。

随着交通的便利，特别是贵广高铁的开通，这个昔日与世隔绝的苗寨一下子拉近了与世人的距离。

苗寨的导游滚水格告诉记者："岜沙良好的生态环境和独特的民风民俗每年吸引80多万中外游客前来旅游体验，今年的清明节期间每天有近千名游客到来。"

刚过的清明节让这个苗寨再次火了一把。"岜沙苗寨的镰刀剃头、树葬等习俗，让我们大开眼界。"广东游客李小凌对记者说。

"我们这里自古以来就有老人去世从来不立坟墓的习俗，先人的墓碑就是那一棵棵大树，村前寨后这些大森林就是祖先的陵园。"村里的导游滚水格介绍说，岜沙人把树看作是神灵，人死了埋葬入土，不留坟墓不立墓碑，只在死者的墓穴上栽种一棵小树，以示生命得到了树神的延续，生命之树从此万古长青，庇护子孙万代安康。

转遍岜沙村头寨尾，笔者惊奇地发现，在这个偌大的苗寨的四周，果然看不到一处坟头一块墓碑。滚水格的话一点不假。

岜沙自称是古代蚩尤部落的一个分支，逐鹿中原蚩尤战败后，岜沙先祖几经辗转来到贵州大山深处的地名叫岜沙（当地苗语即草木繁多茂盛的意思）的地方落寨避难，人们以狩猎和农耕为生。如今，岜沙村发展到5个自然寨共505户2546人，村民的姓氏以滚、贾和王姓为多。

岜沙村老人滚拉旺说，以前是茫茫的大森林保护了岜沙祖先，是树木让岜沙人得以生存并繁衍。因此岜沙人自古以来敬树、护树，对随意砍伐树木祖先就制定有极为严厉的寨规，乱砍伐一棵树木要罚"三个一百"（即一百斤猪肉、一百斤米、一百斤酒）供全寨人食用，以儆效尤。

在岜沙，每出生一个孩子，父母都要为其种上一棵"生命树"苗，并精心护理其长高长大。在这个孩子生长的过程中，如果遇到不顺或者家里突发变故，父母就带着孩子向自家的先祖墓穴上的大树祭拜，祈求祖先庇护并消灾解难。到这个人死后，其子孙就砍下这棵"生命树"做成棺木装尸下葬，然后在墓穴上又种下一棵树，表示逝者永生。春秋轮回，岁月流转，这一奇特的丧葬习俗形成了岜沙独特的"树葬文化"。

虽然人类已经进入飞快发展的现代，但是在岜沙，人们一直固守着先祖的遗训，无论男人女人都一直穿着古老的苗族衣服，男人蓄长发挽发髻于头顶，象征树木葱茏生命常青。

岜沙除了神奇的树葬文化外,还有"秋千节""芦笙节""映山红节""祭树""成人礼""守垴"等十多个风情浓郁独具特色的传统节日和习俗。

"祖先留下来的文化遗产为我们开发旅游提供了取之不尽用之不竭而且别人又拿不走的资源宝库,现在旅游业成了村民们致富的特色产业。"滚水格自豪地说。

正因为如此,岜沙已经成为贵州省一个闻名中外的原生态民族文化旅游景点。据不完全统计,仅2014年岜沙苗寨景区就接待海内外游客达86万多人次,全年旅游总收入近1.62亿元人民币。

任务六　旅游评论

一、旅游评论的含义

旅游评论是社会各界就旅游业新近发生的有价值的新闻事件或社会现象发表的意见、言论的总称,是由报道旅游行业新近发生的新闻事实演化滋生而来的一种新闻体裁,它以传播意见性信息为主要目的和手段。

二、旅游评论的写作格式

旅游评论的写作没有固定的格式和套路,一般由标题、开头、主体和结尾构成。

(一) 标题

俗话说"题好文一半",这句话用来形容标题对于旅游评论的重要性格外贴切。旅游评论的标题往往以凝练精当的文字揭示文章的主题,表达作者对旅游新闻事件或现象的见解或观点。一个靓丽的标题,就像秀美的文眼,引人入胜,让读者迫不及待地想要一睹为快。旅游评论的标题有以下几种主要的拟写方法:

1. 单刀直入。在标题中直接点明作者该篇旅游评论的主要观点和主张。如"别让'旅游热'掏空古村落"。

2. 妙用修辞。在拟写标题时巧妙地运用拟人、比喻、夸张等修辞手法,避免标题一览无遗,增强标题的艺术感染力和审美情趣。如"自驾游:期待'蛋糕'做大"。

3. 巧设悬念。在标题中公布一部分信息,控制一部分信息,靠公布的信息引起公众对隐藏信息的好奇。如"春秋航空的1元机票惹恼了谁"。

4. 引经据典。在标题中引用或者化用古典名著名篇或歌词、广告词等里面的名句或故事，既有亲切感又有新鲜感。如"斗智斗勇 涨价和逃票是现代版的'狐狸与猎人'"。

5. 反弹琵琶。突破思维定式，从常规的反面入手拟写标题，往往使旅游评论独辟蹊径，熠熠生辉。如"景区旅游'卖狗肉'为何'挂羊头'"。

（二）开头

旅游评论开头的写作对于整篇文章有着至关重要的作用。一篇成功的旅游评论开头往往具有以下三个特点：一是引人入胜，二是尽快切题，三是短小精悍。在写作时，比较常见的开头方式有以下几种：

1. 直接进入论题，点明作者的主张和看法。例如：旅游地也有一定的载客量，超过了这个量，旅游地的原生态景观必然受到破坏。（《过度旅游是一种灾害》）

2. 以新闻事件为由头，引出论题。如：如果不是看到如下一则新闻，笔者真还不知道大连市早有"浪漫之都"的美名。大连市旅游协会注册"浪漫之都"商标，涵盖商标法所规定的全部45大类商品和服务。谈到申请注册"浪漫之都"商标的原因时，大连市旅游局局长柳振万说，"浪漫之都"的定位给大连市的旅游业带来了巨大的效益，"然而，有些城市也开始叫'浪漫之都'，如何保持大连'浪漫之都'城市定位的排他性及继续扩大其影响，成了一个新的课题"。（《大连："浪漫之都"为何一定要排他》）

3. 树立靶子，进行驳论。如：近日，备受瞩目的中国公路"零公里"标志对游客开放。第一批游客兴奋之余，纷纷站在标志上合影。由此，一场对国人文明素质的批判再度展开。笔者对此很不以为然。古语云：千里之行，始于足下。中国人常有借物传情的淳朴愿望，"零公里"标志，正满足了国人千里之行的愿望。（《"零公里"遭踩踏 全怪游客素质低？》）

4. 以设问切入，环环相扣。如：50年前，欧洲一些想度假又不想花钱的教师想出了换房旅行的好主意。当年，一些并不富裕的欧洲教师想在欧洲旅游，但又不想多花钱，便"穷"中生智，想出了"换房度假"这个主意。然而，这种方式被搬到中国之后，是否可行呢？

首先，欧洲人夏天休长假是雷打不动的。欧洲人的度假方式多种多样，"换房度假"之所以流行，最大的好处就是省钱。外出度假，即使对比较富裕的欧洲人来说也是一项不小的开支。出门在外，吃、住、行是三项最大的开支。而"换房度假"期间，"住"不需要花钱，"行"可以开对方的汽车，"吃"则可以用对方的厨房自己开伙。这样算下来，省不少钱是肯定的。而在中国，国人每年只有三个被称为"黄金周"、每个时长为 7 天的"集体放风"假期，刨去往返的时间，在目的地的时间最多只有 6 天。短短一星期的时间，房费算不上大头，钱基本都贡献给航空公司了。而为省这不算大头的房费来个换房旅行，还得考察对方的为人可靠与否，再收拾家中细软和私人物件并妥善存放，到了先打扫卫生，走时归置整齐，确实也有点儿"没事找事""画蛇添足"的多余。

（三）主体

主体是旅游评论的核心部分，根据作者的主题，组织材料展开论证，完成对主题的阐述。主体部分的结构安排可以是对比、并列或层层递进，没有固定的模式。

（四）结尾

旅游评论的结尾方式多样，可以是对整篇文章进行精辟概括或在阐述完自己的观点意见后对读者发出号召或提出希望，也可以是含蓄批判或提问结尾，引发读者的深思。题材不同，作者的风格不同，在实际写作中采用的方式也就迥然不同。

三、旅游评论的体例展示

治旅游乱象需"重拳"更需长效监督

在国家旅游局旅游市场专项整治行动中，全国有 44 家 A 级景区被摘牌，11 家旅行社被吊销经营许可证，33 家旅行社受到责令停业整顿的行政处罚。对此，网友纷纷点赞，表示"干得漂亮"。

不同于亮出"黄牌"或"红牌"警告，此次国家旅游局直接采用"摘牌"，可谓一点情面也没留。对于景区和旅行社来说，摘牌、吊销经营许可证、停业整顿等惩罚，算得上是最严苛的"待遇"，而考虑到被罚景区和旅行社数量之多，为整治旅游乱象，此次国家旅游局真是蛮"拼"的。

近些年，各地的旅游乱象，真是让出游者"受够了"：人流超限制导致人山人海，门票乱涨价搞得民怨沸腾，涂鸦满身令景致黯然失色，景区垃圾遍地难免让人有"恨铁不成钢"之感……而频频曝光的景点乱象，很大部分都是因管理不到位所致。其结果是，公众对国内旅游景点的好感丧失，信任殆尽，"再也不到××旅游""旅游，只出国玩""小长假不出门，妈妈再也不用担心我被坑了"等，对旅游乱象吐槽不止，怨声载道。

轰轰烈烈的"摘牌"处罚，老百姓看得开心，清明节准备出游的人更是听得满意。国家旅游局"痛下杀手""重拳"打击欺行霸市、垄断市场、非法经营、欺客宰客、强迫消费等行为，能拔掉一些钉子乱象；采用"摘牌"的重招，扼杀了景区投机取巧的念头，对胡作非为的景区起到了震慑效用。"重拳"之下必有成效，其对旅游业的整肃作用，毋庸置疑。

然而，旅游乱象可不是一两天形成的，要肃清它也绝非一日之功。"重拳"打下去固然可以对旅游乱象起到"被霜打了"的效果，但谁又能保证"春风"一吹，旅游乱象不像小草般再生？所以，长效的监督与惩戒，才是彻底扼杀旅游乱象的除草剂。要让景区坑蒙拐骗不再抬头，必须编制一张严密的旅游乱象防护网，而法律就是防护网最牢靠的组成部分。

目前，我国国内旅游市场规模已居全球第一位，老百姓休闲旅游的需求越来越大，新常态下旅游对经济的提振作用也愈发突出。在此背景下，蓬勃发展的旅游业，切不可被乱象打乱了步伐。国家旅游局有"重拳"，更要有长效的法律监督，如此的组合拳，方能彻底击倒旅游乱象。（来源：中国旅游新闻网）

任务七　酒店长包房协议

一、酒店长包房协议的含义

协议又称协议书，是指国家机关、社会团体、企事业单位或个人之间就某个问题经过谈判或共同协商，取得一致意见后，订立的一种具有经济或其他关系的契约性文书。它将经过双方洽谈商定的有关事项白纸黑字地记录下来，明确了各方的权利与义务，可以作为衡量信用的凭证。因此，协议书一经订立便具有法律效力，对签订的各方均有约束作用。

酒店长包房协议是指酒店与长期租住的客户之间为保障各自的合法权益，经双方或数方共同协商达成一致意见后，签订的契约性文书。

二、酒店长包房协议的写作格式

酒店长包房协议一般由标题、当事人、正文和结尾构成。

（一）标题

标题一般由酒店单位名称、事由及文种三部分构成，如"君豪大酒店长包房协议"。

（二）当事人

订协议双方的名称或姓名，注明一方是甲方，一方是乙方，便于在正文中称呼。为表示慎重，酒店方单位后面有时会加上法定代表人、单位地址等信息。

（三）正文

酒店长包房协议的正文一般由开头和协议条款内容两部分构成。

1. 开头。开头主要写明双方签订协议的依据、目的和双方信守的表态。

2. 协议条款内容。协议条款的具体内容包括以下几个方面，分条逐项列出：协议事项（即双方当事人订立协议共同指向的事物，这里指租赁的客房及相关配套设施）；协议的时间和期限；协议的具体条款和酬金结算事项（价格总额须大写并明确货币种类）；双方的权利和义务；违约责任；未尽事宜的约定等。

（四）结尾

酒店长包房协议的结尾一般包括三个方面的内容：一是署名，二是签订协议的日期，三是附件，即附加的有关材料予以注明，最后还要写清双方的地址、电话、开户银行及账号等信息。

三、酒店长包房协议的体例展示

君雅大酒店长包房协议

甲方：君雅大酒店　　　　　　　　　（以下简称甲方）

乙方：盛达国际教育管理有限公司　　（以下简称乙方）

甲乙双方本着平等互利的原则，经过双方友好协商，就君雅大酒店长包房租赁事宜达成一致，签署本协议，以资共同遵守。

第一条　君雅大酒店同意将 108 号房间出租给盛达国际教育管理有限公司。

第二条　用途、期限

1. 该房间乙方用做居住及临时办公之用，未经甲方书面同意，不得改变房间用途。

2. 双方约定期限自 2015 年 3 月 1 日至 2015 年 12 月 30 日止。

第三条　租金及支付方式

1. 双方约定该房间租金为壹万捌仟元/月，该价格不包含电话费。

2. 乙方在合同生效前 3 日内，向甲方支付相当于 3 月租金的押金。此押金不包含利息，在协议期满时饭店全额退还给乙方。

3. 租金每 3 个月支付一次，需提前 3 日交纳到甲方前台。同时必须支付上 3 个月电话费及其他费用。

第四条　甲方提供的长包房服务包括：

1. 每天清洁房间一次；

2. 每周更换床上用品一次；

3. 提供信件、报纸传递；

4. 如乙方需增加服务内容及次数，甲方有权收取一定数额的费用：

清洁房间：30 元/次；

更换床上用品：25 元/次；

卫生间全套一次性用品：70 元/套；

第五条　关于双方责任及义务

1. 乙方须遵守甲方的规章制度，不得使用出租房间进行任何非法及不道德活动。

2. 未经征得甲方的书面同意，不得对出租房间做出任何改变。房间的内部、地面、墙壁、顶棚及室内的装置，包括所有出租房间的门、窗、电器设施、排风扇、管道、线路应保持良好状态。

3. 甲方将对公共照明、火警监视、空调系统的失灵或停止运转向乙方做出合理保证，但不能减少所应该付的租金或部分租金。

4. 乙方应将贵重物品存放在前台的保险箱内，在任何情况下，甲方不对在房间内发生的丢失、盗窃向乙方做任何保证与赔偿，但可以协助乙方报案和公安机关调查。

5. 除房间内额定电器使用外，乙方使用的其他电器总功率不得超过 500 瓦。

6. 甲方可根据乙方的需要和要求，将不需要的家具撤出。甲方将不提供办公家具和设备给乙方。乙方可根据办公需要，自行购置有关办公设备、家具，但搬入时应通知甲方做好迁入登记工作。协议期满后，乙方搬出自行购置的办公设备、家具时，应通知甲方办理迁出手续。

7. 甲方为乙方提供壹部分机电话，分机电话不可做传真机使用。如乙方要增加传真和直线电话，由乙方与电信相关部门联系解决，一切费用由乙方自行承担。乙方接装时不能破坏甲方房间的设备和装饰结构。

8. 允许任何甲方授权的酒店人员，在任何合理的时间内进行出租房间检查，并完成必要的维修与保养工作。

9. 除了指出甲方的地址、位置外，不得在与乙方有关的生意、经营中使用甲方名称。

10. 不得在出租房间或部分出租房间内存放易燃物、大件物品或进行烹饪制餐活动。任何时间不得在出租房间内大声播放音乐、制造噪声。

11. 空调系统运转时，须保持门窗关闭状态。

12. 不得在出租房间外摆放任何物品。

第六条　关于房屋租赁期间的其他有关费用

1. 甲方将为乙方提供正常的客房服务。如乙方要求甲方提供超常服务时，甲方将按有偿服务收取一定的劳务费。

2. 经甲方书面同意，乙方在房间内使用的大功率电器，将按照一定比例收取电费。

第七条　房屋的转让与转借

在承租期内没有甲方的书面同意，不得转换、转让或分租部分房间给其他人。

第八条　协议变更、解除与终止

1. 乙方不得从事任何非法活动，否则，甲方有权终止本协议的执行，直至追究乙方的法律责任。

2. 乙方不得将房间转租给其他公司或他人使用，否则，甲方有权终止此协议的执行，不再将押金退还乙方。

3. 在承租期内，双方都有权提前终止此协议，但应提前30天以书面形式通知对方，在扣除对甲方的所有未付账款后，甲方应在协议终止后7日内将乙方所付押金退还乙方。

4. 协议期满，乙方不再续签协议，应提前一个月通知。协议期满后7日内，经甲方检查房间及设施无损坏后，甲方将保证金全额退还乙方。否则，将根据甲方财产损耗程度扣除相应比例的保证金。

第九条　房屋的交付及收回的验收

1. 甲方保证租赁房屋本身及附属设施、设备处于能够正常使用状态。

2. 验收时双方共同参与，如对装修、器物等硬件设施、设备有异议应当场提出。当场难以检测判断的，应于7天内向对方主张。

3. 乙方应于租赁期满后，将该房间及附属设施、设备完好地交还甲方。

第十条　其他约定

1. 在乙方租期内，甲方可能对某些部分进行装修，届时甲方将保证乙方员工正常出入，对因施工给乙方可能造成的影响，请乙方给予谅解，但不能减少应该付的租金或部分租金。

第十一条　免责条件

1. 因不可抗力原因致使本协议不能继续履行或造成的损失，甲、乙双方互不承担责任。

2. 因上述原因而终止协议的，租金按照实际使用时间计算，不足整月的按天数计算，多退少补。

3. 不可抗力系指"不能预见、不能避免并不能克服的客观情况"。

第十二条　本协议在履行中发生争议，由甲、乙双方协商解决。协商不成时，甲、乙双方同意由天津市仲裁委员会仲裁。

第十三条　本协议一式4份，甲、乙双方各执2份，均具有同等效力。

甲方：君雅大酒店（盖章）　　　　　乙方：盛达国际教育管理有限公司（盖章）

法定代表人：张建华　　　　　　　　法定代表人：唐英

地址：天津河西区环湖中路22号　　　地址：天津市和平区湖北路19号

签订地点：君雅大酒店1206会议室　　签订时间：2015年2月20日

识别训练

一、选择题

1. "夏季避暑往北——到黑龙江来避暑"这则旅游广告标题属于（　　）

　　A. 直接标题　　　　　B. 间接标题　　C. 复合标题　　D. 双关标题

2. 以下哪一项不属于旅游专题活动策划书中必须囊括的内容（　　）

　　A. 策划名称　　　　　B. 策划背景　　C. 策划主题　　D. 策划人员

3. "新华网湖南频道6月18日电"应该属于旅游消息的哪一个部分（　　）

　　A. 标题　　　　　　　B. 消息头　　　C. 导语主体　　D. 背景

4. 以下哪一项不是旅游消息标题的撰写要求（　　）

　　A. 准　　　　　　　　B. 鲜　　　　　C. 活　　　　　D. 简

5. "世说新旅　旅行无须偶像"这则旅游评论标题运用了以下哪种拟写方

法(　　)

　　A. 单刀直入　　　　　　　B. 妙用修辞　　C. 巧设悬念　　D. 引经据典

二、判断题

1. 旅游通讯是一种比消息更详细和深入地报道旅游事实的新闻体裁，一般具有容量大、样式多、写法活等特点。(　　)

2. 作者在进行旅游评论写作时不能发表自己的意见和观点。(　　)

3. 酒店长包房协议书一经订立便具有法律效力，对签订的各方均有约束作用。
(　　)

4. 为了表示慎重，在签订酒店长包房协议书时酒店方单位后面有时会加上法定代表人、单位地址等信息。(　　)

5. 在酒店营销策划方案的正文部分一般交代酒店基本情况并概述制订该营销策划方案的目的以及缘由。(　　)

项目二　旅游酒店应用文的写作能力训练

任务一　导游欢迎词

一、情景导入

陈桦作为湖南青年旅行社的一名地接导游员，即将承担一个来湘旅游团的参观游览服务工作，请你代陈桦拟写一篇导游欢迎词。请思考：一篇导游欢迎词应该表达哪些要素？导游员如何通过简短的欢迎致辞来拉近与游客之间的距离，树立良好的第一印象？

二、理论教学

（一）导游欢迎词的含义

导游欢迎词是旅游行程开始时导游人员欢迎游客到来的言辞，是导游员第一次面对全体游客的讲话，它直接影响游客对导游员的第一印象和信赖程度。导游员的欢迎词就好比一场戏的"序幕",一部作品的"前言",所以导游员要把握机会,将"良好的开端"变为"成功的一半"。

（二）导游欢迎词的写作格式

导游欢迎词一般由以下五个部分构成：

1. 表示欢迎。即代表接待社、组团社向游客表示欢迎问候。
2. 介绍人员。即导游员自我介绍,并介绍参加旅游接待的司机等工作人员。
3. 预告节目。即介绍即将游览的节目内容或景区概况。
4. 表示态度。即表达竭力为游客热忱服务的态度和意愿。
5. 预祝成功。即希望得到游客支持与合作,并预祝游览活动取得成功。

（三）导游欢迎词的体例展示

湖南地接导游欢迎词

各位游客朋友,大家好!欢迎大家来到美丽的鱼米之乡——湖南,很荣幸认识大家,更荣幸为大家导游。首先我代表湖南青年旅行社的全体人员对大家的到来表示热烈的欢迎,同时也十分感谢大家对我们旅行社的支持和信任。下面,请允许我先做个简短的自我介绍,我叫陈桦,是个地道的湖南妹子,大家可以叫我小陈。坐在驾驶座上的是我们司机王师傅。王师傅有着多年驾龄,经验丰富,行车安全交给他,大家尽可以放心。如果大家在游览过程中有什么问题,请立即告诉我们,我们会尽最大的努力来帮助大家。湖南省位于长江中游南部,大部分地区在洞庭湖之南,故名湖南。境内湘江贯穿南北,又简称为湘。据传,湘江流域过去多植芙蓉,唐代诗人谭用之有"秋风万里芙蓉国"之句,故湖南又有"芙蓉国"之称。这次湖南之旅我们将参观的景点有岳阳楼、洞庭湖、岳麓书院、马王堆汉墓、天心阁、橘子洲、韶山毛泽东故居、新民学会旧址、清水塘革命纪念馆、湖南自修大学旧址、浏阳文家市会师旧址、刘少奇同志故居、杨开慧同志故居、雷锋纪念馆等,另有衡山、张家界国家森林公园等。我在这里预祝大家有一个轻松愉快的旅程!

（四）导游欢迎词的写作注意事项

1. 欢愉性。导游欢迎词应该给游客一种愉悦轻松的感觉,言辞用语一定要富有激情并表现出导游员的真诚,让游客宾至如归。
2. 口语化。欢迎词是导游员向游客当面口头表达的,具有很强的口语化色彩。在遣词用语时要注意运用生动活泼的语言,多用短句,使之既简单明快又富有生活情趣。欢迎词切忌沉闷死板，语言自然风趣才能有效拉近与游客之间的距离。

三、写作训练

1. 假设你是湖南华天国际旅行社的一名地接导游员，请你针对来郴州飞天山、莽山景区游览的旅游团拟写一篇导游欢迎词。

2. 请大家尝试用所学知识对下面这篇黄山导游欢迎词进行评价，看是否要素齐全，语体色彩得当。

黄山导游欢迎词

游客们，大家好！欢迎大家来到世界遗产——黄山风景名胜区。很高兴成为大家的导游！我叫王诗诗，大家叫我王导好了。

俗话说："五岳归来不看山，黄山归来不看岳。"黄山以奇松、怪石、云海、温泉、冬雪"五绝"闻名中外。今天我就给大家重点介绍黄山的奇松吧。

大家请看，黄山的松树能在岩石缝中生存，生命力极强。它们形状各异，姿态万千：黑虎松、龙爪松、连理松、迎客松等很多松树都因为它们的形状而得名呢！迎客松是黄山著名的景点之一，外形更是特别：它的树干中部伸出长达7.6米的两大侧枝展向前方，恰似一位好客的主人，挥展双臂，热情欢迎海内外宾客来黄山游览，成为中华民族热情好客的象征。等会儿我们还可以在那儿尽情拍照，作为纪念。

黄山的奇观说也说不完，看也看不够。现在，请大家尽情去欣赏黄山的美景吧！请大家在游玩的时候不要乱扔果皮和食品包装袋，不要到危险的地方去。祝大家玩得愉快！

任务二　导游讲解词

一、情景导入

导游界有句行话"江山风光无限美，全靠导游一张嘴"，可以说，导游是靠"嘴巴子"吃饭的。导游服务工作要求导游人员具备扎实的语言功底和渊博的导游知识，优秀的导游员给人感觉就像一本移动的"百科全书"。然而，并不是死记照搬现成的导游讲解词就能成为优秀的导游员，要使导游讲解更出彩，必须学会讲解词的创作。

那么，一篇合格的导游讲解词需要涵盖哪几个方面的内容呢？

二、理论教学

（一）导游讲解词的含义

导游讲解词是导游人员引导游客游览时对自然人文景观、风土人情以及文物古迹进行解说的应用文字。导游讲解词的内容通过导游人员的口头语言表达传递给游客。导游员通过生动、形象而富有感染力的讲解去激发游客的兴趣，使之积极参与游览，获得更多知识，欣赏景观从而获得美的享受和满足。讲解词体现的是导游员的知识水平和文字表达能力，讲解词的优劣直接关系到导游员现场讲解效果的好坏。

导游讲解词包括整体介绍和重点讲解。整体介绍主要告诉游客游览地的概况、旅游价值和将要游览的内容，目的在于使游客对这个游览地有所了解，并引发游客浓厚的游览兴致。重点讲解是对旅游线路上的重点景观从景点成因、历史传说、文化背景、审美功能等方面进行详细的讲解，使旅游者对旅游目的地有一个全面、正确的了解。

（二）导游讲解词的写作格式

导游讲解词一般由以下六个部分构成，即"欣赏景点六要素"：

1. 历史背景。即景点建立的时间，当时的历史条件及社会状况。
2. 景点用途。即景点建立的目的。
3. 景点特色。即景点在建筑结构、布局特点及山水风光等方面的独到之处。
4. 景点地位。即景点在省内、国内乃至世界上所处的级别地位。
5. 景点价值。即景点的历史价值、文物价值、旅游价值及欣赏价值。
6. 名人评论。即文人墨客、社会名流等对该景点的评论。

（三）导游讲解词的体例展示

千古名楼岳阳楼导游讲解词

各位游客：

大家好，欢迎到江南三大名楼之一的岳阳楼参观游览。

岳阳楼是国家重点文物保护单位，首批国家4A级旅游区。岳阳楼的景观特色可以概括为四个方面。一是历史悠久，岳阳楼的前身为三国时期东吴鲁肃修建的阅军楼，始建于东汉建安十九年即公元214年。唐肃宗乾元二年即公元759年开始被称为岳阳楼，在江南三大名楼中岳阳楼的历史最为悠久。二是风景独特，岳阳楼胜景由江、湖、山、城构成。"巴陵胜状，在洞庭一湖，衔远山，吞长江，浩浩汤汤，横无际涯，朝晖夕阴，气象万千。"这是对岳阳楼地理位置的绝妙赞美。岳阳楼是得水而壮，得山而妍，形胜江南。三是文化深厚。《岳阳楼诗文集》收录了千余篇名篇佳作及大量的楹联匾屏和书画碑刻，大多数都贯穿着中华民族的"忧患意识"。如杜甫的《登岳阳楼》，其忧国忧民之情，溢于言表。范仲淹的《岳阳楼记》更是将这个优秀传统发展到了巅峰。"不以物喜，不以己悲"的处世哲理，"先天下之忧而忧，后天下之乐而乐"的忧患意识，融汇的精神使当时的苏东坡发出了"虽圣人复起不易斯言"的感慨。刘少奇将它引为共产党员修养的准则，胡耀邦誉之为中华传统美德的结晶，它确实是我中华精神文明之绝句！四是文物珍贵。江南三大名楼中，唯有岳阳楼是保持原址、原貌，具有历史、艺术、科学价值的国家级文物。现在所见到的岳阳楼为纯木结构，1983年按"整旧如旧"的原则落架大修而成，四柱、三层、飞檐、盔顶，全楼没用一块砖石，没有一颗铁钉，全用木料构成，门缝对榫，工艺十分精巧。

朋友们，现在各位面前就是岳阳楼。横匾上"岳阳楼"三字是由郭沫若先生题写的，现已编入《中国名匾》一书。岳阳楼三层三檐，盔顶式木结构，盖黄色琉璃瓦。盔顶是岳阳楼建筑的突出特色，大家请看，它形似古代将军的头盔，威武雄壮，配以飞檐，曲线流畅，给人势欲凌空之感。大家再看盔顶下的如意斗拱，它形似蜂窝，层叠相衬，饰以龙头、凤头、云头纹饰，既承托盔顶重力，又使整个建筑更为精美、庄重、和谐。因此，岳阳楼的建筑在美学、力学、建筑学和工艺学方面都有着惊人的成就。

进入主楼，首先映入眼帘的是大家神驰已久的《岳阳楼记》的雕屏，雕屏由12块紫檀木组成。岳阳楼开始真正名扬天下是在北宋滕子京重修岳阳楼、范仲淹作《岳阳楼记》以后。庆历四年，滕子京被贬为岳州知府，他上任后便重修岳阳楼，并请好友范仲淹写下了千古名篇《岳阳楼记》。这篇文章全文虽然仅368个字，但是内容博大，哲理精深，气势磅礴，语言铿锵，成为千秋绝唱，而"先天下之忧而忧，后天下之乐而乐"则更成为传世名句，成为中华民族优秀知识分子崇高人格文化的积淀。《岳阳楼记》以其至高至上的思想内容和艺术魅力，流传千古而不朽，滋养着人们的心灵。

整个大楼由四根楠木大柱支撑。自楼底直贯楼顶，再以12根金柱为内圈，支撑二楼，周围绕以20根木柱，彼此牵制，门缝对榫，连结为整体。一楼悬挂的是古今名家吟咏岳阳楼的楹联。

我们现在登上了岳阳楼的顶层三楼。站在这儿，凭窗远眺，可以领略"衔远山，吞长江"的磅礴气势，欣赏"朝晖夕阴，气象万千"的湖光山色，大家可以看到洞庭湖水天相接，浑成一色，清风朗月，无边无际，山色湖光荟萃一楼，得到的感觉不正是"水天一色，风月无边"吗？

中间是毛泽东手书杜甫《登岳阳楼》的条屏，你看它布局严谨，笔意奔放，铁画银钩，雄健挺拔，深得怀素狂草遗风，像乱石铺阶大小错落不一，自成一格。这是一件难得的艺术珍品，悬挂于此，使岳阳楼更是锦上添花。

岳阳楼的介绍我就给诸位讲解到这里，欢迎大家下次再到岳阳来。谢谢大家！

（四）导游讲解词的写作注意事项

1. 突出趣味性。可以采取编故事，即穿插民间传说和故事等办法，激起游客的兴趣和猎奇心理。

2. 强调知识性。一篇优秀的导游词必须内容丰富才能引人入胜。

3. 要重点突出。突出景区的重点，详略得当地进行讲解。

4. 讲究口语化。导游语言是一种具有丰富表现力的口头语言，要避免晦涩难懂的书面词语和音节拗口的词语，多用短句，使之朗朗上口。

5. 有针对性。导游词要注意区分游客对象，根据不同对象在内容和形式方面做一些相应的调整，以取得最佳效果。

6. 重视品位。一要强调思想品味，二要讲究文学品位。

三、写作训练

1. 假设你是一名景区导游员，请你对自己熟悉的一个景点进行讲解。

2. 假设你的家乡最近被批准为国家4A级景区，请为它拟写一篇导游讲解词，介绍家乡的景点。

任务三　导游欢送词

一、情景导入

一天的游程即将结束，陈桦作为苏州青年旅行社为此次旅游服务派出的导游员，将欢送这个来苏旅游的旅游团。请你代陈桦拟写一篇导游欢送词。请思考：一篇导游欢送词应该表达哪些要素？导游员如何通过导游欢送词来给游客留下深刻而持久的印象？

二、理论教学

（一）导游欢送词的含义和作用

导游欢送词是导游接待工作的尾声。好的欢送词令人终生难忘，它关系着一次旅行能否善始善终。如果说欢迎词给游客留下美好的第一印象是重要的，那么，在送别时致好欢送词，给游客留下的最后印象将是深刻而持久的。

（二）导游欢送词的写作格式

导游欢送词一般由以下五大部分构成：

1. 表示惜别。即在游程即将结束时对游客表达友谊和惜别之情。
2. 感谢合作。即感谢游客在旅程中对自己的工作给予的支持、合作、帮助和谅解。
3. 小结游程。是指与游客一起回忆一下这段时间所游览的项目、参加的活动，为游客进行总结归纳。
4. 征求意见。即征询游客对导游、行程以及旅行社等各方面的意见和建议，并为工作中的不足之处向游客致歉。
5. 期盼重逢。即向游客表达自己的热情和美好祝愿，希望游客成为回头客。

（三）导游欢送词的体例展示

苏州一日游欢送词

各位朋友：

时间过得真快，短短的一天马上就要过去了，在此我们不得不为大家送别了，心中真的有不舍的眷恋和无奈。天下没有不散的筵席，也没有天天在一起的朋友，但是我相信，我们还有再见面的机会。在苏州的一天中我们一起游览了举世闻名的苏州园林，品尝了别有风味的苏州小吃，有的朋友还购买了许多具有苏州特色的土特产，相信我们的苏州之旅一定给大家留下了深刻的印象。感谢大家对我工作的支持与配合，我和吴师傅感到此次接待工作非常顺利，心情也非常愉快。在此，我代表吴师傅向大家表示衷心的感谢！当然在旅游过程中，难免会有许多不到位的地方，还请大家多多包涵，同时也希望你们能给我们提出宝贵意见。您的意见将会使我们不断成长，不断进步。既然我们这次能相识并一起度过了难忘的一天，我相信我们是有缘的，所以在分手之际，我们希望大家不要忘记，在苏州这座美丽的天堂城市，有我和吴师傅两个与你们有缘而又可以永远值得依赖的同胞。今后如果再来，请提前告诉我们，我们一定为您打开一切方便之门。最后，预祝各位在今后的旅途中一切顺利，并希望有机会再回苏州游览。套用苏州的一句欢迎语送给大家——开放的苏州欢迎您。

（四）导游欢送词的写作注意事项

1. 惜别性。在欢送词中要体现真挚、自然的依依惜别之情，切勿让游客有"人未走茶已凉"之感。

2. 口语化。同欢迎词一样，口语化也是欢送词的一个显著特点。遣词造句也应该注意使用生活化的语言，使送别既富情趣又自然得体。

三、写作训练

1. 假设你是湖南青年旅行社的地接导游员陈桦，在两天的游程即将结束之前将对这个来湘旅游团的游客朋友们致欢送词，请你拟写一篇要素齐全、自然得体的导游欢送词。

2. 案例分析。

清晨 8 时，某旅游团全体成员已在汽车上就座，准备离开饭店前往车站。地陪导游员小王从饭店匆匆赶来，上车后清点人数，又向全陪导游员了解了全团的行李情况，随即讲了以下一段话：

女士们，先生们，早上好。我们全团 15 人都已到齐。好，现在我们去火车站。两天来大家一定过得很愉快吧，我十分感谢大家对我工作的理解和合作。中国有句古话：相逢何必曾相识。短短两天，我们增进了互相之间的了解，成了朋友。在即将分别的时候，我希望各位女士、先生今后有机会再来我市旅游。人们常说，世界变得越来越小，我们肯定会有重逢的机会。现在，我为大家唱一首歌，祝大家一路顺风，旅游愉快。

（唱歌）女士们，先生们，火车站到了，现在请下车。

请运用所学知识，分析指出导游员小王在这次导游欢送工作中的可取和不足之处。

任务四　酒店备忘录

一、情景导入

2014年9月22日，瑞琪总公司就工资发放与业绩考核召开了总经理办公会议。假设你是该公司的行政文员何俊，请你就这次工作会议拟写一份备忘录初稿。请思考：会议备忘录应该包含哪几个方面的内容？在写作格式上有何要求？

二、理论教学

（一）备忘录的含义

酒店备忘录是酒店工作人员用来记录有关活动或事务，起提示或提醒作用，以免忘却的一种记事性文书。备忘录可用于个人事务的记录，也可作商务谈判或业务合作的记录。

（二）备忘录的写作格式

会议备忘录一般由首部、正文和尾部构成。

1. 首部。首部一般包含标题、发件及收件人、时间、主题等信息。备忘录的标题有两种写法，一是直接写文种名称，即"备忘录"；二是由单位、事由和文种组成，如"珠海德兴大酒店喜迎航展会议备忘录"。

2. 正文。备忘录正文所记录的事项主要有两类：一类是如实记录酒店各项工作中曾经发生过的事实真相，如记录商务谈判中双方所表达的承诺，一致或不一致的意见等；另一类是为了避免忘却而提前记下计划办理的事项，如酒店管理人员发给下级员工的工作要点备忘条。

3. 尾部。备忘录的尾部一般为简单的结束语。

（三）酒店备忘录的体例展示

[示例一]

To：　　　　　　　　　　　　　　　　　　　　CC：
致：张总　　　　　　　　　　　　　　　　　　抄送：行政副经理
FROM：总会计师
由：姬霖南

SUBJECT:

事宜：前台收银与前台接待合并之可行性　　　　　前台部

DATE:

日期：07/05/2000　　　　　　　　　　　　　　　餐饮部

REF:

档案编号：FC/MEMO088/2000　　　　　　　　　　稽核部

　　近一个月来，为提高酒店经营运作水平，酒店管理公司安排前台接待与前台收银进行 CROSS TRAINING，以提高效率，节省人力资源。6月29日前台经理武江河先生主持召开了前台接待与收银合并之可行性会议。7月3日又召开了收银与接待处合并的培训计划会议。财会部就此事进行了认真的研究和分析，经报请业主总经理办公会议决定，不同意此合并。其理由如下：

　　1. 从内部控制制度来看，前台接待与前台收银属不相容职务，必须予以分离，否则易滋生舞弊行为。酒店运作一靠人员素质，二靠制度保证，如制度本身存在漏洞，必然引致管理上的不规范。正如会计与出纳岗位，人手再节省，也要分离岗位，以期相互牵制。

　　2. 据了解，香格里拉目前前台收银与接待是合并的，但其财务总监袁海明先生表示反对意见，力促其总部予以更改。新都酒店去年试行过，后因不成功而被取消，现分离为两个部门。东华假日酒店也系分开运作。究其原因有二：一是前台收银涉及财务、金融、法规等知识，而接待员很难熟练，素质不具备。例如今年5月份，我店二期紫月楼接待处员工由于缺乏财经常识，在接待中国人民银行总行客人时，竟然拒收深圳市人民银行出具之支票，酿成该行正式行文追究酒店责任之重大事件，严重损坏了华光酒店的形象。二是国内酒店不同于国外酒店，除信用卡结算外，尚有大量的现金交易，合二为一极易产生贪污舞弊现象。

　　3. 华光酒店业主系政府国有资产，必须严格遵守国家有关财经法规和制度。下半年我店即要接受国家审计检查，如果因此而由审计官员提出整改指令，于华光酒店形象弊莫大焉。

　　4. 去年业主大张旗鼓实施财务合并，酒店董事会再三强调要建立健全酒店制约机制和监督机制，强化内部管理。一年多来，通过管理层和业主各方面努力，已取得了明显成效，可喜可贺。如果前台收银合并到业务运转部门，势必会造成董事会、监事会领导的误解甚至反对，此举可能会弊大于利。

　　特此行文，敬希垂注！

[示例二]

To:	CC：
致：总经理	抄送：行政副经理
FROM	
由：高级副经理	工程及保安总监
SUBJECT：	
事宜："2002"执行情况	财务总监
DATE：	
日期：1999年2月23日	人事及培训部经理
RET：	
档案编号：SAM/TT/MO2/99.	

  1999年2月23日星期三，下午3时左右，酒店财务部员工林红艳由两名保安员工王盟和何学峰护送酒店的春节假期营业收入款项至银行，当三人从B座四楼步入电梯（电梯编号：P2）时，一蒙面、身穿风衣、套假发的男子跟随进入电梯，并按亮三楼的按键。当电梯运行至三楼时，另一名也身穿风衣套假发的蒙面男子步入电梯，用刀及手枪（事后证实为玩具枪）恐吓三名员工并声称打劫，其中一男子用电梯钥匙将电梯控制在三楼并将电梯内的灯光关掉。而林红艳在刀枪的恐吓下，手袋被劫匪抢了过去。与此同时，控制员已经发现P2电梯出现异常情况，立即用对讲机通知7号到场，9号也即时回复。在使用对讲机的过程中，从对讲机里传来一女子的惊叫声，各相关部门已意识到酒店出事了。

  6号、7号、18号、28号及广场保安立即飞奔B座门口。此时，赶往现场的人员已从对讲机的呼叫中清楚知道是持械抢劫案件发生了。6号、7号等保安员从保安岗取出警棍等自卫性武器冲入B座大堂，刚好与从三楼劫款后企图逃逸，手持长西瓜刀（长约90厘米）、牛肉刀及手枪，沿云石楼梯飞舞着刀直冲下来的劫匪碰个正着。刀光剑影中，6号黄健因躲避不及，不幸被劫匪刀伤在左手上臂。而保安员王盟的右手掌部亦被硬物撞伤。该两名匪徒也因保安员的正当防卫而受伤。

  至于林红艳，被匪徒刚才的刀枪恐吓，因受惊过度，曾一度情绪激动，由赶到现场的行政副经理莫生扶送至收银办公室安抚。

  该两名劫匪被随后赶至的9号及保安员在酒店的车道入口处制服后，被押至保安部等候派出所前来处理。酒店医生亦被召到现场，对受伤的劫匪施以人道主义救助，在为保安员自卫时所伤的劫匪进行治疗后，劫匪由保安员押送至罗湖医院作进一步的治疗。

为保护酒店的财产而英勇受伤的保安员黄健及王盟亦在酒店医生的简单处理后，由值班工程师赖三福陪同至罗湖医院作进一步治疗和检查。据回报，黄健的刀伤口需缝针，而王盟经拍X光片后证实并无大碍，两人无须留院，人事部副经理郑小姐已被知会跟办相关事宜。

另一名劫匪由嘉宾路派出所干警押回派出所处理，而涉及的员工及物证亦一同前往，现金由工程及保安总监和财务总监亲自送至派出所。

下午约5时，被邀请至派出所协助调查的员工返回酒店，现金亦悉数取回交财务部点收保存。

事后了解，其中一劫匪为正在休假的保安员5号陈绪标（人事部档案为山东人，1993年7月入职）。案发前，陈绪标曾用对讲机监听酒店财务部的押款时间而图谋作案。至于电梯钥匙，经工程部鉴定非酒店的正版电梯钥匙，只是一般的钥匙巧合而已；其使用的对讲机怀疑是1998年初宴会部报失的一部。案件发生后，各部门主管及相关员工出于对酒店的高度责任感，持对讲机的部门主管几乎全部到场；而由于酒店运作的规范高效，从事件的发生以至将劫匪制服所用的时间约为五分钟，几乎没有惊动酒店客人；而在咖啡厅享用咖啡的一名香港人曾用摄像机拍摄现场，惟恐其另作他用，已由工程部及保安总监和高级副经理向该客人礼貌地取回录像带，客人乐意提供。

以上为"2002"的案发及执行过程。

[示例三]

MEMORANDUM
备忘录

To（致）：海华侨商贸旅游职业技术学院

From（自）：郴州东江湖大酒店人力资源部

CC（抄送）：陈宏——总经理，刘强——副总经理

Date（日期）：2015/05/13

Ref No.（公文编号）：WGPRCZ/HR20150513

Page（页数）：1

Subject（事宜）：关于矿博会期间寻求贵校帮工援助的工作接洽函

郴州市将于 2015 年 5 月 21 日—25 日期间迎来重大的外事接待活动——第三届矿物宝石博览会，同时将迎来大批海内外人员前来参展。我酒店作为官方指定接待酒店之一，将于此时间段迎来大批外籍人士入住及用餐。因人流量大且影响力强，为成功完成此次接待任务，提高接待水平，提升郴州市的国际国内影响力和整体形象，我酒店特向贵校酒店管理专业的学生寻求帮工援助以缓解压力，恳请贵校领导予以批准。具体人员需求如下：

需求部门	帮工时间	人数
餐饮部楼面	2015 年 5 月 18 日—5 月 23 日	11
餐饮部厨房	2015 年 5 月 18 日—5 月 23 日	6
前厅部	2015 年 5 月 18 日—5 月 23 日	4
客房部	2015 年 5 月 18 日—5 月 23 日	15
康体部	2015 年 5 月 18 日—5 月 23 日	2

备注：2015 年 5 月 18 日—20 日为培训期，酒店将安排人员对学生进行岗前培训；5 月 21 日—23 日为正式接待期。

（四）酒店备忘录的写作注意事项

1. 内容客观真实。备忘录应如实地反映会议会谈内容，不能离开会议会谈实际搞再创作，不能搞人为地拔高、深化和填平补齐。否则，就会失去其内容的客观真实性。

2. 语言朴实准确。备忘录无须用华丽的词句，应使用简练而朴实的语言，平实明确地表达会议会谈的实际内容。

3. 表达要点清晰。备忘录是依据会议会谈情况综合而成的。撰写备忘录应围绕会议会谈的议题来进行整理、提炼和概括。重点应条理清楚地介绍会议会谈成果，而非叙述会议过程，切忌写成流水账。

三、写作训练

1. 按备忘录的格式和要求，以酒店行政副经理 David Brown 的身份，给各个部门的经理写一份备忘录，包括以下内容：

发件人：行政副经理 David Brown

收件人：各部门经理

日期：6月25日上午10：00

事由：明天（6月26日）上午9：30—11：00在公司4楼会议室召开紧急会议，内容重要，各部门经理务必参加，不得缺席。并请各位在今天下午5：00前电话与David Brown的秘书确认收到备忘录。

2. 太平洋大酒店与鑫泉实业公司将共同开发一个新项目，2014年8月26日双方负责人就项目合作问题进行了初步会谈。请拟写一份备忘录，具体内容可以虚拟。

任务五　酒店经理早会、周会纪要

一、情景导入

为了能将酒店最新信息与各部门工作人员进行及时沟通和交流，实现良性运转，君悦大酒店每天都会召开经理早会，每周都会召开周例会，早会及周会都由总经理主持。作为酒店文秘人员，请你整理拟写周会、早会、周会纪要。请思考：拟写早会纪要时是否应该有言必录呢？哪些要素是不可或缺的？

二、理论教学

（一）早会、周会纪要的含义

经理早会、周会是酒店管理层交流信息和安排工作的一种运作方式，一般由公司总经理主持，酒店中层部门主要负责人参加，在早会上对重要的事情进行通报、强调、协调和讨论。经理早会、周会是酒店最基本的管理方法，对于公司及员工的发展及成长，有着不可替代的作用。而早会、周会纪要就是记载和传达酒店早会和周会基本情况或主要精神、议定事项等内容的一种文书。

（二）早会、周会纪要的写作格式

酒店经理早会、周会纪要一般由标题、正文和结尾构成。

1. 标题。标题一般由会议名称加纪要构成，如"北京冀中金牛酒店餐饮部周会纪要"；也有直接用会议时间加纪要构成，如"2012年1月6日晨会纪要"。

2. 正文。早会、周会纪要的正文一般由开头、主体两部分组成。

（1）开头部分，主要介绍会议概况，包括会议主题、时间、地点、与会人员、主持人、记录人等信息。

（2）主体部分，主要介绍会议的主要内容和议定事项。要从会议的客观实际出发，从会议的具体内容出发，抓住会议中心思想、中心问题、中心工作和主要内容进行记载，使之条理清晰、重点突出。笔者可以灵活自由地叙述，但必须忠实于发言者的原意，不能篡改，也不可强加于人。根据周会的性质、规模和议题的不同，主体部分大致有以下三种写法：

一是集中概述。将周会的基本情况、讨论研究的主要问题、与会人员的共识、最终议定的事项用概括叙述的方法进行一个整体阐述和说明。

二是分项叙述。若周例会的议题较多时，要将会议的主要内容分成几项来阐述，这样才能保证内容相对全面，问题分析细致。

三是记录发言提要。将周会上具有典型性、代表性的发言加以分类整理，提炼出内容要点和精神实质，按照发言顺序或内容分别加以阐述说明。

3. 结尾。早会、周会纪要的结尾部分主要是对会议的总结、发言评价和主持人的要求或发出的号召、提出的要求等。一般会议纪要不需要写结束语，主体部分写完就结束。酒店早会、周会纪要落款一般由总经理签署，需写明成文时间。

（三）早会、周会纪要的体例展示

[示例一]

深圳华光酒店早会会议纪要

编号：145

时间：2015 年 9 月 15 日　　　星期二　　　09：00——09：13

地点：B 座 901 会议室

主持：曾伟东——总经理

出席：王志芳——副总经理　　余光晖——董事长秘书　　黄　军——行政副经理

　　　梁建高——工会副主席　　谭　清——审计专干　　　陈　进——销售总监

　　　陈宇彤——总工程师　　　刘　芳——保安部经理　　崔　燕——前厅部经理

　　　田　岚——财务部经理　　李玉华——总办主任　　　宋瑞星——会所部经理

　　　李红莲——餐饮部经理　　李　高——人力资源部经理　龙　华——物业部主任

列席：徐　毅——长沙美源酒店副总经理

缺席：阮德明——物业部经理（休假）

记录：田　娟——行政秘书

抄报：粤投华光集团

会议内容

一、EOD（Employee on duty 的缩写，职员值班的意思）当值汇报情况：

1. 9月14日　星期一　保安部经理刘芳：

（1）酒店当天营运正常；

（2）检查客房2508、525房，情况基本正常。

二、各部门汇报情况：

1. 会所部

（1）会所麻将机故障，经维保公司确认无法修复，本部申请报废后购置。

2. 大堂副理部

（1）昨天9：40，总机通知11楼消防喷淋管警钟报警，工程部已及时跟进处理；

（2）昨天安全大检查及VIP接待一切顺利；

（3）昨天14：30大堂女客厕维修过程中，接到416房客人投诉维修噪声，已向客人致歉解释；

（4）昨天15：00，112座烟感报警，经现场查看为1901房装修施工导致，已将烟感器复位；

（5）会员系统优惠价格在登录显示以及预订功能上已设置完毕。

3. 工程部

（1）昨天9：45，11楼消防喷淋管水流警钟报警原因疑为恒压系统触动警铃导致，无其他问题；

（2）昨天，已全面检查维修醉月轩客厕设施问题；

（3）今天15：00，将进行C座消防楼梯边玻璃外墙以及大堂喷水池施工验收，请相关部门于工程部办公室集合。

4. 餐饮部

（1）今天将有一场宴会（华为团队）；

（2）昨天餐饮总收入3.78万元，其中东丽廊1.06万元，咖啡厅877元，送餐部1742元，醉月轩3012元，聚贤阁633元，宴会厅2.14万元；

（3）到昨天下午为止，根据月饼销售任务，仅剩双黄莲蓉月饼500盒未售，财务部现已对月饼价格进行严格把控。

5. 前厅部

（1）昨天住房率为63%，平均房价为600/间，住房收入是13.3万元；

（2）今天有预订房 93 间，开房入住率 52%，平均房价 550 元，今天的入住率预计为 80%；

（3）收到中国移动 10086 短信通知，近期将进行飞信升级，所有短信发送将延迟 5 至 10 分钟，本部将密切关注该情况。

6. 财务部

（1）紫月厅外一台信息发布系统显示屏出现故障，将联系厂家维修；

（2）各部门销售月饼券较多，但账款回收较慢，需注意。

7. 市场营销部

（1）今天将有 2 个团队到店（华为、亚细亚国旅），请相关部门重点做好接待工作。

8. 总办

（1）今天安全大检查组领导将分两批离店，请相关部门按照计划跟进接待。

三、副总经理王志芳：

1. 昨天的安全检查中，检查组领导提出的相关整改问题，请各相关部门尽快落实；

2. 物业部向租户发公函前需经过律师审核通过，请予以配合。

四、总经理曾伟东：

1. 会所的麻将机故障问题，请工程部查看，如无法修理再按程序处理；

2. "彩虹会"会员活动推广开展的力度不够，请行政副经理、市场营销部、前厅部商议进一步拓宽推广面，提升广告效果，迅速增加会员数量，拓宽渠道资源；

3. 近期外省城市再次发生两起扶梯安全事故，请工程部对电梯的安全运行与维修维保严格把关；另外扶梯上方外立面云石有松动翘起现象，请工程部尽快处理，解除安全隐患；

4. 中国移动飞信升级期间，短信可能被延迟发送，请前厅部与总办商议，在此期间使用微信作为补充；

5. 请市场营销部重点跟进华为团队以及罗湖企业家讲座的会务接待工作，并借此开拓商机，打开市场板块；

6. 近期，部分管理人员陆续休年假或出差，请做好相关的工作安排；

7. 请行政副经理扎实有效地推进会员系统运营工作，涉及费用的需及时与集团品牌部及酒店财务部沟通协调。

签署：John

[示例二]

深圳华光酒店周会会议纪要

编号：027

时间：2015年8月21日星期五09：00AM—10：00AM

地点：B座901会议室

主持：曾伟东——总经理

出席：王志芳——副总经理　余光晖——董事会秘书　黄军——行政副经理

　　　梁建高——工会副主席　陈宇彤——总工程师　阮德明——物业部经理

　　　崔燕——前厅部经理　田岚——财务部经理　李玉华——总办主任

　　　宋瑞星——会所部经理　李红莲——餐饮部经理　李高——人力资源部经理

　　　徐博——销售副总监　　　　　　　　　　曾莹——保安部副经理

缺席：谭青——审计专干（公务）　　　陈进——销售总监（休假）

　　　刘芳——保安部经理（休假）

记录：田娟——行政秘书

抄报：粤投华光集团

会议内容

一、EOD（Employee on Duty）当值汇报情况：

1. 8月20日星期四 财务部经理田岚：

（1）酒店当天运营正常，东丽廊生意较好。

（2）检查客房511、2511房，511房有烟味，2511房电视未关。

（3）昨天有两场晚宴，在停车场车位不足的情况下，有一租户停车时无理占用两个车位，需加强管理。

（4）昨天，晚宴主办客人结账时拖欠1.5万元账款未支付，已报警处理。

二、各部门汇报情况：

1. 会所部

（1）本周除日常工作外跟进会员会费追缴。

（2）现使用客衣存在严重质量问题，需调整。

2. 大堂副理部

（1）昨天，宴会客人欠费问题已报警进一步处理，请相关同事保持通讯畅通。

（2）本周跟进日常商务VIP接待；跟进经纬天下客人在大堂聚集事件处理；跟进

俱乐部外围治安及噪音问题；跟进拿捏新疆维吾尔族客人的接待工作；配合前台检查外籍宾客的资料上传工作；跟进8月20日会员系统试上线运行，并已发送暑期推广信息。

（3）本周会员发展情况：会员金卡13027位、白金卡76位、钻石卡29位，共计13132位，新发展5位。

（4）突发事件处理：19日23：20，民警到店检查908、513、407住客吸毒事宜，当天23：40民警带住客回派出所接受调查。

（5）下周继续跟进会员系统相关工作；跟进VIP事宜及处理突发事件；跟进客人网络意见的回复并及时跟进负面评论的后续事宜。

3. 工程部

（1）本周日常工作基本完成，收到维修单225张；完成率为76.9%。

（2）本周能耗同比上周减少了1.91万元，主要因用电量、用水量减少，属正常范围。

（3）下周计划翻新二期天花板及走廊墙纸等工作。

（4）本周重点工作方面：空调主机采购更换工作跟进中；有关制定计划用水方案，正与相关部门沟通协商，待进一步跟进；至尊房淋浴水压以最大限度调整。

4. 业务部

本周跟进潮江春、粤廷轩欠租追缴，潮江春本周已交纳租金30万元；粤廷轩对方对租金条款有异议，现继续沟通中；原汇丰商铺招租，邮政储蓄已回复积太大不合适，翠华餐厅联系中，下周协商沟通；阳光俱乐部漏水问题已定于明日现场检查；跟进写字楼欠租问题；B811新租户室内装修已基本完工；B708、B713租户申请办公室室内装修，已办理施工手续。

5. 保安部

（1）通报了昨天警方带走涉嫌吸毒客人的处理情况。

（2）本周跟进部门日常培训；对酒店消防系统进行抽查检测；对酒店各区域线路及仓库进行安全检查。

（3）下周安全办将召开各部门安全员安全工作会议及培训；协同西厨、食堂员工对食品进行安全检查。

（4）本周重点工作方面：B座扶梯区域安装监控设备事宜正联系相关公司报价；已对同区域内五星级酒店深夜访客登记办法进行调查了解，基本与酒店现行办法一致。

6. 餐饮部

（1）今天有一场宴会（深圳金通讯），周六将有两场宴会（天翔启能、品味女人）。

（2）昨天餐饮总收入 7.43 万元，其中东丽廊 2.21 万元，咖啡厅 1572 元，送餐部 1125 元，醉月轩 4900 元，聚贤阁 4267 元，宴会厅 4.03 万元。

（3）本周跟进了 2016 年餐饮部星评专项及资本性预算编制事宜；跟进了餐饮部新增销售事宜；跟进了东丽廊自助晚餐红、白葡萄酒更换事宜；跟进了餐饮管区培训。

（4）下周继续跟进 2015 年月饼销售事宜。

（5）本周重点工作：已进行面部类出品制作培训，并每日关注出品。

7. 前厅部

（1）昨天的住房率为 85%，平均房价 665 元/间，客房总收入 20.3 万元。

（2）今天已预订 33 间，开房入住率 31%，平均房价 570 元/间，预计入住率 65%。

（3）本周继续落实部门交叉培训计划；继续跟进部门技能考核；跟进车辆自检。

8. 财务部

（1）本周 2016 年预算初稿整理；工资审计资料准备；完成第一批月饼收货事宜；完成会员系统印刷品印制事宜；已完成安美新的网关安装调试；组织验收酒店客房及公共区域无线网络改造工程事宜；完成集团各酒店网站域名合并，彩虹会会员网站上线事宜；跟进 BMP 系统合作协议的报批工作；拟定彩虹会相关操作流程。

（2）下周继续 2016 年预算初稿整理；继续跟踪月饼（盒）加工、交货事宜；跟进客房家电（保险箱、迷你冰箱）采购事宜；跟进测试集团各网站域名合并测试工作，及彩虹会会员网站功能测试；计划进行"餐厅收银基础英语培训"，跟进各部门固定资产的贴牌。

（3）本周出租率为 59.04%，比上年同期减少了 15.54%，平均房价 665.53 元/间，比上年同期减少了 44.18 元，客房收入 99.96 万，比上年同期减少了 34.75 万，餐饮收入 26.78 万，比上年同期增加了 1.81 万，会所收入 8090 元，比上年同期增加了 3003 元，停车收入 3.3 万，比上年同期减少了 195 元，本周酒店整体收入 130.85 万，比上年同期减少了 32.66 万。

9. 人力资源部

（1）本周跟进 2016 年人工成本预算说明事宜；跟进 2016 年部门固定资产预算事

宜;跟进8月份社保与住房公积金变更操作;跟进8月份合同到期员工续签事宜;跟进兵王计划相关工作的逐步开展与落实;跟进新员工入职培训;跟进员工饭堂技能考核事宜。

(2) 下周将跟进酒店产品知识竞赛准备事宜。

(3) 本周面试5人,复试1人,通过1人,入职3人,收到离职单2人;目前在职472人,缺编14人,缺编率2.9%;本周培训完成率为96.7%。

10. 管家部/工会

(1) 本周配合保安部跟进消防客信摆放事宜:将502、504房腾出供餐饮部摆放月饼;在楼层进行服务员铺床练习;跟进了客房保险箱和迷你吧冰箱采购事宜;清洗23楼会议室和餐厅地毯。

(2) 工会本周跟进集团反腐倡廉节目排演,及集团下达的"国资杯"企业技能比武事宜。

(3) 本部有员工患病住院,本部已探望慰问。

11. 市场营销部

(1) 本周跟进8月淡季市场应对方案及促销价执行;7月份应收账跟进,已回复财务;跟进北京比格文化公司网球大赛合作协议事项;提交2016年春节利是及中秋月饼预算申请至总办;跟进曼湾禾田居销售人员实习安排;参加集团组织问途公司网站DOSSM2系统培训视频会议。

(2) 公关及美工主要跟进:阳光新动态第五期修改打印;撰写季度四折页文案、聚贤阁套餐微信推广;配合EAM录入会员系统奖品图片资料等;接洽天威视讯推广负责人;跟进绅士生活杂志主题PARTY相关事宜。

(3) 下周将跟进阳光厅LED安装事项;聚贤阁与《绅士生活》杂志宴会合作推广;跟进葡澳美食推广。

12. 总办

本周向集团党委提交了酒店党支部及党员信息统计表;向集团提交了关于一次性客用品采购的请示;跟进各部门2016年春节利是及中秋月饼预算的统计;配合完成粤投集团风控检查工作;有关酒店创建精神文明单位的申报材料正在拟写中,下周一将上报集团。

13. 董事会秘书

本周组织经营班子成员召开了"三严三实"专题学习讨论会议;跟进酒店创建精神文明单位的申报材料准备工作;按照酒店要求拟写党支部下半年工作计划。

三、副总经理王志芳：

1. 请各部门做好酒店全面风险管理排查，并及时解决风险问题。

2. 会员系统培训，请大堂副理部牵头统筹各部门完善相关培训体系。

四、总经理曾伟东：

1. 请管家部跟进 EOD 反映的 2511 房间电视未关问题；近期紫月楼入住率有所上升，个别住客开门开窗行为影响酒店公共区域舒适度，请管家部有原则地管控并加强干预。

2. 请保安部考虑是否将安装电梯刷卡系统纳入明年预算，以便加强楼层进出人员管理；另跟进阳光厅宴会组织者欠款问题；加强停车场管理，按制度处理租户无端占用多个停车位问题；按要求统一内保着装，加强当值人员仪容仪表管理，维护酒店形象；加强广场草坪区域管理，禁止闲杂人等出入该区域。

3. 请财务部、管家部跟进会所部反映的客衣质量问题。

4. 一线部门接待新疆维吾尔族客人时需平等对待，但一经发现异常情况立即按制度上报处理。

5. 近日巡视发现，大堂副理部工作有所松懈，请行政副经理加强部门管理。

6. 请工程部兼顾酒店经营情况及节水计划，综合考量调整酒店用水方案；近期降雨量增加，请全面排查各区域漏水点，及时做好修补工作。

7. 写字楼欠租问题，请物业部采取有效措施解决；阳光俱乐部水池漏水问题请物业部、工程部与租户沟通处理。

8. 东丽廊用餐人数逐步上升，请餐饮部从整体上合理降低自助餐用餐成本，提高利润率；醉月轩为客人提供充电服务后，台灯插座未及时复位，反映出部门当值人员责任心及工作投入感欠缺，请部门注意改进。

9. 近期，前厅部新行李员较多，服务殷勤性及主动性不足，请部门加强培训；对客人在大堂过渡寄存行李时间较长的尽快进行处理；规范司机服务接待标准，出车时注意文明礼让驾驶，维护酒店五星商务形象；另建议为司机配备蓝牙耳机，保证行车安全。

10. 请财务部（IT 部）做好客房 WIFI 密码管理。

11. 请工会重点跟进"反腐倡廉"文艺节目排演；另与人力资源部商议集团"国资杯"企业技能比武的参赛方案；近期工作紧凑，酒店卡拉 OK 比赛建议延期举行。

12. 聚贤阁与《绅士生活》杂志合作重在提高聚贤阁曝光率及广告效益，请市场营销部充分利用外部资源扩大聚贤阁推广；另 8 月上旬，酒店入住率较为平淡，需以

OTA 订房保证基础量的前提下做好适当调控。

13. 有关酒店全面风险管理应对方案已出台，各部门均应深入学习，全员提高风险管理意识，以便出现应急情况时能迅速反应。

签署：Daniel

[示例三]

郴州东江湖大酒店
MEETING MINUTES 会议纪要
EXECUTIVE BRIEFING 行政例会

DATE/TIME 日期/时间：2015 年 08 月 20 日 星期四（40 分钟）

CONDUCTED 主持：崔总

PRESENT 出席：黄董，刘总，曾新国，陈华，张玉砚，祝清华，袁雪雯，袁建宏，张小春，王芝，段慧，邓芳，邓艳平

EXCUSED 缺席：

TAKEN BY 记录：段晓雨

CC 抄报：

TOTAL PAGES 页数：3 页

通报与常规事宜	
祝清华	1. 昨日参加了"三创办"关于节水的会议，对节水的检查工作需要相关部门的配合。
段 慧	1. 9 月 3 日法定休假已更改为 1∶1 补休，发文等领导批示。
张小春	1. 今日两员工去参加技能大赛的会议，将有 10 天不在岗位上，人员压力较大。 2. 加大客房检查力度，对检查有失误的员工进行教育。
袁雪雯	1. 做好近期团队接待。 2. 慈善演唱会用房已集中安排在 17 至 20 楼。 3. 今日开启会员招募。

袁建宏	1. 昨日配合了街道办、派出所对酒店的检查工作，无异常。 2. 今日3员工已去参加封闭式安保培训，为期一周。
邓 芳	1. 近期客人频繁投诉网速慢的问题。 2. 员工宿舍空调补助今日截止，请各部门通知到位。
陈 华	1. 慈善演唱会住客的菜单已按要求给到对方，将提供单独用餐场地。 2. 做好餐厅七夕活动，将赠送特别甜品、鲜花及巧克力。 3. 下午经营分析会后，约15：30在水晶厅邀请各位就自助餐推广方案进行探讨。
邓燕平	做好近期会议安排，请各部门协助对慈善演唱会入住客人的一切信息做好保密。
曾新国	昨日餐饮部反映的到货不及时问题，可以加强厨房与采购部的沟通；餐饮部新的下单人员业务可能不熟悉，请提前下单，不要临时下单，次日不能及时到货。
刘 总	前几天会议记录上未完成或在进行的工作找时间向崔总汇报。
崔 总	会议记录格式已更改，各项工作要及时跟进完成。例会上不仅仅要讲解当日工作，还要把之前积压工作的完成状态提出来。如不能完成要说明原因。
黄 董	1. 请各位跟上崔总的思路，对会议上提出的问题抓紧时间落实好，提高执行力。

（四）酒店经理早会、周会纪要的写作注意事项

1. 实事求是。早会、周会纪要应真实准确地反映每周例会的各项内容，笔者对与会者的发言与议定事项可进行归纳、提炼或做出必要的删节，但绝不能按主观意图随意增添内容，甚至歪曲篡改。对于会后工作的安排，包括责任分工、时限要求务求准确、具体，以利传达贯彻与督促检查。对于会议中出现的重大分歧，应如实记录。

2. 重点突出。笔者应根据周会的性质与内容确定纪要的重点，对于重点部分应作详尽的阐述。对于会议内容应加强分析与归纳概括，做到深入浅出、重点明确、简洁

明了。

3. 条理清晰。早会、周会纪要的各个层次除可用分标题、序数表示外，还可使用"会议决定""会议同意""会议听取了……并经讨论决定……"等惯用词语表示，使表达层次分明、有条不紊。

三、写作训练

1. 请你简要回答周会记录与周会纪要的联系与区别。
2. 君瑞大酒店于 2014 年 9 月 28 日在酒店五楼会议室召开了以国庆黄金周接待应急预案为主题的周工作例会，会议由酒店王云起总经理主持，行政办、餐饮部、宴会部、客房部、保安部、财务部、工程部七个部门的经理参会并发言。请你为这次的周例会撰写会议纪要，具体发言内容可根据岗位和职务虚拟。

任务六　酒店运作制度

一、情景导入

凯运大酒店刚刚成立，为了规范酒店管理，使其有章可循，提高酒店工作效率，需要尽快拟写酒店运作制度大全。你作为酒店的行政文员，请思考：酒店运作制度包括哪些方面的内容？在拟写时有哪些注意事项呢？

二、理论教学

（一）酒店运作制度的含义

酒店运作制度是指在酒店运营过程中酒店内部各部门和全体工作人员应该遵循的管理制度。它的内涵十分广泛，涉及酒店各部门管理制度及各个工作岗位的岗位职责。酒店经营活动具有两个特点：一是连续性，即一个酒店开业后，其经营活动是夜以继日、周而复始、持续不断的；二是服务产品不可替代性，即一个酒店的客房如果没有被客人入住，24 小时之后它即消逝，不可贮藏。所以，在酒店业习惯称之为酒店运作，具有与工厂、农场等企业不同的行业特性。

酒店运作制度的规范有利于建立有效的监督激励机制，加强部门之间的配合协作能力，提升和强化行政管理效力。

（二）酒店运作制度的写作格式

酒店运作制度一般由标题和正文构成。

1. 标题。标题一般由酒店部门名称、岗位名称加管理制度或岗位职责构成，如"凯运大酒店食品仓管理制度"。

2. 正文。酒店运作制度的正文一般由开头、主体两部分组成。

（1）开头部分，主要介绍该制度针对对象、适用范围、制定的目的等内容。

（2）主体部分，主要介绍各制度的运作执行程序或者岗位具体职责。内容要求完善具体，语言表达清晰、有条理，通常采用条文式表述。

（三）酒店运作制度的体例展示

[示例一]

"爆仓"程序

制度：开启仓库

目的：在下班时间后，接到有关部门需要开启仓库领取急需物品的报告时，大堂副经理须连同保安部值班经理/主任及需用物品之值班主管，到仓库领取所需物品，确保用货部门正常运作。

执行程序：

1. 大堂副经理接获有关部门需开启仓库领取急需物品之报告时，须与其领用部门之最高当值者再落实；

2. 证实后，大堂副经理须连同保安值班副经理/主任到前台收银处签名领取仓库钥匙；

3. 大堂副经理须连同保安值班副经理/主任在现场监督领用部门领用之物品、数量；

4. 填写"开仓领货控制表"，并须大堂副经理、保安值班副经理/主任、领用部门之负责人三方在该表签名；

5. 大堂副经理负责即时影印一份已签名的"开仓领货控制表"放在仓库管理员处并发送有关部门；

6. 领货后，将仓库门上锁并连同保安部值班副经理/主任交还仓库门匙于前台收银处，双方签名。

[示例二]

总出纳文员岗位职责

(1) 负责现金收入的管理,检查和清点交来的现金,及时存入银行。

(2) 每日早上上班去前台连同收银主任一齐打开保险箱,由主管或两人相互监督,取出各收银员投入的"缴款袋"与缴款登记表,看其是否齐全;如不全的应及时查找原因,然后由保安护送至收银办公室点款。

(3) 在信贷文员互相监督下,将每个"缴款袋"逐一打开,清点各"缴款袋"的现金和支票是否与"缴款袋"上登记的金额相符;如不符应及时让有关人员查找原因,直到相符为止。清点完毕后,将营业款锁进专用保险箱,并填写缴款单,于当天下午由保安护送至银行入账。回来后编写"总出纳每日点核收银员缴款报表",附上银行回单交前台日间核数员对数。

(4) 审核和整理由前台收银兑换点交来的外币额是否与兑换水单上的金额相符,然后交至银行办理此业务和负责领外币兑换水单,确保每日酒店外币兑换业务正常。

(5) 同时负责信用卡签单的领用和备用金的兑换。

(6) 每月核对当月的支票收入和整理归档,并制作当月支票收入报表交前台日间核数员对数。

(7) 办理上级交办的有关事项。

(四) 酒店运作制度的写作注意事项

1. 规范性。规章制度在一定范围具有强制力,因此在体式上较其他酒店事务文书更具有规范性。

2. 条理性。酒店规章制度用语简洁、平实、严密,在格式上,不论是章条式还是条款式,基本上都是采用逐章逐条的写法。

3. 严谨性。规章制度需要人们遵守其规定范围的事项,因此其内容必须有可操作性和科学性。就其整体而言,必须通盘考虑使其内容具有严密性,否则无法遵守或执行。

三、写作训练

1. 请你简要说明撰写酒店运作制度的要点。

2. 凯运大酒店因刚刚开业不久,酒店餐厅收银运作程序比较混乱。请你为其拟写一份条理清楚、内容规范的酒店餐厅收银运作制度。

模块七 建筑应用文

项目一 建筑应用文的识别能力训练

任务一 建筑应用文基础知识

一、建筑应用文的含义

建筑应用文是指在建筑安装工程建设过程中经常使用的一种专业性应用文，它是保证工程质量与安全、维护企业经济效益和社会信誉的一种专业性应用文书，它对开发利用企业资源，保障城乡建设规范化具有十分重要的意义。

建筑应用文主要包括招投标书、报审表、报验单、施工现场宣传牌标（包括企业简介、规章制度、施工现场标语）、记录文件（包括图纸会审纪要、监理例会纪要、隐蔽工程检查验收记录、施工日志）、交底文件、工程变更单、工作通知单和工作联系单、报验单等。

二、建筑应用文的特点

1. 真实性和全面性。建筑应用文只有全面反映建筑安装工程的种类信息，形成一个完整的系统，才更有实用价值。建筑应用文必须真实地反映建筑安装工程的情况，包括发生的事故和存在的隐患。

2. 分散性和复杂性。建筑安装工程项目周期长且影响因素多，生产工艺复杂，建筑材料种类多，建设阶段性强且相互穿插，由此导致了建筑应用文的分散性和复杂性。这个特点决定了建筑应用文是多层次、多环节、相互关联的复杂系统。

3. 多专业性和综合性。建筑应用文依附于不同种类的建筑安装工程而存在，又依赖于不同的载体而流动，涉及建筑、市政、交通、军事、消防等各个专业，同时综合了质量、进度、造价、合同、征地拆迁等方面的内容，因此，具有多专业性和综合性的特点。

三、建筑应用文的书写规范

1. 要求字体工整，不得潦草，使用规范的简体汉字。

2. 使用国家标准的计量单位，并注意这些单位的大小写，如 m、㎡、t 等，不使用中文计量单位名称。

3. 正文中出现的数字一律使用阿拉伯数字，如地下 5 层、第 15 层，就不能写成地下五层、第十五层。

4. 各种技术用语应与各种设计、标准、规范、规程中所用术语相同。

5. 参加工程建设各方的名称应规范，如常用建设单位、承包单位、监理单位、设计单位、总包单位、分包单位、项目经理部、项目监理部等来称呼。

6. 书写时一律使用黑色或蓝黑色墨水，不得使用易褪色的书写材料，如铅笔、红蓝铅笔、圆珠笔、复写纸等。

7. 凡签字一律亲笔签写，不得代签或打印。

四、建筑应用文的写作注意事项

1. 体现时效。建筑应用文应突出体现时效，展示不断提高的建筑安装技术、施工工艺、新材料和施工企业管理水平，才能成为工程检查、验收、管理、使用、维护、改建和扩建的依据。

2. 实事求是。建筑应用文是为了解决工作中的实际问题，因此必须实事求是，才会具有实际价值和指导意义。

3. 格式规范。建筑应用文对文种的格式有规范化要求，在写作时要遵守相关专业文书格式的规范化。

任务二 建筑安装工程招投标文书

一、建筑安装工程招投标文书的含义

建筑安装工程招投标是指以建安产品作为商品进行交换的一种交易形式，它由唯

一的买主设定标的，招请若干个卖主通过秘密报价进行竞争，买主从中选择优胜者并与之达成交易协议，随后按照协议实现标的行为。一般来说，招投标需经过招标、投标、开标、评标与定标等程序。

建筑安装工程招标是指建设单位（业主）就拟建的工程发布通告，用法定方式吸引建安项目的承包单位参加竞争，进而通过法定程序从中选择条件优越者来完成工程建设任务的一种法律行为。

建筑安装工程投标是指经过特定审查而获得投标资格的建安项目承包单位，按照招标文件的要求，在规定的时间内向招标单位填报投标书，争取中标的法律行为。

建筑安装招标文书（简称招标书）是指在建筑安装工程招标过程中产生的招标资格预审公告、招标公告和投标邀请书、招标资格预审合格通知书、中标通知书等文书。

建筑安装投标文书（简称投标书）通常是指在建筑安装工程投标过程中产生的投标函等文书，由法定代表人身份证明书、投标文件签署授权委托书、投标函、履约保函等组成。

二、建筑安装工程招投标文书的写作格式

（一）建筑安装工程招标书的结构形式

1. 标题。一般有两种类型：

（1）完整式标题。招标人（或代理机构）+工程项目名称+标段名称（如果是分段招标）+文种（招标资格预审公告、招标公告或投标邀请书），如：兴华房地产开发有限公司鑫苑小区地下工程招标资格预审公告。

（2）简约式标题。以招标人（或代理机构）+文种或工程项目名+标段名（如果是分段招标）+文种形式为标题，甚至只写文种。如：湖南省招投标管理办公室招标公告，武汉市仙湖公路建筑工程投标邀请书。

2. 送往单位。投标邀请书要在标题之下另起一行顶格写被邀请单位名称。招标资格预审公告和招标公告，因为是面向公众而发的，不必写送往单位。

3. 正文。一般包含以下内容：

（1）资格预审公告的主要内容包括招标条件、项目概况与招标范围、申请人资格要求、资格预审方法、资格预审文件的获取、资格预审申请文件的递交、发布公告的媒介、联系方式。

（2）招标公告和投标邀请书的主要内容包括招标条件、项目概况与招标范围、投

标人资格要求、招标文件的获取、投标文件的递送、发布公告的媒介（用于招标公告）、被邀请单位的确认（用于投标邀请书）、联系方式。

4. 签署。文末右下方签署招标人（或招标代理公司）的名称、地址、邮编、电挂、电话、邮箱、联系人以及发布的年月日等。

（二）建筑安装工程投标函的结构形式

1. 标题。通常有两种类型：

（1）招标项目+文种，如：岭北城市建设职业技术学院教学大楼建筑工程投标函。

（2）直接写成文种。如：投标函、标函。

2. 送往单位。作为函，必须有受文单位，要顶格写。投标函的受文单位为招标单位或招标代理机关。

3. 主体部分。除写清投标报价、工期、履约担保情况、投标保证金等内容以外，还要写明投标态度、投标内容强调、投标承诺等。

4. 附件

5. 签署

三、建筑安装工程招投标文书的体例展示

施工招标公告

1. 招标条件

本招标项目方南中心学校 3 号教学楼加固改造工程项目业主为梧桐县方南中心学校，建设资金来自政府投资，项目出资比例为 100%政府投资。项目已具备招标条件，现对该项目的施工进行公开招标。

2. 项目概况与招标范围

本建设地点为横村镇方南；必须在 2014 年 8 月 30 日前完工；改造内容包括室内原装饰拆除、门窗拆除并新装，外墙饰面拆除改贴外墙砖，原屋面拆除并重新改建；招标范围详见工程预算书。

3. 投标人及项目负责人资格要求

3.1 本次招标要求投标人须具备注册地在本县的房屋建筑工程施工总承包企业三级及以上资质的独立法人。

3.2 本次招标不接受联合体投标。

3.3 本次招标要求投标人的项目负责人须具备二级及以上注册建筑建造师资质。

3.4 投标人必须承诺拟派的本工程建造师没有其他在建工程，否则一经查实，取消其在梧桐县范围内的投标资格3~6个月，并在网上公示。

4. 招标文件的获取及投标文件递交截止时间

4.1 凡有意参加投标者，请于发布招标公告之日起至2014年7月2日17时30分（法定公休日、法定节假日除外），每日上午8时至11时30分，下午14时00分至17时30分（北京时间，下同），在梧桐县招投标服务中心窗口（地址：梧桐县城白云源路和迎春南路交叉口，迎春南路257号新天大厦6楼）以无记名方式购取招标文件、工程预算书及施工图纸等招标资料。

4.2 招标文件每套售价300元，售后不退。图纸押金1000元，在退还图纸时退还（不计利息）。

4.3 投标文件递交截止时间：2014年7月5日9时20分；投标文件递交地点：梧桐县招投标服务中心开标室。

4.4 本工程招标文件、工程预算书可从梧桐县招投标服务中心网站查看和下载，信息网络上下载获取投标所需资料一律以购领的原件为准，否则责任自负。

注：梧桐县招投标服务中心（地址：梧桐县城白云源路和迎春南路交叉口，迎春南路257号新天大厦6楼）

网址：http://ztb.wutong.gov.cn/；电话/传真：0671-64217663/64217662

招标人：梧桐县方南中心学校

投 标 函

成新市锦江区政府采购中心：

我方全面研究了"成新市锦江区文化馆录音棚设备采购项目"（招标编号：锦招字2014-12-02）招标文件，决定参加贵单位组织的本项目的投标。我方授权张家程项目经理代表我方四川维美视听技术有限公司全权处理本项目投标的有关事宜。

1. 我方承诺已经具备《中华人民共和国政府采购法》中规定的参加政府采购活动的投标人应当具备的条件：

（1）具有良好的商业信誉和健全的财务会计制度；

（2）具有履行合同所必需的设备和专业技术能力；

（3）有依法缴纳税收和社会保障资金的良好记录；

（4）参加政府采购活动前三年内，在经营活动中没有重大违法记录，遵守《中华人民共和国政府采购法》及其他相关的法律和法规。

2. 我方自愿按照招标文件规定的各项要求向采购人提供所需货物及服务，投标总价为人民币 1000 万元（大写：壹仟万元整）。

3. 我方已详细阅读和审查了全部招标文件，包括修改文件（如有）以及全部相关资料和有关附件，并对上述文件均无异议。

4. 投标有效期为从投标截止之日起 120 天。

5. 我方愿意提供贵中心可能另外要求的，与投标有关的文件资料，并保证我方已提供和将要提供的文件资料是真实、准确的。

6. 我方完全理解采购人不一定将合同授予最低报价的投标人的行为。

7. 与本投标有关的一切正式往来通讯请寄：

通讯地址：成新市锦江区东大街芷泉段 188 号时代豪庭 3-3201

邮政编码：670000

联系电话：050-86622877

传　　真：050-86629688

网　　址：www.wsst.cc

投标人名称：四川维美视听技术有限公司（加盖公章）

法定代表人或代理人：樊　勇（签字）

日　　期：2014 年 12 月 2 日

任务三　建筑安装工程施工合同

一、建筑安装工程施工合同的含义

建筑安装工程施工合同是当事人之间为完成商定的建设工程项目，确定双方权利和义务的协议。它是工程建设质量控制、进度控制、投资控制的最高行为准则，是规范双方经济活动、协调双方工作关系、解决合同纠纷的法律依据。

二、建筑安装工程施工合同的写作格式

建筑安装工程施工合同一般由标题、立合同人、正文和落款构成。

1. 标题。由事由+文种组成，如：建筑安装施工合同、建筑工程施工合同。

2. 立合同人。要写全称，不能写简称或代称；为了正文部分方便，可在括号中注

明一方为"甲方"（或"发包方"），另一方为"乙方"（或"承包方"），如有第三方可称"丙方"。如立合同人：湖南城乡建设职业技术学院（发包方），湖南长海建筑集团有限公司（承包方）。

3. 正文。一般包括序言和主体两部分。

（1）序言。简单说明签订合同的目的和依据，如：为了……根据……的规定，经双方充分协商，特订立本合同，以资共同信守。

（2）主体。按照《中华人民共和国经济合同法》和《建筑安装工程承包合同条例》等法律法规规定逐条说明当事人确认的权利和义务。

4. 落款。署名应写全称，并加盖印章，法定代表人或单位负责人签名应亲笔签写。建筑工程施工合同在加盖单位公章或合同专用章后才生效。有公证的建筑工程施工合同，以公证日期为生效日期。

三、建筑安装工程施工合同的体例展示

施工合同

建设单位：湖南省长沙市鑫源碳素厂　　　　　　　　（以下简称甲方）

施工单位：湖南鑫达建筑公司　　　　　　　　　　　（以下简称乙方）

依据《中华人民共和国经济合同法》《建筑安装工程承包合同条例》及有关规定，经甲乙双方协商一致，甲方愿把湖南省长沙市鑫源碳素厂改造工程承包给乙方施工，为明确双方责任，确保工程顺利完成，特订立如下合同条款，以资共同遵守：

一、工程项目

1. 工程名称：湖南省长沙市鑫源碳素厂改造工程

2. 工程地址：湖南长沙市开福区芙蓉北路258号

3. 工程范围：鑫源碳素厂生产区改造

4. 承包方式：包工包料。

5. 承包造价：760万元（大写：柒佰陆拾万元整）。

二、工程期限

根据本工程实际，经甲乙双方协商一致，总工期180天。（雨天及人力不可抗拒特殊情况经甲方代表签证后，工期相应顺延）施工日期为2014年3月20日至2015年6月20日，总工期360天。

三、本工程竣工质量为一次性合格工程

乙方必须严格按照国家颁发的建筑工程规范、规程和标准进行施工。

四、工程价款支付及结算

本工程按进度付款，具体金额以双方协商为准。

五、其他约定

1. 甲方的责任、权利

（一）甲方负责制订施工现场的安全生产规章制度和操作规程；

（二）甲方有权要求乙方必须严格遵守安全生产法律、法规、标准以及安全生产规章制度和操作规程，熟练掌握事故防范措施和事故应急处理预案；

（三）甲方管理人员有权制止乙方人员违章作业，并按规定给予处罚；

（四）甲方有权对安全意识差、不听安全生产指挥的乙方人员责令退场。

2. 乙方的责任、权利

乙方是安全生产的直接责任人，必须严格执行甲方的有关安全生产的规定、制度；

乙方负责为所有乙方安装施工人员办理医疗及工伤社会保险，并根据需要为从事高度危险工作的人员购买适当的人身意外伤害保险，在施工过程中如因违章作业而造成的人身伤亡事故，由乙方承担全部责任；

乙方应对现场安装施工的行为完全负责，乙方安装施工人员不得违章作业，不得冒险作业，不能疲劳作业，并按规定做好防护工作；

乙方在施工现场的人员必须有配备齐全的安全防护用品，不能满足安全施工需要时，人员不得进入施工现场。

六、其他未尽事宜，双方可签订补充协议。补充协议与本合同具有同等法律效力。

甲方：湖南省长沙市鑫源碳素厂　　　　　乙方：湖南鑫达建筑公司

代表人：李强晟（签字）　　　　　　　　代表人：张德歆（签字）

身份证号：　　　　　　　　　　　　　　身份证号：

公章　　　　　　　　　　　　　　　　　公章

2014 年 3 月 5 日　　　　　　　　　　　2014 年 3 月 5 日

任务四　报审表

一、报审表的含义

报审表是指施工单位在工程开工前，向项目监理机构报送诸如工程技术资格、工程开工（或复工）时间、工程施工计划、工程施工组织方案、工程临时延期、工程费用索赔、工程变更费用等资料，请求其审核批准的文书。

只有当报审表经监理工程师审查、确认，并报总监理工程师批复后，施工单位方可采用或实施所报审的内容。

二、报审表的写作格式

1. 表头部分。一般包括标题、工程名称及编号。其中标题通常采用"报审类别名+报审表"的模式，如：工程变更费用报审表。

2. 表内上部。主送单位：报审表的主送单位是该项目工程的监理单位。

3. 表内中部。报审内容常按"报审的依据、理由+报审的事项+报审请求+附件"等内容来填写，有时"报审的依据、理由"被省略掉，附件应齐全真实。签名要项目经理亲笔书写。

4. 表内底部。监理机构的审查通常是由专业监理工程师对施工单位所报事项及有关资料进行审查，并向总监理工程师报告。总监理工程师按施工合同要求的时间，对施工单位所报的报审表予以确认或提出修改意见。签名要亲笔书写。

三、报审表的体例展示

工程材料报审表

工程名称：马家河综合整治南塔街工程　　　　　编号：0009

致：湖南正德建设工程管理有限公司

我方于 2014 年 6 月 1 日进场的钢筋原材数量如下（见附件）。现将质量证明文件及自检结果报上，拟用于下述部位：桩基础。请予以审核。

附件：1. 数量清单
　　　2. 质量证明文件
　　　3. 自检结果

钢筋原材证明资料齐全，观感质量及进场复试检验结果合格

　　　　　　　　　　　　　承包单位（章）　湖南双龙市政工程有限责任公司

　　　　　　　　　　　　　　　　　　　　项目经理　黄勤励（签字）

　　　　　　　　　　　　　　　　　　　　日　　期　2014 年 6 月 5 日

审查意见

经检查上述工程材料，符合设计文件和规范的要求，准许进场，同意使用于拟定部位。

项目监理机构　湖南正德建设工程管理有限公司

总/专业监理工程师　范鸿伟（签字）

　　　　　　　　　　　　　　　　　　　　日　　期　2014 年 6 月 8 日

本表一式三份，建设单位、监理单位、施工单位各一份。

任务五　报验单

一、报验单的含义

报验单是指施工单位对拟进场的工程材料、构配件、机械设备以及已完成的施工放线、单位（子单位）或分项（分部）工程，在自检、复试、测试等合格后报项

监理机构进行验收,并将相关的资料文件作为附件报项目监理机构审核、确认,进而给予批复的文书。

二、报验单的写作格式

1. 表头。由标题、工程名称和文件编号组成。标题由报验类别名+报验单组成,如"工程竣工预验报验单"。

2. 表内上部。标写主送单位名称(监理单位或建设单位)。

3. 表内中部。一般为报验内容及落款。报验内容由报验条件、验收请求、附件组成。"报验条件"是指已完成了某项工作且通过自检合格。"验收请求"则通常用"请予以审核""请予以查验""请予以审查和验收"或"请予以检查和验收"等来表述。落款包括项目经理签章和日期。

4. 表内底部。通常是监理机构的审查意见栏和监理机构的落款。

三、报验单的体例展示

施工设备进场报验单

(承包〔2014〕设备01号)

合同名称:青阳湖抬高蓄水位项目五河县境内工程2014年度土建及设备采购安装Ⅳ标

合同编号:AH-2014-15

致:和兴市诚信水利工程监理咨询有限公司

我方于2014年10月25日进场的施工设备如下表。拟用于下述部位:

1. 老站拆除　　　2. 围堰填筑　　　3. 临时道路铺设

经自检,符合技术规范和合同要求,请贵方审核,并准予进场使用。

号	设备名称	规格型号	量	进场日期	完好状况	设备权属	生产能力	备注
1	推土机	74kw	3	2014.10.25	良好	自有	优	
2	挖掘机	1m³	2	2014.10.25	良好	自有	优	
3	蛙式打夯机	2.8kw	2	2014.10.25	良好	自有	优	
4	砼拌和机	0.4m³	3	2014.10.25	良好	自有	优	

承 包 人：巢湖水利电力建设有限公司 项目经理：李天利 日　　　期：2014 年 10 月 25 日	
审核意见： 同意验收 　　　　　　　　　　　监理机构：和兴市诚信水利工程监理咨询有限公司 　　　　　　　　　　　　　　　　　　监理工程师：林航之 　　　　　　　　　　　　　日　　　期：2014 年 10 月 29 日	

任务六　记录文件

一、记录文件的含义

记录文件包括图纸会审纪要、监理例会纪要、隐蔽工程验收记录和施工日志。

纪要是指以记录为蓝本，将多方单位参加讨论的主要问题和决定的事宜集中整理而形成的陈述性文件。

图纸会审纪要是对已正式签署的设计文件进行交底、审查和会审，对已提出的问题的处理意见予以记录整理的技术文件。它是对施工图的补充和说明，由建设单位组织或委托工程监理部门组织，由设计单位和施工单位有关人员参加，会审中由组织单位或施工单位负责记录、整理会审纪要，四方签字后生效。

监理例会纪要是在施工监理过程中，根据项目总监理工程师主持召开的工地会议记录整理，并经各方签字认可的文件。

隐蔽工程验收记录是指某工序操作完毕，将被下道工序所掩盖、包裹而再无从检查，在隐蔽前必须进行隐蔽工程验收所形成的检查记录。

二、记录文件的写作格式

（一）图纸会审纪要的写作格式

1. 基本信息。会审的时间和地点、参加单位及其代表的姓名、主持人和记录人。

2. 记录整理的主要内容。

（1）设计单位介绍工程的情况；

（2）施工单位按照图纸顺序和编号提出存在的问题，即存在的错误、矛盾的地方和不明确的内容；

（3）设计单位在保证进度、质量、安全等方面的解决问题的结论；

（4）有待进一步协商的问题，解决问题的时限和方式。

3. 签章。会审方单位盖章，技术负责人签名。

（二）监理例会纪要的写作格式

1. 基本信息填写。包括时间、地点、参加单位及人员。

2. 主要内容填写。总结上周（或上旬）工作，提出存在的问题并分析问题；安排下周（或下旬）工作及注意事项。具体有以下几个方面：

（1）检查上次例会议定事项的落实情况，分析未完成事项的原因；

（2）检查分析工程项目进度计划完成情况，提出下一阶段进度目标及其落实措施；

（3）检查分析工程项目质量状况，针对存在的质量问题提出改进措施；

（4）检查工程核定及工程款支付情况；

（5）解决需要协调的有关事项；

（6）其他有关事宜。

3. 各方签字栏。各方代表签字认可，作为下周工作检查的依据。

（三）隐蔽工程验收记录的写作格式

1. 基本信息及填写。由工程名称、隐检项目、隐检时间、隐蔽验收部位、隐检依据组成。

2. 隐检内容及填写。隐检内容是将要隐检验收的具体项目。

3. 意见与结论。

（1）施工单位自查情况与结论：包括主要原材料及复试报告单的编号，主要连接件的复试报告单的编号，主要施工方法等。

（2）监理（建设）单位验收意见与结论。

4. 签章。

三、记录文件的体例展示

[示例一]

图纸会审记录

鲁 JJ-013□□□

工程名称	银海小区地下车库		时间	2014 年 5 月 27 日
地点	寿光银海小区项目部		专业名称	土建工程
序号	图号	图纸问题	会审（设计交底）意见	
16		结施03与建施5中两图中集水坑大样图中的同位尺寸差150mm。按照哪一个施工？	请按结构图纸施工。	
17		结施中与建施中的标高不一致，请贵单位确认一下。	建筑结构应相差 10cm 面层，故标高一致。	
18		10 轴线基础梁无标注	10 轴线基础梁标注与 7 轴线相同是	
19		地下车库板筋是否采用双层双向。		
施工单位	专职质检员：周文 项目（专业）技术负责人：凌涛 项目负责人：朱冠华 （公章）	建设监理单位	专业技术人员（监理工程师）：何能鹏 项目负责人：尹光耀 （总监理工程师） （公章）	设计单位	专业设计人员：雷铭嘉 项目负责人：郭文翰 （公章）

山东省建设工程质量监督总站监制

[示例二]

凌海中学西教学楼、2号学生宿舍工程
第5次监理例会会议纪要

时间：2015年4月2日　　上午9：00　　地点：教学楼工地会议室
参加人员：建设单位：王和讯、王迅文
　　　　　监理单位：付勇、邢海山
　　　　　施工单位：教学楼：陈草湖、胡图
　　　　　　　　　　宿舍楼：王东来、杨均

主持人：付国

一、施工单位

汇报上周的进度完成情况和其他相关事宜，下周的进度计划工作安排。

教学楼：上周计划完成。下周计划暖气排水管完成50%，内墙粉刷完成70%，外墙贴砖完成10%，木门安装完成70%。

宿舍楼：上周计划完成。下周计划阳台卫生间防水保护层完成，外墙粉刷及贴砖完成20%，走廊大理石完成，室内粉刷完成30%，屋面挂瓦完成15%。

二、监理单位

1. 工期非常紧，各施工单位抓紧时间组织施工人员，能提前施工的抓紧时间施工。

2. 各施工单位加强安全文明教育，进入施工现场必须佩戴安全帽。发现未戴安全帽现象，每次罚款50元。

3. 各施工单位注意成品保护和文明施工，做好各项成品保护措施，加强工人成品保护教育。

4. 各施工单位加强工程质量检查，并严格按照图纸、规范和图集要求施工，要多检查，发现问题及时整改。

5. 楼内临时用电禁止出现乱搭接现象。各施工单位对各自临时用电线路进行检查，两天内对乱搭接现象进行整改，如再出现对其单位进行500元罚款。

三、建设单位

1. 楼内禁止随地大小便，施工单位加强施工人员文明施工教育，并采取相应措施，杜绝出现随地大小便现象；宿舍楼内发现随地小便现象，对其项目部罚款100元。

2. 高三学生 7 月 10 日开学，要求教学楼工程 7 月 10 日交工，宿舍楼工程 7 月 15 日交工，7 月 10 日开始向教学楼内搬桌椅，7 月 15 日向宿舍楼内搬床柜，到时给工程施工造成影响由施工方自行承担。

3. 外网 7 月 2 号、3 号进场，各施工单位抓紧时间安排工程进度及时间，由外网引起的施工不便由施工单位承担。

4. 宿舍楼项目部抓紧时间对主体遗留问题进行整改，本周内质监站将对其工程进行检查，项目部做好各项准备。

四、议定事项

1. 各施工单位加强安全文明教育，进入施工现场必须佩戴安全帽。发现未戴安全帽现象，每次罚款 50 元。

2. 高三学生 7 月 10 日开学，要求教学楼工程 7 月 10 日交工，宿舍楼工程 7 月 15 日交工，7 月 10 日开始向教学楼内搬桌椅，7 月 15 日向宿舍楼内搬床柜，到时给工程施工造成影响由施工方自行承担。

3. 外网 7 月 2 号、3 号进场，各施工单位抓紧时间安排工程进度及时间，由外网引起的施工不便由施工单位承担。

4. 楼内临时用电禁止出现乱搭接现象。各施工单位对各自临时用电线路进行检查，两天内对乱搭接现象进行整改，如再出现对其单位进行 500 元罚款。

会签

建 设 单 位：凌海中学

监 理 单 位：河北五岭监理有限责任公司

施 工 单 位：河北扬生建筑公司

河北五岭监理有限责任公司
2015 年 4 月 2 日

[示例三]

隐蔽工程检查验收记录

2015 年 7 月 9 日

工程名称	双庐街道路恢复工程	施工单位	抚顺市中城市政工程有限公司
隐检项目	路床	隐检范围	机动车道及非机动车道
隐检检查内容情况	1. 本段土质为混合砂。 2. 碾压后路床平整、坚实，无显著轮迹、翻浆、波浪、起皮等现象。 3. 路槽深度符合结构层尺寸		
验收意见	符合要求		
处理情况及结论	复查人：郑海峰　　　2015 年 7 月 9 日		

建设单位	监理单位	施工项目技术负责人	质检员
抚顺天心区公路局	抚顺蓝图监理公司	刘　涛	李海澜

任务七　技术交底文件

一、技术交底文件的含义

建筑施工企业中的技术交底文件是指在某一单位工程开工前，或一个分部工程施工前，设计单位负责人或施工单位技术负责人把设计要求、施工措施、质量验收标准、施工安全要求等贯彻到基层以至工人时，所使用的一种技术管理文件。其目的是使施工人员对工程特点、技术质量要求、施工方法与措施和安全等方面有一个较详细的了解，以便于科学地组织施工，避免技术质量等事故的发生。各项技术交底记录也是工程技术档案资料中不可缺少的部分。

技术交底文件一般是按照工程施工的难易程度以及建筑物的规模、结构的复杂程度等情况，在不同层次的施工人员范围内进行技术交底。通常按技术交底文件的内容来分类，可以分为：

1. 设计交底，即设计图纸交底。这是在建设单位主持下，由设计单位向各施工单位（土建施工单位与各专业施工单位）进行的交底，主要交代建筑物的功能与特点、设计意图与要求和建筑物在施工过程中应注意的各个事项等。

2. 施工组织技术交底。一般由施工单位组织，在管理单位专业工程师的指导下，主要介绍施工中遇到的问题和经常性犯错误的部位，使施工人员明白该怎么做，规范上是如何规定的等。

3. 专项方案交底。分部分项工程交底、设计变更和商洽交底、质量（安全）技术交底等。

二、技术交底文件的写作格式

技术交底文件一般由首部、主体和结尾构成。

1. 技术交底文件的首部主要是交代清楚工程信息，包括工程名称、建设单位、施工单位、交底部位和交底日期等。

2. 主体的内容包括：

（1）主要的施工方法、关键性的施工技术以及对实施存在问题的解决方法；

（2）特殊工程部位的技术处理细节及应注意的事项；

（3）新技术、新工艺、新材料、新结构施工技术要求与实施方案及其注意事项；

（4）进度要求、施工部署、施工机械、劳动力安排与组织；

（5）总包与分包单位之间相互协作配合关系及有关问题、施工质量标准和安全技术；

（6）施工材料要求；

（7）施工环保要求。

3. 结尾部分要有执行情况的说明，交底人、被交底人、项目负责人及安全员签字等。

三、技术交底文件的体例展示

施工技术交底记录

工程名称：中铁七局郑焦城际铁路工程　　　编号：0008

工程名称	涵洞工程	交底单位	中铁九局五分部三工区
交底项目	DK57+485.00涵基础工程	交底日期	2015年1月3日

内容：

一、施工准备

1. 洞开工前根据设计及交底资料，结合现场实际地形、地质情况，对其位置、方向、长度、出入口4高程以及与排灌系统的连接等，进行核对，与实际地形地貌有出入的，及时与技术室联系。

2. 测量放样，本涵给出护桩分别为线路左中线及涵洞中心线，根据已给定位桩放出涵洞开挖边线（开挖尺寸见附图）。本涵与线路正交，施工时请核实公路与线路方向夹角是否与此角度一致，如有变化请及时与技术室联系。

二、基础施工

1. 基础开挖

基础采用人工配合机械开挖，用挖掘机按放出的开挖轮廓线从上而下开挖，挖出的土用自卸汽车运走，基底平面尺寸每边宽出结构边线50cm，涵洞基础采用挖掘机放坡开挖至设计标高以上30cm处，再人工配合清地，修整边坡，边坡坡度为1∶0.5，平整且夯实基底，然后向技术室报检。待地基承载力检验合格后，进行下一步施工。

2. 基础处理

地基采用砂夹碎石换填时，挖除需换填的土层，并将底部整平。当底部起伏较大时，可设置台阶或缓坡，并按先深后浅的顺序进行换填，换填砂夹碎石压实标准符合设计要求时才可进行下道工序。

地基采用水泥搅拌桩加固的，切除设计标高以上的桩头后上部摊铺50cm砂夹碎石垫层，碎石宽度要求比涵洞基础左右宽出50cm。

碎石完成后测量人员放出基础纵横向中心线，并用墨线弹出基础轮廓线，加设护桩。基础模板采用组合钢模，外用φ50mm钢管支撑加固牢稳，并用方木支撑牢固。与涵身相接部分预埋接榫石或连接钢筋，以加强基础与涵身的连接。基础分块浇筑，每块之间用沥青木板作为沉降缝，基础砼强度达到设计强度的70%后，进行涵身施工。

浇注砼前用水准仪准确测量模板顶面高程，并做好标记，经监理工程师检查合格后方可进行浇注。

3. 砼养护

对浇注完毕的砼圬工，未拆模之前对外露部分采用塑料膜覆盖，拆模后人工不间断洒水养护，养护至少7天。

交底人	李先明	复核人	唐涛	交底日期	2015年1月3日
技术负责人	倪海宁	接受人	刘慧宏	接受日期	2015年1月3日

(交底一式三份,生产班组一份,工程部、安质部各存档一份。)

识别训练

一、判断题

1. 建筑应用文是指在建筑工程建设过程中形成的各种文件及信息记录,它是保证工程质量与安全的重要环节。（ ）

2. 建筑应用文写作中凡签字一律亲笔签写,不得代签或打印。（ ）

3. 建筑应用文中涉及计量时必须使用国家标准的计量单位,并注意这些单位的大小写,如 m、m²、cm、t 等,可使用中文计量单位名称。（ ）

4. 只有当报审表经监理工程师审查、确认后,施工单位方可采用或实施所报审的内容。（ ）

5. 建筑应用文中的记录文件包括图纸会审纪要、监理例会纪要、隐蔽工程验收记录和报审表报验单。（ ）

二、不定项选择

1. 建筑应用文有哪些特点（ ）
   A. 真实性和全面性   B. 时效性和规范性
   C. 分散性和复杂性   D. 多专业性和综合性

2. 建筑应用文主要包括（ ）
   A. 投标书   B. 审表、报验单
   C. 记录文件   D. 工作通知单和工作联系单

3. 建筑招标书包括（ ）
   A. 标资格预审公告   B. 标公告和投标邀请书
   C. 标资格预审合格通知书   D. 标通知书

4. 建筑工程施工合同由以下（ ）部分组成
   A. 题   B. 立合同人   C. 正文   D. 落款

5. 技术交底文件按交底内容不同可以分为（   ）
   A. 设计交底
   B. 施工组织技术交底
   C. 专项方案交底
   D. 隐蔽工程交底

项目二 建筑应用文的写作能力训练

任务一 施工日志

一、情景导入

毕业实习时，你被安排每天撰写施工日志，该怎么样才能圆满完成任务？

二、理论教学

（一）施工日志的含义

施工日志也叫施工日记，是对建筑安装工程整个施工阶段的施工组织管理、施工现场、施工技术等有关施工活动的综合记录。它是处理施工问题的备忘录和总结施工管理经验的基本素材，具有及时性、真实性特征。

（二）施工日志的写作格式

施工日志可按单位、分部工程或施工工区（班组）建立，由专人负责收集、填写记录、保管。一般由基本信息、主要内容和其他构成。为便于查找，通常需要进行编号归档。

1. 基本信息。基本信息包括日期、星期、气象、平均温度、施工部位、出勤人数、操作负责人等。

2. 主要内容。一般包含四个方面：

（1）工作内容。包括当日施工内容及实际完成情况，施工现场有关会议的主要内容，有关领导、主管部门或各种检查组对工程施工技术、质量、安全方面的检查意见和决定，建设单位、监理单位对工程施工提出的技术、质量要求、意见及采纳实施情况等。

（2）检验内容。包括隐蔽工程验收情况，试块制作情况，材料进场、送检情况等。

（3）检查内容。包括质量检查情况、安全检查情况、安全隐患处理（纠正）情况以及其他检查情况，如文明施工及场容场貌管理情况等。

（4）其他。一般包括设计变更、技术核定通知及执行情况，施工任务交底、技术交底、安全技术交底情况，停电、停水、停工情况，施工机械故障及处理情况，冬雨季施工准备及措施执行情况，施工中涉及的特殊措施和施工方法、新技术、新材料的推广使用情况等。

（三）施工日志的体例展示

工程施工日志

编号：

2015年5月10日　星期日				天气：多云转小雨　　温度：5~19℃ 风力 3~4 级		
当日工程 施工部位	基础		当日工程 施工内容	抹防潮层	当日工程进度	抹防潮层
1. 木工拆 1—6 轴基础构造柱模板。 2. 钢筋工绑扎 1—12 轴地圈梁钢筋。 3. 混凝土工浇筑 1—12 轴地圈梁混凝土。 4. 木工：12 人。钢筋工：4 人。混凝土工：6 人。 5. 监理、甲方验地圈梁钢筋，提出圈梁钢筋有个别处保护层不够现象，已经派钢筋工进行了及时整改。						
今日检（试）验情况						
备　　　注						

湖南省建设工程质量监督总站监制

（四）施工日志的写作注意事项

1. 施工日记应按单位工程填写，从开工到竣工验收时止，逐日记载，不许中断。

2. 按时、真实、详细记录，中途发生人员变动，应当办理交接手续，保持施工日记的连续性、完整性。施工日记应由栋号长、工长记录。

3. 当日的主要施工内容一定要与施工部位相对应。

4. 养护记录要详细，焊接记录也要详细，其他检查记录一定要具体详细，不能泛泛而谈。停水、停电一定要记录清楚起止时间，停水、停电时正在进行什么工作，是否造成损失。

5. 书写时一定要字迹工整、清晰。

三、写作训练

阅读材料，分析施工日志所记载的内容是否规范。

施工日志

2015年11月9日　星期一　天气情况　晴　最高气温22℃　最低气温13℃

一、人员、机械设备情况：

1. 人员：120人；今日新进场2名螺旋钻机机手。

2. 主要机械：挖掘机4台；装载机2台；吊车1台；冲击钻机28台；CFG桩钻机2台；压路机1台；推土机1台；发电机1台；空压机2台；钢筋加工设备2套；今日新进场1台长螺旋钻机用于路基CFG桩施工，型号为CFG20，技术状况良好。

二、施工情况：

1. 钻孔桩施工

截至17：30，0-2#桩进尺17.5m；3-5#桩进尺13.2m；28-4#桩进尺14.5m。

2. 承台施工

08：00—16：40承台开挖至设计标高，16：40—18：00用C15砼浇筑10cm厚混凝土垫层，待其强度达到10.5MPa时就可开始承台轴线、边线放样。

3. 终孔桩位

29-1今日终孔，桩径∮1.00m，护筒标高485.327m，设计孔深18.933m，实际孔深18.952m，质检员对其钢筋笼进行自检，各项指标均符合要求，自检合格，上报监理验收合格。

4. 桩基混凝土灌注

29-1，设计桩长17m，护筒标高485.327m，设计孔深18.933m，实际孔深18.952m，沉渣厚度25mm，泥浆比重1.08，含砂率1.7%，于13：30开始灌注C40水下砼，自检入模温度27.4℃、28.2℃、28.1℃，含气量2.5%、2.4%、2.5%，测试坍落度3次为205、210、205mm，砼灌注连续进行，于15：10结束，设计方量13.6m³，实际用量16.5m³，现场留取试件3组，编号0011。

三、材料使用情况：

钢筋、水泥、砂石料均为合格材料。

四、监理验收情况：

上午专业监理工程师许镇验收29-1钢筋笼，钢筋笼设计直径78cm，实际79cm，设计长度18.00m，实际长度18.02m。

五、安全情况：

40#承台基坑开挖后防护栏未及时安装，安全员在巡视中发现后要求立即安装，四面防护栏于12：00以前全部安装好，消除了安全隐患。

其他施工部位无安全事故发生。

六、施工中遇到的技术问题：无

七、各级检查人员的检查情况：

本工程指挥部安质部部长对施工现场进行了安全检查，重点检查了现场临时用电，所有用电设备全部实行"一机一闸一箱一漏"制，无安全隐患。

八、施工进度：

截至17：30，赤石特大桥日完成灌注桩2根，开累完成121根；完成墩柱3个，开累完成27个。

任务二　工作通知单和工作联系单

一、情景导入

监理工程师王歆在巡检时，发现木工组工人没有按规定的程序支模。请问王歆应就此事向施工单位出具《监理工程师通知单》还是《工作联系单》？为什么？

二、理论教学

（一）工作通知单和工作联系单的含义

工作通知单是在工程项目建设过程中，一单位向特定的受文单位告知有关工程设计变更、工程质量、工程安全、工程进度、工程款结算等事项的知会性文件。

工作联系单是在工程项目建设过程中，一方向另一方或几方就有关工程设计变更、工程质量、工程安全、工程进度、工程款结算等事项进行联络的文书。

工作通知单和工作联系单在使用中有很大不同：工作联系单是发文者就一般性工作事项与受文者进行沟通、协商，以起到告知或引起对方注意或重视的作用，大多使用建议性、商讨性的语气。受文者对发文者提出的要求或建议，可以同意或不同意，也可以提出其他的意见。

工作通知单是发文者针对影响工程安全、功能和质量等方面的重大事项，向受文者下达的指令，大多使用命令性的语气，要求受文者严格遵守执行。有时受文者在执行完毕后，还须向发文者做出回复。

（二）工作通知单和工作联系单的写作格式

工作通知单和工作联系单的写作格式基本相同。

1. 标题。由发文单位+文种或事由+文种组成，如《监理工程师通知单》《工程款结算工作联系单》，也可由文种直接构成。

2. 受文单位。在标题下、正文上顶格写受文单位全称。

3. 正文。一般交代事由和具体内容。

（1）事由。需要通知或联系事项的主题，如《施工单位工作联系单》的事由可以是"设计变更部分费用结算"，《监理工程师通知单》的事由可以是发生问题的部位、问题的性质等。

（2）内容。通知或联系的详细的事项或要求等，如《施工单位工作联系单》的内容可以是设计变更的部位、施工所用材料、施工的过程、费用的结算方法等，《监理工程师通知单》的内容可以是存在的质量问题、问题的性质、对施工单位的工作要求和指令等。

4. 落款。在正文的右下方，由签章和行文时间组成。

（三）工作通知单和工作联系单的体例展示

钢筋班组施工通知单（存根联）　　第　12　号

致：廖向东钢筋施工班组

本项目部现通知你班组于 2015 年 6 月 18 日起开始三号四号五号楼（柱子钢筋／楼板钢筋）的施工；按实时进度计划要求你班组在 6 天内完成该部位工程施工并通过验收提交我项目部进入下道工序施工。

说明：柱子钢筋工期 1 天；3 号楼 5 号楼楼板钢筋工期 2 天；4 号楼楼板钢筋 3 天；

项目部负责人签字：曹海阳　　　　　　　　班组负责人签收：赵虎

签发日期：2015 年 6 月 16 日

检查实际完成日期为 2015 年 6 月 22 日，实际所花时间 5 天。予以奖励 2000 元。

项目部负责人签字：曹海阳　　　　　　班组负责人签字：赵虎

施工通知单　　　　第　12　号

致：廖向东钢筋施工班组

本项目部现通知你班组于 2015 年 6 月 18 日起开始三号四号五号楼（柱子钢筋/楼板钢筋）的施工；按实时进度计划要求你班组在 6 天内完成该部位工程施工并通过验收提交我项目部进入下道工序施工。

项目部（章）

管理人员签字：曹海阳

签发日期：2015 年 6 月 16 日

工作联系单

工程名称：郑海铁路职业技术学院新校区一期宿舍工程　　　编号：005

致：郑海铁路职业技术学院
　　河南省兴华建设工程管理有限公司
事由：我方对架空层以下结构工程施工顺序进行调整
内容：

我单位施工的郑海铁路职业技术学院新校区一期宿舍工程，现正在进行架空层结构施工阶段。前期我方在 CFG 桩施工完成截除桩头后，从地基整体稳定性考虑，对大开挖整个基坑进行了 30cm 厚砂石夯实地基处理，为适应建设单位工期要求，加快工期进度，我方对架空层以下结构工程施工顺序进行如下调整：

地梁底模板用钢管衬托支架，梁底钢管下部垫模板、方木直接支撑在砂石垫层上。模板底标高为 -3.900m，地梁顶标高为 -3.400m。

基础地梁钢筋、模板严格按照相关图纸设计和规范要求施工，隐蔽验收后进行混凝土浇筑施工。

地梁侧模板拆除，地梁底模板及钢管支撑架不拆。直接进行架空层柱、梁、板的后续施工，架空层梁板模板支撑体系作用在砂石垫层上。

架空层梁、板、柱混凝土浇筑完成后，我方对楼外围四周地梁以下水平连系杆拆除，立杆不动，对楼外围四周进行土方回填，按规范分层夯实，进行场地平整。在外围四周回填土上进行外脚手架搭设，外架与架空层以上各层梁、板、柱施工同步进行。外架在东西两方向预留以后内部土方回填机械进出施工洞口。

等待架空层混凝土达到拆模设计强度试压后，架空层进行模板拆除，进行架空层土方回填工作。

单　　位	河南宏兴建筑集团有限公司
负责人	李恭堂
日　　期	2015 年 9 月 15 日

注：本表各相关单位各存一份。

郑海市工程质量监督站监制

（四）工作通知单和工作联系单的写作注意事项

1. 用词要准确，注意分寸。
2. 对涉及部位的表述应明确、具体。
3. 用数据说话，详细叙述瑕疵、问题存在的违规内容或所用材料的规格数量等。
4. 签名栏应亲笔手签，坚持"谁签发、谁签字、谁负责"的原则。

三、写作训练

兴盛建筑有限公司施工的郎溪区十里铺 1 标段工程，在招标文件清单内土石方外运未明确运距，现场实际运距约为 2.5 公里。为不影响工程进度，该单位要求泰阳实业投资有限公司和方正监理有限公司对土石方外运实际运距予以确认。请你为其拟写一份恰当的建筑工程应用文。

任务三　工程变更单

一、情景导入

某建筑公司在某小区建设中，施工单位不能采购到某新型材料，拟用钢筋代替，此事须与监理单位洽商。请你制作一份工程变更单，将此事报监理单位审批。

二、理论教学

（一）工程变更单的含义

工程变更单是指在施工过程中，建设单位、施工单位提出工程变更要求，报项目监理机构审核确认的用表。

（二）工程变更单的写作格式

工程变更单一般为表格形式，通常由表头和表内两部分构成。

1. 表头。在实际工作中，它就是指标题，通常为"工程变更单"。

2. 表内。主要包括所涉及的相关单位如设计单位、建设单位、施工单位等，工程类型及名称，工程变更内容及协商达成的一致意见，建设单位代表、项目监理机构代表以及施工单位代表签字及日期等内容。

（三）工程变更单的体例展示

工程变更单

建设单位	南阳兴美物业管理有限公司（代建方）	工程类型	住宅与商铺
工程名称	海沙区塘冲新村星花苑项目工程	设计单位	中铁第三工程技术有限公司
项次	变更内容		
1	变更事项：外墙面贴饰面砖 原设计图纸车库层外墙面为粉刷层面刷外墙涂料，现改为车库层外墙面窗台下口处（平窗台面）外墙涂料层改为粘贴200×400的文化砖，请各施工项目部遵照执行。 特此通知		
建设单位 项目负责人：谭谈 2014年3月16日	监理单位 项目负责人：黄桂兴 2014年3月16日	施工单位 项目负责人：俞文 2014年3月16日	

（四）工程变更单的写作注意事项

1. 工程变更单由提出单位填写，经建设、设计、监理、施工等单位协商同意签字后为有效工程变更单。

2. 工程变更单要及时办理，必须是先变更后施工，不得程序倒置。

三、写作训练

南京鑫隆房地产公司承建了由中冶华天工程设计院设计的丹阳开发区德雅苑项目工程（住宅与商铺），由于前期钢材的采购不慎，部分钢材规格不达国标。现经建设项目部与开发商、设计院以及南京蓝天监理公司协商决定，要将非标规格的Φ12二级螺（直径为10.6）降级使用；降级要求按图纸设计的一级圆钢Φ10的材质规格代换使用，该材料在作为楼板面的受力筋使用时，在原设计图的基础上其间距加宽1cm。请根据以上内容写一份工程变更单。

主要参考书目

[1] 闻军. 行政公文写作及范例全书 [M]. 北京：北京工业大学出版社，2008.

[2] 张连华. 内部审计实务精要 [M]. 长沙：湖南教育出版社，2007.

[3] 李航宇. 新编应用文写作教程 [M]. 长沙：湖南人民出版社，2014.

[4] 徐成华.《党政机关公文格式》国家标准应用指南 [M]. 北京：中国标准出版社，2014.

[5] 任宪全. 现代公文写作规范与技巧大全 [M]. 北京：中国商业出版社，2013.

[6] 傅宏宇. 财经应用文写作 [M]. 北京：北京大学出版社，2013.

[7] 任孝珍. 旅游应用文写作 [M]. 北京：对外经济贸易大学出版社，2010.

[8] 李展. 酒店应用文写作 [M]. 北京：北京大学出版社，2013.

[9] 宫照敏. 建筑应用文写作 [M]. 北京：机械工业出版社，2013.

[10] 蔡文泉. 经济应用文写作教程 [M]. 北京：清华大学出版社，2014.